非洲史

想看的

一定

Africa history you must know

每個事件都與中國、世界歷史對照
一目瞭然，給記憶一個重要的位置

把非洲史一次給理清楚！

作者／楊益

U0050548

前言

　　對於很多人而言，非洲是一個充滿了神奇和苦難的地方。歷史上的非洲，給人印象最深的就是它是販賣黑奴的源頭。近現代的非洲，除了參與過「亞非拉人民大團結」運動以外，展示較多的則是貧窮、饑荒、政變、戰亂，人們透過網路可以看到觸目驚心的骷髏堆、活骷髏般的難民，還有被兀鷲跟蹤的可憐小女孩。以至於聽說某人要去非洲工作，可能人們多半都會愣一下：居然去那裡？至於說非洲這塊土地是否擁有過光榮，又是如何走到今天這一步的，知道的人就不多了。

　　非洲這塊大陸擁有悠久的歷史和豐富的文化。那裡有最早的古人類化石，許多科學家認為人類的始祖來自於非洲。早在距今六千年前，古埃及文明便屹立於非洲大陸東北角，與兩河文明、印度文明、中華文明並列為人類四大文明發源地。

　　數千年前，北部非洲曾建立過世界上第一個跨大洲的「帝國」，曾長期參與古希臘、古羅馬時代的爭霸戰爭。在羅馬帝國時代和中世紀，非洲北部也是西方文明的重要區域。它們曾為佔據它們的強大帝國（如古羅馬帝國、東羅馬帝國、阿拉伯帝國、鄂圖曼帝國等）提供過源源不斷的收入，非洲北部地方也曾建立過強大國家，對當時的世界歷史產生過重要的影響。如埃宥比王朝對西歐侵略者的毀滅性打擊，馬木路克王朝則將西征的蒙古軍擊潰。撒哈拉沙漠以南的非洲地區的發展水準整體來說落後於北

部，但在中世紀時也曾依靠商貿，先後建立過三個強大的王國（帝國）和眾多的中小邦國。

近代以後，隨著西方國家的綜合實力日益強大，相對落後的非洲逐漸淪為被掠奪的對象：最初是搶佔港口和販奴，隨後是殖民，歐洲人憑藉槍炮越來越深入這塊大陸。而非洲各國不僅軍事落後，更嚴重的是他們邦國林立像一盤散沙，在強大的外敵入侵前很難團結抗敵，先前的隔閡和內訌依然存在，最終被各個擊破。到20世紀初，整個非洲大陸幾乎已被歐洲列強瓜分完畢。不過，在這個過程中，一些非洲國家的抵抗也是非常出色的，如埃及阿里王朝曾擊敗日薄西山的鄂圖曼帝國，蘇丹馬赫迪起義和南非祖魯王國都曾給予英軍重大殺傷，千年古國衣索比亞更是在阿杜瓦戰役中擊潰義大利軍隊，成為當時唯一保持實質獨立的非洲國家（賴比瑞亞實際上是美國殖民地）。兩次世界大戰，非洲為各參戰國提供了大量人力、物力支援，非洲人也參加了戰爭。尤其在「二戰」中，上百萬非洲人為反抗法西斯而戰，這個過程中，使得反對民族奴役、民族歧視，爭取自由的思想深入非洲人的靈魂。因此在「二戰」結束後，隨著英、法的殖民體系逐漸崩潰，非洲國家掀起了獨立的狂潮。在這塊曾被奴役的土地上，先後建立起50多個獨立的國家。

但是，非洲的問題絕不僅僅是一個「獨立」便能解決的。早在被殖民入侵之前，非洲各國各地區便存在經濟底子落後、部族問題繁多、教育不足、軍隊干政、酋長和國王獨裁統治等諸多問題，歐洲人的百年殖民並未解決這些問題，而歐洲人的撤離也不能讓這些問題憑空消失。於是，在經歷過獨立後的一段黃金時間後，非洲各國紛紛陷入經濟滑坡、政變迭起、軍政府獨裁乃至內戰和種族迫害的深淵。在世界各大國爭霸下，各大陣營各紛紛在非洲扶持自己的跟班勢力，更使這種混亂雪上加霜。而「冷戰」

的結束，並不能終止這種混亂。全球化的時代，非洲國家無法保護自己薄弱的國內經濟體系，又紛紛被拋入到「刺刀見紅」的經濟競爭中，淪為了國際市場食物鏈的最底層。

即使道路曲折坎坷，希望終究在前方。導致非洲貧窮落後的種種癥結，即使並未得到根除，但在國際社會和非洲國家的共同努力下將會逐步減少：戰亂減少，饑荒得到控制，教育水準得到提高。而非洲各國政府也在先輩的教訓中，逐漸變得成熟與明智起來。話雖如此，如今的非洲要想實現復興，依然還要走一條漫長的道路。

本書是一本簡單介紹非洲歷史的普及類讀物。非洲雖然在當今受到的關注度不如歐美高，但它畢竟有數千年的文明史以及數十個國家的廣大市場及政治影響力、地緣價值。其浩渺歷史中的人物、事件，絕不可能一一列出，而本書也並不打算寫成一個全面而單調的簡史列表。因此，本書在有限的篇幅內，將非洲史前至今的漫長歲月，約略劃分為9個歷史時段，然後在每個時段中選擇具有代表性的人物、事件，寫成數節內容，每一節獨立成篇，以「講故事」的風格闡述。同一章的節與節之間或為承接，或為並列，以這種方式，幫助讀者盡可能輕鬆地瞭解非洲數千年的基本史實。當然，在僅僅20萬字中要把整個非洲的歷史講清、講透，那是遠遠不夠的。本書僅僅作為入門普及讀物，讀者如果對非洲史想有更深入的瞭解，歡迎參閱更多資料。

目錄

| 第九章 | 未來之門——世紀之交

附錄

第一章：輝煌千年——古埃及時代
（史前至西元前4世紀）

　　古老的非洲大陸，據說是全人類的搖籃。在距今六、七千年前，那裡誕生了古埃及文明。尼羅河的灌溉，金字塔的永恆，征戰亞、非的血腥，最終結束了三千年的古國歷史。古埃及衰亡的同時，迦太基在北非崛起，成為地中海上的霸王。

1. 摩洛哥	11. 獅子山	21. 查德	31. 烏干達	41. 肯亞
2. 西撒哈拉	12. 賴比瑞亞	22. 埃及	32. 盧安達	42. 南非
3. 突尼西亞	13. 象牙海岸	23. 喀麥隆	33. 蒲隆地	43. 賴索托
4. 阿爾及利亞	14. 布吉納法索	24. 中非共和國	34. 衣索比亞	44. 史瓦濟蘭
5. 矛利塔尼亞	15. 尼日	25. 蘇丹	35. 納米比亞	45. 莫三比克
6. 塞內加爾	16. 利比亞	26. 赤道幾內亞	36. 波扎那	46. 索馬利亞
7. 馬利	17. 迦納	27. 加彭	37. 尚比亞	47. 馬達加斯加
8. 甘比亞	18. 多哥	28. 剛果民主共和國	38. 辛巴威	48. 模里西斯
9. 幾內亞比索	19. 貝南	29. 安哥拉	39. 馬拉威	49. 塞席爾
10. 幾內亞	20. 奈及利亞	30. 剛果共和國	40. 坦尚尼亞	

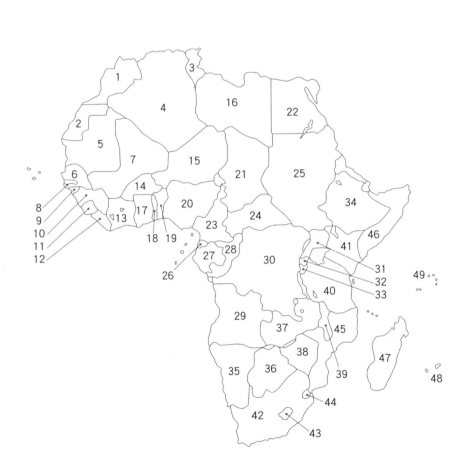

悠久！遠古的大陸

　　非洲大陸，面積3020萬平方公里，約占世界陸地面積五分之一，為世界第二大洲。它位於東半球，北面隔著廣闊的地中海與歐洲相望，東北方向隔著紅海與亞洲相鄰，南端的好望角和厄加勒斯角深入海中。大陸東邊是印度洋，西邊是大西洋，赤道幾乎從該大陸正中穿過。因此，非洲是世界上最熱的大陸。

　　很多科學家認為，非洲是人類歷史的搖籃。他們說，大約1000萬年前，非洲熱帶叢林的古猿們覺得在叢林裡生存不下去了，便扶老攜幼地一路進入東非地區的草原。到了草原上，牠們逐漸進化，使用工具、解放前肢。在300多萬年前，牠們的兩腳站了起來，學會了直立行走！從此，人類出現了。在此後的幾百萬年裡，直立人類從東非分批往外遷徙，有的到達非洲其他地區，有的進入歐亞大陸，還有的從亞洲渡過白令海峽到達美洲，或通過東南亞的大陸架和島嶼到達澳洲，從而遍佈全球。所以，最早的人類是在東非孕育的。

　　在殘酷的自然環境下，原始祖先們為了生存而奮鬥。他們不僅要擋嚴寒，鬥酷暑，還要對付張牙舞爪的猛獸惡禽。他們不斷學習新東西，用火、取火、打磨石器⋯⋯逐漸往食物鏈的頂端攀登。經過數百萬年的漫長進化，到距今約10萬年前，古人類的大腦容量已經和現代人類的大腦容量差不多了。有了進化的大腦，先人們以比過去快十倍、百倍的速度，在進化道路上飛奔。

　　由於長期生活的環境不一樣，世界不同地區的人們外貌也出現了很

BC
美尼斯統一古埃及
— BC2000
—
—
卡迭石之戰
—
— BC1000
—
波斯帝國征服埃及
第一次布匿戰爭
第二次布匿戰爭
凱撒與埃及豔后共謀
— 0
— 阿克蘇姆王國建立
—
汪達爾王國建立
—
阿拉伯人佔領北非
桑海王國建立
— 1000
穆拉比特王國建立
—
迪亞士發現好望角
—
蘇伊士運河開通
第一次世界大戰
— 2000

上古時期　BC

夏

　　　BC2000 —

　　　BC1800 —

商　　BC1600 —

　　　BC1400 —

　　　BC1200 —

周　　BC1000 —

　　　BC800 —

　　　BC600 —

　　　BC400 —

秦
漢　　BC200 —

　　　0 —

　　　200 —
三國
晉
　　　400 —
南北朝

隋朝
唐朝　600 —

　　　800 —
五代十國
宋
　　　1000 —

　　　1200 —

元朝
明朝　1400 —

　　　1600 —
清朝

　　　1800 —
中華民國
　　　2000 —

大差別。歐洲和亞洲西部、北部是白種人居多，亞洲東部、南部和美洲是黃種人居多。那麼非洲呢？非洲是以沙漠為界，南北黑白分明。如今非洲北部橫亙著世界最大的沙漠——撒哈拉大沙漠。在一萬年前，這裡還是一片大草原，叫撒哈拉草原。撒哈拉北面靠近地中海的地方，太陽光沒那麼強，當地人的皮膚比較白，屬於白種人。亞洲、歐洲的兄弟們也經常來串個門、結個婚什麼的。撒哈拉以南的廣大地區日照強烈，人們皮膚較黑，他們就是三大人種中的黑人（又叫尼格羅人），因此撒哈拉以南地區又叫「黑非洲」。

　　非洲東部、中部的黑人，其文明程度處於世界先進水準。在距今1萬年前，非洲人已經發展了農業和畜牧業。他們培育並種植高粱、珍珠稷、西瓜、棉花，馴化了野牛，並且開始陶器製作。他們還會用石器將糧食碾磨成碎末，方便煮粥吃。他們將這些先進技術與白種人鄰居相互交流，慢慢地傳播到非洲的其他地方。不過，由於非洲獨特的氣候特徵，尤其是熱帶雨林地區，每年降水量巨大、水土流失嚴重、蚊蠅和疾病充斥，導致很多地區無法開展種植業。因此，非洲大陸上的黑人部族，其文明程度參差不齊，甚至到了20世紀，他們中間還有處於原始社會的部落。

　　位於非洲北部的白種人，與北邊的歐亞地區人們交流更為密切，同時又能吸收南面黑兄弟的先進經驗。這樣一來，他們面臨的競爭壓力更大，也能獲得更多的機會。在未來很長一段時間內，北非人參與了歐亞大陸的各國征戰，有了許多可歌可泣的故事。

　　一年又一年，一個世紀又一個世紀，即使一千年，在地球的歷史上也不過是彈指一揮間。就在西元前4000餘年，非洲東北部一個文明古國出現了。

非洲得名的由來

阿非利加洲（Africa的譯音）的來歷，至今有多種傳說。一說是因四千年前一位酋長叫Africus侵入北非，建立了一座叫Afrikyah的城市；一說「阿非利加」是北非土著族柏柏人的信仰中的守護女神；一說africa來源於拉丁文的aprica，意思是「陽光灼熱」的地方；一說該詞來自迦太基語言中afar（塵土），或源於柏柏人詞彙ifri（洞穴）；一說，布匿戰爭中羅馬大將西庇阿的綽號為「阿非利加」，他登陸北非擊敗了迦太基，後來羅馬人以他的綽號命名該大陸。

老祖母「露西」和「夏娃」

西方主流人類學者認為，現代人類的祖先最早出現在非洲。目前發現的最早的人類化石，是在衣索比亞發現的「露西」女性古人化石，距今320萬年。因此，露西被尊稱為「全人類的老祖母」。當然，僅僅是象徵意義上的。另有人類學家透過基因比較，認為現在全世界的60多億人，其染色體均來自於距今約20萬年前的同一位女性先祖。他們將這位女性稱為「夏娃」。按此論點，「夏娃」的子孫在5萬～10萬年前再次從非洲出走歐亞，並消滅和取代了之前各地的原始人類，最終佔據全球。當然，人類起源還有不同的觀點，學術界並未達成一致。

黑人種群

尼格羅人種（黑人）有兩大分支，北邊一支是蘇丹人，南邊一支是班圖人。蘇丹人發源於尼羅河中上游、尼日河、查德湖以及撒哈拉中部地區，其特點是膚色漆黑、身材高大。班圖人發源於東非大湖區（今肯亞、坦尚尼亞、蒲隆地、烏干達、剛果東北部盧安達一帶）及剛果河下游地區，皮膚沒有蘇丹人黑。目前，蘇丹人主要分佈在非洲中北部，班圖人則

BC
美尼斯統一古埃及
— BC2000
卡迭石之戰
— BC1000
波斯帝國征服埃及
第一次布匿戰爭
第二次布匿戰爭
凱撒與埃及豔后共謀
— 0
阿克蘇姆王國建立
汪達爾王國建立
阿拉伯人佔領北非
桑海王國建立
— 1000
穆拉比特王國建立
迪亞士發現好望角
蘇伊士運河開通
第一次世界大戰
— 2000

分佈在赤道地區和非洲南部另外還有兩個較小的分支，俾格米人在非洲中部，身材矮小，皮膚暗黑，處於較原始的狀態。布希曼人主要分佈在非洲南部，各方面與亞洲蒙古人種更為接近。

上古時期	BC
夏	
	BC2000 —
	BC1800 —
商	
	BC1600 —
	BC1400 —
	BC1200 —
周	
	BC1000 —
	BC800 —
	BC600 —
	BC400 —
秦	BC200 —
漢	
	0 —
	200 —
三國	
晉	
	400 —
南北朝	
隋朝	600 —
唐朝	
	800 —
五代十國	
宋	1000 —
	1200 —
元朝	
明朝	1400 —
	1600 —
清朝	
	1800 —
中華民國	
	2000 —

統一！兀鷹與眼鏡蛇

六千餘年前，出現在非洲的文明古國，就是大名鼎鼎的古埃及。世界四大文明古國中的三個都在亞洲，埃及則是非洲大陸上的一枝獨秀。埃及這塊土地能成為文明古國，也講個「天時地利人和」。首先埃及位於世界第一長河尼羅河的下游。每年雨季，上游的泥土因暴雨被大量地衝刷到河裡。河水攜帶著這些泥土一路奔騰，到下游後勢不可擋，一路氾濫到河道兩邊十多公里，把海量的黑泥「平鋪」到河兩岸。等雨季結束，河水退下去後，就在兩岸形成了幾十公里寬、幾千公里長的土壤層。至於尼羅河入海的地方，從上游衝刷來的肥沃土壤更是堆積成了幾百公里寬的三角洲。這些土地十分肥沃，隨便撒幾個種子，稍微澆點水，那莊稼就刷刷地長，而且還不需要擔心土壤的肥力會被耗盡，反正每年雨季一到，上游新的土壤就又被衝下來了，直接「送貨上門」！

大家可以想像，對於靠天吃飯的古代農民來說，這樣一塊肥地簡直是上天賜給的無價之寶啊！因此，尼羅河下游一帶很快變得田疇密布，人口眾多。所謂倉廩實而知禮節，大家肚子吃飽了，所以這些部族不但有閒工夫來琢磨科學、文化，也有力氣來進行政治遊戲、軍事戰爭了，於是原始國家逐漸出現了。

另一個特點是埃及的地理位置。它的東北面隔著紅海和西奈半島，再往東北走便是同為四大文明的巴比倫文明。西邊隔著撒哈拉草原（沙漠），是北非的白人兄弟（稱為古利比亞人，包括柏柏人、圖瓦雷克人和圖布人等）。南邊，則有一群農業和畜牧業高度發達的黑人兄弟，從

BC
美尼斯統一古埃及

— BC2000

—

卡迭石之戰

— BC1000

—

波斯帝國征服埃及

第一次布匿戰爭
第二次布匿戰爭

凱撒與埃及豔后共謀
— 0

阿克蘇姆王國建立

—

汪達爾王國建立

阿拉伯人佔領北非
桑海王國建立

— 1000
穆拉比特王國建立

—

迪亞士發現好望角

蘇伊士運河開通

第一次世界大戰
— 2000

上古時期　BC

夏

BC2000 —

BC1800 —

商　BC1600 —

BC1400 —

BC1200 —

周　BC1000 —

BC800 —

BC600 —

BC400 —

秦　BC200 —
漢

0 —

三國　200 —
晉

400 —
南北朝

隋朝　600 —
唐朝

800 —

五代十國
宋　1000 —

1200 —

元朝
明朝　1400 —

1600 —

清朝

1800 —

中華民國

2000 —

衣索比亞高原沿著尼羅河搬遷過來。這樣，埃及處於幾個不同類型文明的交匯處，得到了很多學習機會，也就更加發達起來。

　　古埃及人的模樣很有特色。他們黑頭髮、低額頭、黑眼珠、直鼻子、寬臉型、古銅色皮膚，長得既不像南邊的黑人兄弟，也不像西邊的北非白人兄弟。說起來，他們的膚色和五官倒是有點像亞洲的黃種人，但也只是有點像。所以古埃及人到底屬哪一種人，現在還存在爭議。或許古埃及人本身便混合了多個不同種群的血緣。尼羅河兩岸在西元前5000年左右就開始出現村落，那時候大家還在用著石器。又過了1000年，青銅器基本取代了石器，村落逐漸發展為城鎮，裡面有了富人和窮人，有了奴隸和奴隸主。城鎮又逐漸發展成城邦國家，部族村落的長老成為領主和國王。尼羅河兩岸形成了10多個小邦國，它們為了爭奪土地、人口和財富，經常大打出手。現在出土的一些藝術品，上面經常能看到王冠、保護神、戰爭、俘虜等圖案。

　　雙拳難敵四手，為了打仗，邦國之間相互結盟。一個同盟內部也是強弱不均，老大要罩著小弟，也少不了要揩小弟的油。這麼一來，古埃及的敵對邦國之間固然是弱肉強食，但同盟內部也開始大魚吃小魚。折騰到了西元前3500年，10多個邦國合併成兩個國家：上埃及和下埃及。上埃及位於南方（上游），國王戴白色王冠，以兀鷹為保護神，以白色百合花為國徽。下埃及位於北方（下游），國王戴紅色王冠，以眼鏡蛇為保護神，以蜜蜂為國徽。兩個國家又對峙了幾百年，征戰不休。下埃及由於有尼羅河三角洲的大片沃土，更加富裕，但上埃及「窮山惡水出刁民」，軍事實力更強一些。

　　到西元前3100多年，一個叫美尼斯的人成為上埃及君主。他雄心勃勃，揮軍北上，打敗了下埃及軍隊，佔領整個三角洲。自此，原本的兩個國家合併成一個國家。文明古國「古埃及」正式誕生。

　　美尼斯統一上下埃及的時間，大致和軒轅黃帝擊敗蚩尤的時間差

不多。軍事上的統一倒還好說，關鍵是怎麼把被征服地區的人心真正收服。美尼斯不愧是位偉人，深諳群眾心理學，要是直接宣布上埃及把下埃及吞併了，那下埃及這些貴族以及老百姓肯定不樂意。於是美尼斯換了個花樣，宣布上埃及還是上埃及，下埃及還是下埃及，只不過我美尼斯大王成為「上埃及和下埃及之王」。

在大王的頭銜中，把兀鷹女神和眼鏡蛇女神、百合花和蜜蜂都包含了進去。換言之，下埃及的文化要素被保留了下來。美尼斯還把一切制度都複製為雙份：宗教中心，上下埃及各一個；國庫，上下埃及各一個；國王加冕儀式，上下埃及各舉行一次，到哪座山就唱哪處歌。甚至他還在尼羅河三角洲的南部修了一座白城（希臘人叫孟菲斯城，在開羅南30公里），作為統一後的埃及首都。這裡緊挨著下埃及的中心。

如此這般，下埃及人總算心氣平了，逐漸接受了美尼斯的統治。美尼斯心頭暗喜，虛偽的人，要什麼給你們什麼，反正管他上埃及、下埃及，都是我美尼斯的屬地。至於在白城定都，這可不光是為了給下埃及面子。這裡便於我管理三角洲的肥沃土地，方便與亞洲通商，而且我在首都駐紮大軍，你們下埃及要是敢玩什麼花樣，鎮壓起來也順手啊。

美尼斯統一古埃及，功成名就。他也很長壽，在位60多年後依舊老當益壯，還要去打獵，結果有一天他正在河邊散步時，一頭憤怒的河馬衝了出來。可憐美尼斯手握上下埃及大權，但在河馬面前卻不管用，兩噸重的肥軀、半米闊的大嘴，轉眼便把古埃及開國大王撕得血肉模糊，一命歸西。

美尼斯死後，他的子孫又傳承了七代，前後200多年。歷史上，把美尼斯建立的這個王朝稱為「古埃及第一王朝」。此後古埃及改朝換代，歷史延續了近3000年，一共出現過31個王朝。

美尼斯統一古埃及

— BC2000

卡迭石之戰

— BC1000

波斯帝國征服埃及

第一次布匿戰爭
第二次布匿戰爭

凱撒與埃及豔后共謀
— 0

阿克蘇姆王國建立

汪達爾王國建立

阿拉伯人佔領北非

桑海王國建立

— 1000
穆拉比特王國建立

迪亞士發現好望角

蘇伊士運河開通

第一次世界大戰
— 2000

古埃及王朝

　　西元前3世紀，埃及歷史學家曼涅托，將從美尼斯統一古埃及開始，到被亞歷山大大帝吞併為止，總共約2800多年的時間劃分為31個王朝，每個王朝多則數百年，少則數十天。當埃及處於分裂狀態時，也會出現兩個以上王朝並立的情況。這些王朝的國王（法老）大部分是埃及本地人，也有征服埃及的外來人，如西邊的利比亞人、南邊的黑人、亞洲來的西克索人、波斯人等。而美尼斯統一之前的1000多年歷史，則被稱為「前王朝時期」。埃及國王的稱號「法老」，本是「大房子」之意，後來指代「王宮」，直到第二十二王朝（約西元前900年）才正式被作為國王的稱號。

夏

BC2000 —

BC1800 —

商

BC1600 —

BC1400 —

BC1200 —

周

BC1000 —

BC800 —

BC600 —

BC400 —

秦
漢

BC200 —

0 —

200 —

三國
晉

400 —

南北朝

隋朝
唐朝

600 —

800 —

五代十國
宋

1000 —

1200 —

元朝
明朝

1400 —

1600 —

清朝

1800 —

中華民國

2000 —

神奇！金字塔國度

　　美尼斯統一古埃及之後，尼羅河流域結束了長期的內戰，上下游水利資源也得到協調，生產力進一步提高。尼羅河兩岸和三角洲的肥沃泥土種出了豐茂的莊稼，來做生意的商隊把各地物產帶到古埃及，形成一派其樂融融的景象。

　　古埃及日常飲食主食是麵包和啤酒，加上綠芽洋蔥和其他蔬菜，並搭配肉類。野味原本很豐盛，但隨著人口增多，野生動物都被吃光了，於是野味成了奢侈品。富人每日三餐：早餐、午餐、晚餐；窮人每日兩餐：早餐和下午餐。古埃及的宴會非常豐盛，會場會提供洗手盆和花環，有焚香助興的歌舞、樂器表演。宴會食物包括烤全牛、烤鴨、烤鵝、烤鴿子，還有燉肉、大量的麵包、新鮮的蔬果，甜點是加入椰棗和蜂蜜的蛋糕。

　　古埃及人的菜譜很豐盛，肉類品種齊全，除了家養的雞、鴨、鵝、鴿子、鵪鶉、鷓鴣、牛、綿羊、山羊、豬之外，野生的羚羊、河馬、鱷魚、鴕鳥、水禽、魚類、野驢、野牛、鬣狗都會被拿來做菜，甚至老鼠和刺蝟也能燒了吃。蔬菜有洋蔥、蒜、生菜、芹菜、黃瓜、葫蘆、各種豆類等。水果有椰棗、無花果、葡萄、棕櫚果、鱷梨等，後來還傳入了石榴和杏仁。飲料主要是新鮮的啤酒，還有清水和牛奶。果子酒是昂貴的奢侈品，富人們還用雙層高腳杯冰鎮果汁來喝，這是世界上最早的冷飲。

　　古埃及有自己的象形文字，多刻在墓穴中、紀念碑上、廟宇的

BC
美尼斯統一古埃及

— BC2000

卡迭石之戰

— BC1000

波斯帝國征服埃及
第一次布匿戰爭
第二次布匿戰爭
凱撒與埃及豔后共謀
— 0
阿克蘇姆王國建立

汪達爾王國建立

阿拉伯人佔領北非
桑海王國建立
— 1000
穆拉比特王國建立

迪亞士發現好望角

蘇伊士運河開通

第一次世界大戰
— 2000

上古時期　BC

夏

BC2000 —

BC1800 —

商

BC1600 —

BC1400 —

BC1200 —

周

BC1000 —

BC800 —

BC600 —

BC400 —

秦

漢　BC200 —

0 —

200 —

三國
晉

400 —

南北朝

隋朝
唐朝

600 —

800 —

五代十國
宋

1000 —

1200 —

元朝
明朝

1400 —

1600 —

清朝

1800 —

中華民國

2000 —

牆上，被稱為「聖書體」。古埃及有數字，包括6種符號，分別代表個、十、百、千、萬、十萬。比如要寫250，就畫兩個「百」和五個「十」。

　　還好那時候的統計很少需要上百萬的數字，所以這幾個已經夠用了。古埃及數學家已經能夠計算等腰三角形、長方形、梯形和圓形的面積，他們計算出的圓周率為3.16左右。古埃及的天文和曆法也有很高水準，將一年定為365天，每年12個月，一個月30天，剩餘5天作為節日。古埃及還發明了「莎草紙」，即把莎草的莖壓平成為一塊，可在上面寫字。當然，這並不是真正意義上的「紙」。

　　為了更好地把這片肥沃而文明的土地控制在自己手裡，永遠享受這種大吃大喝，古埃及的國王（法老）們費盡了心思。除了建立軍隊、任命官吏、拉攏土豪和有錢人之外，法老們還想方設法給自己包裝了一層神聖的光環，從心理上壓倒老百姓。他們自稱是神的後裔，大力推動宗教發展，讓僧侶們給自己吶喊助威。

　　比如第十八王朝（西元前1570—前1320年）的法老們，就自稱是底比斯守護神阿蒙的兒子，把阿蒙神捧為眾神之王，更將大量財富分撥給阿蒙神廟。擁有60多個城鎮、8萬多名奴隸、42萬頭牲口和幾百處園林，使得阿蒙神廟的僧侶成為僅次於法老的大財主。而到了十八王朝末期，國王阿蒙霍特普四世發現阿蒙神廟的勢力太大了，簡直威脅到了自己的統治，於是進行宗教改革，宣布「太陽神阿吞」才是眾神之王，為此提拔了一批新的僧侶，並組織藝術家創作了大批歌頌阿吞的壁畫、詩歌，還把自己的名字「阿蒙霍特普」也改成「阿肯那頓」。他在位18年，和阿蒙神廟鬥了18年，為此把國政都荒廢了。結果等他一死，阿蒙神廟集團立馬反撲，不僅恢復了阿蒙神廟的地位，更把前任法老貶損為「罪人」。

　　法老的造神運動頗有成效，對大臣來說，親吻法老的鞋子是榮耀，

挨法老一耳光也是難得的殊榮。朝廷的高官和地方大員都由法老指定，最重要的職務多數是法老的親屬。為了確保自己「神聖的血統」不被摻沙子，埃及法老們還近親通婚，而且「近」得令人髮指。歐洲王室的婚配已經夠內向了，無非是堂兄表妹之間的婚姻。而古埃及呢，法老的妻子一般都是自己的親姐妹！至於這種近親結婚是否會造成後代遺傳疾病風險增高，那會兒的人也顧不得了。

　　法老們彰顯自己神聖威權的最大手筆，就是修「金字塔」當自己的陵墓了。巨大的石塊堆積成龐大的正四棱錐，高達數十米乃至上百米，確實威武霸氣。不過，在古埃及的最早幾百年，國王們還沒想出這麼高端大氣的點子。那時候，全國人民的墳墓都是一座巨大的長方體或正方體屋子（馬斯塔巴），好似一口放大的棺材。國王們的墳墓也不過比一般人的高大些罷了，而且是用泥磚砌成的，在裡面，睡著國王（法老）的木乃伊（乾屍）。

　　到了第三王朝，法老左塞爾（約西元前2630—前2611年）在位期間，出現了一位驚天動地的奇才——宰相印何闐。印何闐覺得，法老的墳墓用這麼個加大號的棺材不夠威武。那怎麼辦呢？宰相大人想了一計：我們多修幾個大棺材，一層一層堆起來，那不就威武得多了嘛。他給左塞爾修的墳墓，全部選用巨大的石塊，先修一座長方體石屋，然後在一層的頂上修了一座小一點的石屋，再在第二層頂上又修了更小一點的石屋。這麼一個疊一個，一共修了六層石屋，成一個階梯狀的陵墓。這就是古埃及第一座金字塔，叫作「梯形金字塔」，長143公尺，寬125公尺，高61公尺。儘管比起後來的一些金字塔顯得稍微小點，外表也不夠光滑，但畢竟是開山鼻祖啊。

　　還要多說一句，這位宰相印何闐也是古埃及史上的一位神人。他不但是宰相，還是工程師、大祭司、文書兼內科醫生和天文學家。他前後輔佐了四任法老王，死後更被古埃及人尊為醫藥之神。後來亞歷山大大

BC

美尼斯統一古埃及

— BC2000

—

—

卡迭石之戰

—

— BC1000

—

—

波斯帝國征服埃及

第一次布匿戰爭
第二次布匿戰爭

凱撒與埃及豔后共謀

— 0

—

阿克蘇姆王國建立

—

汪達爾王國建立

—

阿拉伯人佔領北非

桑海王國建立

— 1000
穆拉比特王國建立

—

—

迪亞士發現好望角

—

蘇伊士運河開通

—

第一次世界大戰

— 2000

帝征服古埃及後，還專門為印何闐修建神廟。

　　印何闐開創了先例後，後來的法老們紛紛仿效於修建金字塔。早先的梯形金字塔不時髦了，他們要修四棱錐的金字塔，而且一座比一座大。其中最大的一座，是第四王朝的國王胡夫（約西元前2551—前2528年）的陵墓，稱為「胡夫金字塔」。它長230多公尺，高146.5公尺（後來經過風化，邊長和高度各減少了10公尺），用了230萬塊石頭砌成，每塊石頭平均重2.5噸，最大的重達160噸。塔身的石塊之間沒有任何水泥、灰漿之類的黏著物，而是直接用石頭一塊疊一塊。可是每塊石頭都磨得很平，角度也很準確，石塊之間的縫隙連刀刃都插不進去。在四千多年前的古代，這簡直是超級奇蹟。至於說那些數字上的「神秘發現」，比如金字塔高度乘以多少恰好是太陽到地球的距離，就沒什麼意思了，隨便找一些資料也能湊出來一些玄妙奇聞。

　　為了修這座金字塔，胡夫把全國壯丁分成幾個批次，據說每批10萬人一起施工，做滿三個月輪換，一共修了20年才修完，其工程量極為浩大。當然，這也說明當時的古埃及確實相當富庶，前後200萬名壯丁折騰20年，國家居然還能有糧食養活他們，而且民工的伙食吃得還不錯。

　　尼羅河河畔高聳的金字塔，是古埃及留給人類的寶貴財富。古埃及有一句話：「萬物都害怕時間，時間卻害怕金字塔。」的確，這巨大的石材建築讓人感受到近乎「永恆」的力量。古埃及法老們不但指望這些金字塔成為他們遺體安睡的陵墓，也希望為他們的靈魂建立起一座到達天堂的橋樑。

　　可惜事與願違，高聳的金字塔既讓人讚歎，也成為吸引貪婪者最明顯的地標。為了盜竊法老們陪葬的金銀財寶，膽大包天的竊賊多次入侵金字塔。而當爆發叛亂或起義時，金字塔也成為最好的攻擊目標。起義者會衝進裡面，把法老的木乃伊拖出來撕得粉碎。

　　這樣一來，法老們逐漸意識到修金字塔這勞民傷財的事情，並不能

夏

BC2000 —

BC1800 —

商

BC1600 —

BC1400 —

BC1200 —

周

BC1000 —

BC800 —

BC600 —

BC400 —

秦

漢

BC200 —

0 —

三國

晉

200 —

南北朝

400 —

隋朝

唐朝

600 —

800 —

五代十國

宋

1000 —

元朝

1200 —

明朝

1400 —

清朝

1600 —

1800 —

中華民國

2000 —

給自己死後帶來安寧。因此，現在宏偉高大的金字塔主要是在第三、四王朝這兩個時期裡建的。之後的金字塔規模就要小得多，再往後法老們乾脆不再建金字塔，而改在深山中祕密安葬。

BC
美尼斯統一古埃及

— BC2000

卡疊石之戰

— BC1000

波斯帝國征服埃及

第一次布匿戰爭
第二次布匿戰爭

凱撒與埃及豔后共謀
— 0

阿克蘇姆王國建立

汪達爾王國建立

阿拉伯人佔領北非

桑海王國建立

— 1000
穆拉比特王國建立

迪亞士發現好望角

蘇伊士運河開通

第一次世界大戰
— 2000

兵戈！戰亂與征服

　　美尼斯統一古埃及後，雖然暫時消除了群雄割據的混戰局面，但要說從此古埃及人民過上了刀槍入庫、馬放南山的幸福生活，那顯然是不可能的。之後的古埃及歷史，依舊充滿了鐵血刀兵。戰亂首先來自內部。埃及法老把土地和財富賞賜給臣屬、僧侶，漸漸地削弱自己的實力。當法老王實力弱到一定程度，就再也罩不住江山了。各地的地方統治者趁機割據一方當起了土皇帝，他們不但不服從中央的命令，甚至相互出兵攻打，再度形成了軍閥混戰局面。直到崛起了一位強有力的法老，埃及才重新穩定；或者某一路諸侯掃蕩群雄，成為新的法老。在3000年歷史裡，這樣的混亂時期足有三分之一。另外，尼羅河流域雖然土地肥沃，生活富足，但有時候法老王及其大臣、權貴、僧侶對老百姓的壓榨太過分時，古埃及人也會忍無可忍，揭竿而起。

　　另一方面，古埃及與周邊國家經常開戰，搶銀子、抓奴隸，或者直接圈佔土地。古埃及用兵的方向主要有兩個。首先是往南攻打黑人兄弟。當時古埃及南邊，在今天的蘇丹東北部，尼羅河上游的黑人建立了一個國家「努比亞」，埃及人叫它「庫施」。這個黑人國家的農業和養殖業很發達，最初和古埃及人友好往來，互通有無，挺溫情的。可當古埃及強大以後，就對黑兄弟大打出手。努比亞人儘管驍勇善戰，但土地不如古埃及富庶，人口也少，因此輸多贏少。古埃及就這麼一寸一寸地沿著尼羅河往上游擴張，擴張了一千多年，從第一瀑布擴張到第四瀑布，攻佔了大片努比亞領土，許多黑人也被抓起來當奴隸。最讓法老們

高興的事是，佔領的努比亞領土上盛產黃金，這黃澄澄的玩意，足夠抵償戰死士兵的損失了。剩下的努比亞人被迫往更南面遷徙，躲避埃及人的鋒頭。埃及法老還派出武裝商隊深入南方更遠處，最遠的商隊曾到達非洲大陸南端。

法老王用兵的另一個方向就是東北。古埃及軍隊雄赳赳，氣昂昂，跨過紅海，直撲西亞，與當地的國家展開了一次次的大戰。尤其是十八王朝的圖特摩斯三世（西元前1514—前1450年，西元前1504—前1450年在位），他堪稱是世界歷史上的第一位軍事家，被譽為「古埃及的拿破崙」。他揮師與兩河流域的米坦尼激戰數場，打得米坦尼軍節節敗退。他還發揮外交手腕，利用當時新興的西臺王國（在今天土耳其）威脅米坦尼，迫使米坦尼向他求和，又轉而仗著軍威和米坦尼的盟約，脅迫西臺對埃及稱臣納貢。同時，亞洲的亞述、巴比倫，歐洲的克里特，非洲的利比亞等國家也都紛紛認埃及為盟主，而巴勒斯坦和敘利亞地區則直接成了埃及的領土。這樣，古埃及從一個地方性的王國，一躍成為地跨亞、非兩大洲的帝國，也可稱其為世界上第一個霸權主義國家。

古埃及達到了極盛，但這種依靠武力建立的強大並不能持久。而且埃及人搞種族歧視，引發了多重民族衝突。比如摩西帶領的猶太人就因為受不了埃及人的欺負，渡過紅海逃回巴勒斯坦去了。巴勒斯坦和敘利亞地區也多次爆發反抗埃及法老的起義。古埃及很快就要從巔峰上跌落下來了。圖特摩斯三世之後的幾十年，古埃及內部動盪，國家實力也弱了，而西臺則強大起來，開始搶古埃及的敘利亞和巴勒斯坦。埃及法老們大怒：我們2000年文明古國，豈能被你這暴發戶欺負！當即率軍反擊。雙方打打停停，一會兒你推過來，一會兒我殺過去，前後折騰了好幾十年，戰場上互有勝敗，但整體來說，西臺還是一點一點地從埃及手中把敘利亞北部給搶走了。西元前1296年，埃及與西臺達成停戰和約，確認敘利亞大部分領土歸西臺所有，埃及法老拉美西斯二世娶了西臺公

BC
美尼斯統一古埃及

— BC2000

卡迭石之戰

— BC1000

波斯帝國征服埃及

第一次布匿戰爭
第二次布匿戰爭

凱撒與埃及豔后共謀
— 0

阿克蘇姆王國建立

汪達爾王國建立

阿拉伯人佔領北非

桑海王國建立
— 1000
穆拉比特王國建立

迪亞士發現好望角

蘇伊士運河開通

第一次世界大戰
— 2000

主，兩國攜手對付外國入侵或人民起義。這也是人類史上第一份有記載的兩國和約。

古埃及農民起義

古埃及史料記載的起義資料不多。西元前17世紀的《伊浦味箴言》，記載了在當時的一次農民起義中，法老被廢黜，高官們狼狽逃散的場面。起義民眾把國庫的糧食運出來「均貧富」，還把朝廷的文書扔到街頭踐踏、撕碎。在西元前1200年，敘利亞籍奴隸伊爾蘇發動起義推翻了第十九王朝，自稱為王，後被埃及將軍塞特納赫特鎮壓。

卡迭石之戰

西元前1312年，十九王朝的法老拉美西斯二世與西臺王穆瓦塔里在卡迭石展開決戰。雙方各出動了兩萬軍隊。埃及軍隊較為精銳，但法老中了穆瓦塔里的反間計，只帶一個軍團的5000精兵直撲卡迭石，遭到西臺軍主力包圍。另一個軍團緊急來援，又被西臺軍戰車伏擊，傷亡慘重。幸虧西臺軍忙於劫掠埃軍的財物，拉美西斯二世才逃過一劫。隨後埃軍後援趕到，西臺軍幾次進攻無果，只得撤退。這一戰雙方兩敗俱傷，均未能達成戰略目的。此後兩國又打了10多年，埃軍處於攻勢，戰鬥力也較強，但西臺軍堅守城堡，避免正面決戰，敘利亞人又多次發動反埃及起義。拉美西斯二世無力改變局勢，只得同意西臺的求和。

夏

BC2000 —

BC1800 —

商

BC1600 —

BC1400 —

BC1200 —

周

BC1000 —

BC800 —

BC600 —

BC400 —

秦
漢   BC200 —

0 —

三國   200 —
晉

南北朝   400 —

隋朝   600 —
唐朝

800 —

五代十國
宋
1000 —

1200 —

元朝
明朝   1400 —

1600 —
清朝

1800 —

中華民國
2000 —

滄桑！老前輩退場

　　三十年河東，三十年河西。古埃及多次入侵別國，開疆拓土自然痛快，可是等他自己衰敗時，也逃不脫被人蹂躪的命運。早在西元前17世紀，埃及境內的亞洲人（西克索人）便成為埃及的統治者，後來才被埃及本地君主推翻。而在埃及與西臺同盟之後又過了200餘年，古埃及已是內憂外患不斷。國內神廟祭司掌握著大量財富和權力，與權貴階層爭權奪利，嚴重分散了國家力量。西邊的利比亞人越過撒哈拉，進逼到尼羅河畔。雖然打的旗號是「僱傭軍」，其實已經成為古埃及的心腹之患。

　　到西元前10世紀，累積的衝突終於總爆發了。利比亞將軍舍尚克佔領尼羅河三角洲，建立了利比亞王朝（二十二王朝和二十三王朝），統治該地區二百多年。埃及自己內部都亂成這樣了，自然不能再保持對外的震懾。南方被征服的努比亞地區造反了，黑人兄弟們揭竿而起，不但把埃及佬們從努比亞趕走，還反攻入尼羅河流域，征服大片埃及領土，建立了努比亞王朝（二十五王朝），統治了近百年。北方呢，前幾百年辛辛苦苦征服的巴勒斯坦地區也獨立了（猶太人在掃羅王、大衛王、所羅門王領導下的獨立戰爭就是這時候）。埃及控制的領土僅剩下分崩離析的尼羅河下游地區。

　　這還不算完。在西元前7世紀，西亞的新霸主亞述越過紅海殺奔埃及，四分五裂的埃及哪裡擋得住這群西亞猛虎。很快，亞述大軍征服了尼羅河三角洲，並將孟菲斯、底比斯等重鎮夷為平地。堂堂埃及淪為亞述帝國的附庸領土，亞述國王委任了一批總督，分別治理埃及各地。

BC
美尼斯統一古埃及

— BC2000

卡迭石之戰

— BC1000

波斯帝國征服埃及
第一次布匿戰爭
第二次布匿戰爭
凱撒與埃及豔后共謀
— 0
阿克蘇姆王國建立

汪達爾王國建立
阿拉伯人佔領北非
桑海王國建立
— 1000
穆拉比特王國建立

迪亞士發現好望角

蘇伊士運河開通
第一次世界大戰
— 2000

夏

BC2000 —

BC1800 —

商

BC1600 —

BC1400 —

BC1200 —

周

BC1000 —

BC800 —

BC600 —

BC400 —

秦
漢

BC200 —

0 —

三國
晉

200 —

南北朝

400 —

隋朝
唐朝

600 —

800 —

五代十國
宋

1000 —

1200 —

元朝
明朝

1400 —

1600 —

清朝

1800 —

中華民國

2000 —

　　亞述在埃及的統治也十分短暫，沒幾年，就有一個埃及本地總督起來反抗亞述的統治。此人名叫普薩美提克，雖然吃著亞述王的飯，身體裡可流著埃及人的血。他不光會打仗，還懂得合縱連橫。對內，他聯合埃及各地軍事貴族和宗教集團，逐個制服亞述的封臣，漸漸把埃及領土重新統一。對外，他和小亞細亞的利底亞、新巴比倫等國結盟，支持他們去圍攻亞述，教亞述首尾不能相應。這麼雙管齊下，終於在西元前7世紀末實現了埃及的重新獨立。這時期的埃及被稱為二十六王朝。

　　二十六王朝也是古埃及最後一個由本地人統治的強盛王朝。普薩美提克一世和他英才輩出的兒孫們，統治了一百多年。在這一百多年中，他們積極發展對外貿易，不僅把古希臘商人給請了進來，甚至在埃及建立了希臘殖民地城市。要知道，古希臘儘管歷史比古埃及短得多，卻是西方文明的發源地，在當時政治、軍事、文化、科技等方面都超越了古埃及。二十六王朝的法老們不是抱殘守缺，而是積極向古希臘學習，這份胸襟確實難得。他們組建了地中海和紅海艦隊，派人周遊非洲大陸，還試圖挖掘運河，將尼羅河和紅海溝通起來。

　　同時，他們繼續在外交上縱橫捭闔。當亞述帝國強大時，他們聯合新巴比倫圍攻亞述；等亞述衰敗了，他們又反過來支持亞述抑制新巴比倫。埃及軍隊重新跨過紅海，出征美索不達米亞，並擊敗了新巴比倫的盟友猶太王國。普薩美提克一世的孫子還當上了猶太國國王。在南面，埃及再次對努比亞的黑人兄弟動手，一直打到尼羅河第三瀑布。靠著這些法老的文治武功，再加上和古希臘的全方位親密合作，古埃及進入了「空前繁榮」的階段。

　　然而這種繁榮只是迴光返照。因為強大的波斯帝國崛起了。西元前525年，波斯軍隊越過西奈沙漠，直撲埃及。兩軍在貝魯西亞展開決戰，波斯軍大獲全勝，隨即攻佔埃及首都孟菲斯，俘虜了法老，並處死兩千名埃及貴族。於是「法老」的桂冠落到了波斯國國王的頭上，這就

是二十七王朝。但波斯國國王並沒有待在埃及進行統治,只是把這塊地盤當作自己的屬地,敲骨吸髓地壓榨。

在波斯人一個世紀的統治中,埃及人(包括在埃及的利比亞白人和努比亞黑人)前仆後繼地的義反抗都遭到了殘酷鎮壓。西元前404年,埃及人終於推翻了波斯人的統治,此後又建立了三個王朝,歷時80餘年。在這80年裡,埃及的經濟、文化看上去還算繁茂,但早已沒有了往日中東霸王的風采。外面有波斯帝國虎視眈眈,隔三差五派兵上門鬧事;內部呢,大夥兒仰慕希臘文化,言必稱希臘,昔日的第一號文明古國幾乎成了新興國家古希臘的乾兒子。埃及就這麼朝不保夕地混到了西元前343年,波斯大軍再度殺奔尼羅河而來,滅掉了三十王朝。埃及法老的帽子再次被波斯國國王搶走。波斯人統治下的埃及被稱為三十一王朝。這也是古埃及的最後一個王朝(部分史學家認為古埃及只有30個王朝,不承認這個波斯王朝)。

然而,波斯人的這個王朝更加短命。很快,一個超級軍事天才打了過來。這個軍事天才就是馬其頓國王亞歷山大大帝。亞歷山大帶著幾萬精兵,從希臘出發,一路橫掃,打得龐大的波斯帝國如同紙板房子一樣垮了下來。西元前332年,亞歷山大進入埃及。埃及人最近200年裡,早就是希臘人的超級粉絲,又受了波斯人這麼多年欺負,如今看見亞歷山大帶著威風凜凜的希臘——馬其頓聯軍,打得波斯人抱頭鼠竄,心頭別提多激動了。大家人山人海般擁出城來,歡迎偉大的解放者亞歷山大。亞歷山大呢,也特開心,因為把埃及這塊肥得流油的地盤拿下了,他的進一步遠征就不差錢糧了。於是亞歷山大自稱為阿蒙神的兒子,加冕為埃及國王,然後留下一批希臘人擔任埃及的高官要職,自己帶著修整後的軍隊,繼續追趕波斯人去了。

這一去,這位歷史上最強悍的「法老」就再也沒有回來。他滅掉了整個波斯帝國,一路打到印度,之後英年早逝,病死了。亞歷山大死

BC
美尼斯統一古埃及

— BC2000
—

卡疊石之戰

— BC1000
—

波斯帝國征服埃及
第一次布匿戰爭
第二次布匿戰爭
凱撒與埃及豔后共謀
— 0
阿克蘇姆王國建立
—
汪達爾王國建立
阿拉伯人佔領北非
桑海王國建立
— 1000
穆拉比特王國建立
—
迪亞士發現好望角
蘇伊士運河開通
第一次世界大戰
— 2000

上古時期　BC

夏

BC2000 —

商

BC1800 —

BC1600 —

BC1400 —

BC1200 —

周

BC1000 —

BC800 —

BC600 —

BC400 —

秦

漢　BC200 —

0 —

三國
晉　200 —

400 —

南北朝
隋朝　600 —
唐朝

800 —

五代十國
宋

1000 —

1200 —

元朝
明朝

1400 —

1600 —

清朝

1800 —

中華民國

2000 —

後，他打下來的龐大領土就被部將們瓜分。亞歷山大的親密戰友托勒密將軍分得了埃及。西元前305年，托勒密加冕為「法老」，在埃及建立了「托勒密王國」。這個王國結合了古埃及和古希臘的文化，但整體來說，骨子裡希臘化的痕跡更重。托勒密王國在延續了3個世紀後被羅馬人滅掉。

西克索人王朝

西克索人是來自西亞的移民，主要擔任水手和工匠等工作。在十三、四王朝時，由於中央政權衰落，群雄割據，西克索人趁機豎起旗號，佔領了尼羅河三角洲地區，並一度成為古埃及最強大的勢力。割據其他省份的本地「法老」們，都只能乖乖地給他們當小弟。西克索人在埃及稱王稱霸100多年，建立了兩個王朝（十五和十六），後來被埃及本地君主推翻。

亞歷山大城

亞歷山大進入埃及後，在尼羅河支流入海口建立了一座新城命名為「亞歷山大」，此後成為托勒密王國的首都。該城的文化藝術、科技空前發達，是學者們眼中的聖地。著名數學家歐幾里得長期在亞歷山大從事研究，其徒孫阿基米德也是亞歷山大學派的重要代表。埃拉托斯特尼則第一次測量了地球的直徑。甚至在羅馬人滅掉托勒密王國之後，亞歷山大的地位依然不減，立足於中東3000年的「古埃及」退出了歷史舞台。尼羅河水依舊帶著黑泥衝積成洲，金字塔依舊抵擋著沙漠風暴的侵蝕。在這片土地上，將上演完全不同的故事。

強盛！迦太基霸國

　　就在古埃及由盛轉衰時，在它西邊，另一個非洲強國強勢崛起，成為地中海的霸王，它就是迦太基。與古埃及不太一樣的是，迦太基在非洲屬於「外來者」，它是由亞洲移民「腓尼基人」建立的。腓尼基人非常善於航海和做生意，早在西元前1000年以前，他們的船隻就在地中海上揚帆往來，並在地中海沿岸的北非、西班牙等地建立了不少殖民地城市。

　　西元前814年，腓尼基城邦泰爾因為家庭問題玩出了人命：國王謀財害命，把自己的姐夫（也是舅舅）毒死了。國王的姐姐艾麗莎公主眼見不對，趕緊帶著一批心腹乘船逃走。他們在茫茫地中海上顛簸了一陣，來到非洲北部一個海灣（今天的突尼西亞）停泊。

　　當地的土著白人（柏柏人）早已習慣了腓尼基商人，趕緊列隊上前歡迎：「夫人您好，是來做生意的麼？有什麼貨物？幾時走？」

　　艾麗莎歎了一口氣：「我想和你們買一塊地，在這裡歇歇腳。」柏柏人首領眉頭一皺，心想：「這幫腓尼基人要在我們這裡住下來，不太妥當啊。」

　　艾麗莎察言觀色，趕緊叫手下抬上來一大堆禮物：「我只要一塊牛皮這麼大的土地，有個坐的地方就成。請您可憐可憐我這個弱女子吧。」說著，淚珠兒差點滾下來。

　　柏柏人首領心軟了，一塊牛皮大的土地有什麼打緊？他滿口答應，並且特別吩咐人殺了一頭最肥大的牛，把牛皮交給艾麗莎，讓她自己選

BC
美尼斯統一古埃及

— BC2000

卡迭石之戰

— BC1000

波斯帝國征服埃及

第一次布匿戰爭
第二次布匿戰爭

凱撒與埃及艷后共謀
— 0

阿克蘇姆王國建立

汪達爾王國建立

阿拉伯人佔領北非

桑海王國建立

1000
穆拉比特王國建立

迪亞士發現好望角

蘇伊士運河開通

第一次世界大戰
— 2000

夏

BC2000 —

商

BC1800 —

BC1600 —

BC1400 —

BC1200 —

周

BC1000 —

BC800 —

BC600 —

BC400 —

秦

漢

BC200 —

0 —

三國

200 —

晉

南北朝

400 —

隋朝

唐朝

600 —

800 —

五代十國

宋

1000 —

1200 —

元朝

明朝

1400 —

1600 —

清朝

1800 —

中華民國

2000 —

地方。

　　艾麗莎嘴角露出一絲笑容。她拿出小刀，把一大張牛皮切成一條又細又長的皮繩，然後在柏柏人目瞪口呆地注視下，在海邊圈了老大一塊地下來。在這塊土地上，艾麗莎和她的手下建立起一座城市，就是迦太基。

　　建立之初，迦太基處於弱勢。近處的土著人比它強大，遠處的泰爾母國要欺負它，甚至附近的腓尼基族人的其他殖民地它也惹不起。這種情況下，迦太基女王艾麗莎向土著人低頭，每年都繳納保護費給泰爾國上貢，和附近的腓尼基城市友好相處。她在貴族中組建了元老院，表決國家大事；又在公民中建立了公民大會，給大家參政議政的機會。她充分發揮本民族的商業天賦，以迦太基為中心，和各國大做生意。

　　迦太基商隊不但在地中海沿岸往返，而且穿越撒哈拉，深入非洲內地，販賣各種特產。這樣一來，迦太基越來越有錢了。經濟發達也吸引了更多的人口前來，迦太基又向柏柏人購買了更多的土地，擴大了城市。他們除了商業，還發展農業和手工業，並且建立一支強大的海軍，修建了軍港。

　　隨著實力增強，迦太基人不甘心只待在目前這蝸居似的小地方了。他們開始向外界擴張。首先派出一些船隊，在地中海沿岸的其他地方建立新的殖民地。有時候，其他地方的腓尼基人碰上戰爭，迦太基就派軍隊去支援同胞。比如迦太基建立200年後，西班牙的腓尼基人（加德斯城）和西班牙本地部族開戰，迦太基伸出援手，打敗了西班牙人。從此，加德斯成了迦太基的小弟，迦太基趁機在西班牙進一步擴展勢力。

　　利用類似的手法，迦太基逐漸成為地中海沿岸腓尼基人的盟主。

　　在當時，歐洲文明的先驅——古希臘已經非常強大了，他們的艦隊同樣在地中海上縱橫，建立了許多殖民地。迦太基要保證自己吃肉，就得和這隻北邊的老虎搶奪。於是迦太基人與希臘人在整個地中海展開

了曠日持久的爭霸。雙方的艦隊在海上追逐，互相攻擊彼此的殖民地城市。打了幾百年，科西嘉島、薩丁尼亞島先後落入迦太基掌中，而西西里島上則是兩家勢力對峙。

對於北非土著柏柏人，迦太基也變了臉色。當初艾麗莎來北非，是靠柏柏人給的土地立足的，長久以來迦太基也一直給柏柏人保護費。等迦太基強大起來之後，就反過來攻打柏柏人。柏柏人和迦太基打了不少惡仗，終究抵不過迦太基人先進的兵器和鎧甲，只得臣服。從此，柏柏人不但收不到保護費，反而當起迦太基人的小弟。迦太基人一方面沿著北非海岸向兩邊平鋪，一方面往南深入非洲內地，建立了許多殖民地和軍事堡壘。

到西元前4世紀，也就是古埃及被托勒密王朝取代之時，迦太基已經成為地中海第一等的強國。它的領土，在非洲從利比亞錫德拉灣直到直布羅陀海峽，在歐洲包括大半個西班牙以及科西嘉島、薩丁尼亞島的全部和西西里島的西部。整個地中海西半邊，均是迦太基人的勢力範圍。迦太基人是古代罕見的商業帝國，從西非輸入奴隸、象牙、黃金、銅，從不列顛輸入錫，從北海岸輸入琥珀，從西班牙輸入白銀，從薩丁尼亞輸入鉛和糧食，從埃及和腓尼基輸入手工業製品，然後把這些產品運到各地出售，賺得滿盆滿缽，肥得油光閃亮。在迦太基的大農莊，自由雇工、土著和奴隸辛勤耕作，產出麥子、葡萄和橄欖。迦太基的手藝人生產陶器、金屬製品和昂貴紡織品。各個殖民地、被征服的土著的財富，也像潮水一樣流入迦太基城。迦太基被當時的人稱為「世界上最富庶的城市」。

在西元前4世紀，北非的迦太基是西方最富強的國家，東北非的埃及托勒密王國是文化科技中心。此外，非洲還有其他國家，比如埃及南邊的努比亞（今蘇丹）黑人，他們被埃及打敗，南遷到尼羅河第五瀑布上游的美羅埃地區，建立了美羅埃王國，還在紅海建立港口，參與商

BC
● 美尼斯統一古埃及

— BC2000

● 卡迭石之戰

— BC1000

波斯帝國征服埃及
第一次布匿戰爭
第二次布匿戰爭
凱撒與埃及豔后共謀
— 0

— 阿克蘇姆王國建立

汪達爾王國建立

阿拉伯人佔領北非
桑海王國建立
— 1000
穆拉比特王國建立

迪亞士發現好望角

蘇伊士運河開通

第一次世界大戰
— 2000

貿。在西非、中非和東非，雖然尚未出現制度完善的國家，但很多部族都已經學會煉鐵，有的甚至比埃及人還要早上幾百年。利用非洲大陸上比比皆是的鐵礦，黑人們製作出比銅器更加耐用的鐵器。城鎮也出現了。這一時期的非洲，依然笑傲於西方。

腓尼基人

腓尼基人號稱「海上民族」，發源於西亞，早在西元前2000多年即往來各地通商。後來，他們在巴勒斯坦、黎巴嫩、敘利亞建立了一個富裕的國家，並成為海上霸主。腓尼基人還把埃及象形文字和蘇美文字結合，設計了22個字母。該字母表經希臘人修改後，成為現代字母表的前身。隨著亞述、新巴比倫、波斯等強大帝國先後崛起，西亞的腓尼基本上被逐漸征服、吞併、融合。

夏

BC2000 —

BC1800 —

商

BC1600 —

BC1400 —

BC1200 —

周

BC1000 —

BC800 —

BC600 —

BC400 —

秦
漢

BC200 —

0 —

200 —

三國
晉

400 —

南北朝

隋朝
唐朝

600 —

800 —

五代十國
宋

1000 —

1200 —

元朝
明朝

1400 —

清朝

1600 —

1800 —

中華民國

2000 —

第二章：帝國旗下——古羅馬時代
（西元前4世紀至西元6世紀）

　　財富、繁華、舉世無雙的海軍，還有第一流的名將漢尼拔，都拯救不了迦太基的命運。古羅馬的軍團踏上了非洲的土地。朱古達的狡猾，埃及豔后的嫵媚，能夠蠱惑古羅馬的權貴霸主，卻不能改變非洲被征服的命運。在古羅馬的統治下，非洲悄然的發生了變化。

1. 摩洛哥　　11. 獅子山　　21. 查德　　　31. 烏干達　　41. 肯亞
2. 西撒哈拉　12. 賴比瑞亞　22. 埃及　　　32. 盧安達　　42. 南非
3. 突尼西亞　13. 象牙海岸　23. 喀麥隆　　33. 蒲隆地　　43. 賴索托
4. 阿爾及利亞 14. 布吉納法索 24. 中非共和國 34. 衣索比亞　44. 史瓦濟蘭
5. 矛利塔尼亞 15. 尼日　　　25. 蘇丹　　　35. 納米比亞　45. 莫三比克
6. 塞內加爾　16. 利比亞　　26. 赤道幾內亞 36. 波扎那　　46. 索馬利亞
7. 馬利　　　17. 迦納　　　27. 加彭　　　37. 尚比亞　　47. 馬達加斯加
8. 甘比亞　　18. 多哥　　　28. 剛果民主共和國 38. 辛巴威　48. 模里西斯
9. 幾內亞比索 19. 貝南　　　29. 安哥拉　　39. 馬拉威　　49. 塞席爾
10. 幾內亞　　20. 奈及利亞　30. 剛果共和國 40. 坦尚尼亞

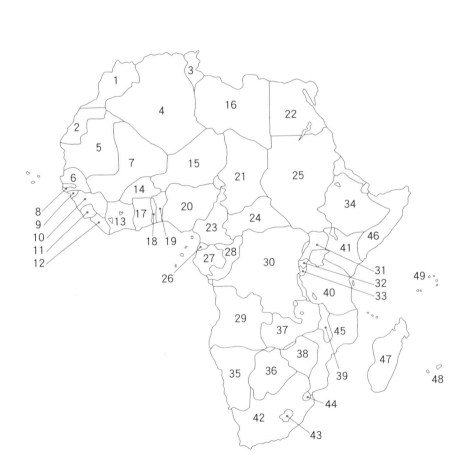

潰滅！布匿戰爭

　　西元前4世紀，北非強國迦太基在地中海玩得風生水起的時候，做夢也想不到，它的剋星很快就要降臨了。這個剋星就是大名鼎鼎的古羅馬。羅馬城位於義大利半島中部，只比迦太基晚幾十年建立。之後幾百年裡，羅馬人使盡渾身解數，就為了從周圍林立的部族、邦國裡面殺出一條血路。當迦太基人已經成為海上霸王時，羅馬人連老家都被高盧族燒了。雙方的差距可有點大。等羅馬開始強大時，迦太基也絲毫不把它當對手。在西元前3世紀，迦太基艦隊還幫助羅馬打敗了希臘馬其頓的皮洛士大王，從而使羅馬統一了義大利。然而接下來，當羅馬人決定走向海洋時，迦太基很快要嘗到後悔藥的滋味了。在其後的100多年裡，羅馬和迦太基進行了三次大戰。因為羅馬人稱迦太基為「布匿」，這幾場戰爭史稱「布匿戰爭」。

　　西元前264年，羅馬軍隊登上西西里島，強迫島上的敘拉古國王與自己結盟，進攻迦太基軍隊和城市，第一次布匿戰爭爆發。西西里島上的迦太基陸軍完全不是羅馬人的對手，被羅馬人打得一敗塗地。

　　迦太基當時沒有國王，由貴族寡頭統治。大貴族們聽說羅馬人挑起戰爭，勃然大怒：「派我們迦太基的無敵海軍出動，讓羅馬那幫旱鴨子嘗嘗厲害！」那時候羅馬海軍還是零呢，迦太基艦隊在沿海一路掃蕩，所向無敵。這可把大貴族們樂壞了，他們認為要不了多久，羅馬人就該求和了。

　　這些靠做生意賺得腦滿腸肥的大富翁，壓根不能理解，幾百年出

BC

美尼斯統一古埃及

— BC2000

卡迭石之戰

— BC1000

波斯帝國征服埃及
第一次布匿戰爭
第二次布匿戰爭
凱撒與埃及豔后共謀
— 0
— 阿克蘇姆王國建立

汪達爾王國建立

阿拉伯人佔領北非
桑海王國建立
— 1000
穆拉比特王國建立

迪亞士發現好望角

蘇伊士運河開通

第一次世界大戰
— 2000

上古時期　BC

夏

BC2000 —

BC1800 —

商

BC1600 —

BC1400 —

BC1200 —

周

BC1000 —

BC800 —

BC600 —

BC400 —

秦

漢　BC200 —

0 —

200 —

三國
晉

400 —

南北朝

隋朝
唐朝

600 —

800 —

五代十國
宋

1000 —

1200 —

元朝
明朝

1400 —

1600 —

清朝

1800 —

中華民國

2000 —

生入死砍出來的羅馬人，有著怎樣的精神！羅馬人在希臘人的指導下，從無到有地造船、培養水手，短短幾個月內，如變魔術般湊出了一支龐大的艦隊。而且，他們還在船頭裝上了一個烏鴉嘴般的吊橋。當雙方艦船接近時放下吊橋，讓善戰的羅馬步兵衝上敵艦肉搏，這樣就能揚長避短，取得優勢。

西元前260年，羅馬艦隊與迦太基艦隊在米列海岬展開戰鬥。迦太基人還等著按常規戰法撞擊敵艦側翼呢，不料羅馬人的大船直接猛衝過來。轉眼間兩軍艦船靠在一起，羅馬一方有大群不要命的步兵跳船而上。迦太基人哪裡見過這等陣勢，被殺得紛紛抱頭鼠竄，艦船一艘接一艘地被俘虜。第一戰，迦太基損失艦船數十艘，大敗虧輸。此後，迦太基海軍又多次被羅馬的「烏鴉嘴」擊敗。

西元前256年，兩國海軍主力在西西里島南岸展開決戰，雙方共出動近700艘戰艦，羅馬海軍損失24艘，迦太基則損失了100餘艘。羅馬乘勝挺進，陸軍登陸北非，進攻迦太基本土。

眼看大兵壓境，迦太基權貴們這才慌了神。不過，迦太基畢竟是數百年強國，瘦死的駱駝比馬大。反正有的是錢，他們趕緊掏荷包，砸出了新的僱傭軍團，和羅馬人對打起來。戰爭進入殘酷的相持階段。兩軍在西西里島上互有勝敗形成僵局。迦太基本土軍隊利用敵人的狂妄，殲滅了登陸的羅馬軍團，俘虜其執政官。護送殘部返回的羅馬海軍又遭遇了大風暴，近乎全軍覆沒，士兵和槳手損失近十萬人！羅馬人咬緊牙關，兩次重建了海軍，又兩次在風暴中覆沒！再加上陸地上的拉鋸戰，羅馬全國的青壯年已經損失了三分之一，國庫也見底了。

在迦太基看來，這樣下去羅馬怎麼可能還堅持下去？和我鬥，你嫩了些啊！誰知道，羅馬人依舊絕不妥協求和。他們「割肉賣腎」，又第四次組建了龐大的艦隊！西元前241年，羅馬海軍再度重創迦太基艦隊，奪取了地中海的制海權。

迦太基人沒想到羅馬人是這樣的瘋狂。他們錢比羅馬多，戰爭損失也比羅馬小，然而有一樣不足，他們不夠團結。權貴光想著爭權奪利，裝滿自己的私人荷包；一般老百姓則只要有口肉吃，有杯酒喝就心滿意足。

羅馬人那種上下一心為國犧牲的精神，在他們看來簡直是精神有病。迦太基人無心再戀戰下去。我們是非洲的有錢人，和歐洲的愣頭窮小子玩命，犯不著！於是雙方議和。迦太基賠償3200塔蘭特銀子（大約100噸），割讓西西里島等島嶼，使持續23年的第一次布匿戰爭結束。非洲土豪迦太基輸掉了戰爭，羅馬人的勢力推進到了地中海。此後羅馬又趁火打劫，把薩丁尼亞島和科西嘉島也從迦太基手中搶了過來。

土豪迦太基輸了第一陣並不甘心，一批熱血將領被羅馬人打醒了，時刻想要復仇。大將哈米爾卡曾帶兵在西西里島和羅馬人惡戰。他目光遠大，深知羅馬和迦太基兩雄不能並立。他一面在西班牙的「新迦太基」建立根據地，訓練軍隊，同時對兒子漢尼拔（前247—前183年）加強國防教育，在漢尼拔很小的時候就要求他在神前發誓——與羅馬決戰到底。後來哈米爾卡去世，漢尼拔繼承了西班牙的地盤和軍隊，成長為一流的優秀統帥。

西元前219年，27歲的漢尼拔攻克了西班牙的薩貢托城，這個城邦是羅馬新近的盟軍。次年，羅馬元老費邊前去迦太基交涉。他把袍子兜起來，問迦太基人：「喏，我這裡帶來了戰爭與和平，你們選哪樣？」

迦太基人回答：「隨你的便。」於是費邊鄭重其事地把袍子放下來說：「那好，我就給你們戰爭。」第二次布匿戰爭爆發。

漢尼拔雄心勃勃，決定入侵羅馬本土。他認為，如果走海路登陸，固然行軍很輕鬆，卻會遭到羅馬海軍的攔截。因此漢尼拔獨闢蹊徑，帶領十萬大軍從西班牙走陸路向東，穿過高盧（法國）南部，再翻越白雪皚皚的阿爾卑斯山，從北面進攻義大利。等到達阿爾卑斯山南麓時，漢

BC
美尼斯統一古埃及

— BC2000

卡迭石之戰

— BC1000

波斯帝國征服埃及
第一次布匿戰爭
第二次布匿戰爭
凱撒與埃及豔后共謀
— 0
阿克蘇姆王國建立

汪達爾王國建立

阿拉伯人佔領北非
桑海王國建立
— 1000
穆拉比特王國建立

迪亞士發現好望角

蘇伊士運河開通

第一次世界大戰
— 2000

夏

BC2000 —

BC1800 —

商
BC1600 —

BC1400 —

BC1200 —

周
BC1000 —

BC800 —

BC600 —

BC400 —

秦
漢　BC200 —

0 —

200 —

三國
晉
400 —

南北朝
隋朝
600 —
唐朝

800 —

五代十國
宋
1000 —

1200 —

元朝
明朝
1400 —

清朝
1600 —

1800 —

中華民國
2000 —

尼拔回顧隊伍，十萬大軍還沒打仗，已經凍死、餓死、摔死、累死、病死了四分之三。然而漢尼拔毫無畏懼，帶著這兩萬多人直撲義大利而去。義大利北部的高盧人對羅馬抱著仇恨，紛紛加入漢尼拔的隊伍。

羅馬聞訊大驚，趕緊派兩位執政官帶兵去堵截漢尼拔。漢尼拔採用機動戰術，神出鬼沒，聲東擊西，牽著羅馬軍的鼻子團團轉。他在特拉西美諾湖設下埋伏，殲滅羅馬兩萬大軍，隨後又擊潰了另一個集團軍，兵鋒指向羅馬城。羅馬元老院眼看局勢危急，趕緊把費邊任命為獨裁官，全權指揮作戰。老頭子費邊詭計多端，他採用蘑菇戰術，避免和漢尼拔決戰，卻不遠不近地跟著漢尼拔走。當漢尼拔的士兵分散去劫掠糧草時，他才命令羅馬軍進行突襲。費邊準備用這一手讓漢尼拔成為無源之水，逐漸消失在義大利。

漢尼拔怕的就是這個。他拚命在羅馬的同盟城市燒殺搶掠，想勾引費邊出來決戰。費邊穩如磐石，不為所動。羅馬政府和市民卻受不了了，他們嘲諷地稱費邊為「拖延者」，等費邊獨裁官6個月任期滿後，就把權力又交給了新的執政官。這次，羅馬人準備與漢尼拔決戰了。

西元前216年夏，漢尼拔與羅馬軍主力在坎尼展開大戰。漢尼拔只有步兵4萬，騎兵1萬；羅馬則有步兵8萬，騎兵6千。戰鬥一開始，羅馬步兵猛攻敵軍，漢尼拔中央方陣步步後撤。羅馬人大喜過望，鬥志昂揚地一個勁猛衝。哪裡知道這正中了漢尼拔的算計，在羅馬軍猛攻下，正面迦太基軍逐漸形成了凹陷的半月形口袋。而羅馬的主力朝著這個口袋裡越鑽越深，不覺間陷入了三面夾擊。接著，漢尼拔的騎兵殺得羅馬騎兵大敗而逃，然後從後方包圍上來。羅馬步兵四面受敵，亂了陣腳。漢尼拔在戰前派出向羅馬人詐降的五百名步兵，也拔出私藏的短劍，在羅馬人隊伍裡面亂砍亂殺。無敵的羅馬軍團很快崩潰，成為迦太基軍肆意殺戮的對象。這一戰，使羅馬有史以來最龐大的一支野戰軍基本覆滅，還損失了1位執政官、80名元老和大批優秀軍官；而漢尼拔僅僅損失了數

千人。

坎尼會戰後，漢尼拔威震歐洲。這位名將無愧是羅馬最強的對手，他一面拉攏義大利的城邦，說服他們脫離羅馬；一面採取外交手段，和馬其頓國王腓力五世結盟。西西里島上的敘拉古國也脫離羅馬，轉投迦太基陣營。一時之間，羅馬簡直要陷入滅頂之災。

然而，羅馬人的頑強又一次展現出來。他們把17歲以上的青年都徵召入伍，又由國家出錢贖買奴隸，很快組建了一支浩浩蕩蕩的大軍。羅馬人重拾費邊戰略，避免與漢尼拔的主力決戰，以牽制為主。與此同時，他們還分出兵力，攻打那些投降漢尼拔的義大利城鎮，攔截從西班牙增援漢尼拔的軍隊，目的就是要讓漢尼拔這把利劍一點一點地被「磨損」掉。

相對於羅馬人的精誠團結，迦太基政府卻顯得很不明智。他們對漢尼拔很少給予支持，基本上是坐觀漢尼拔在義大利孤軍奮戰。漢尼拔需要的補給，不是從迦太基直接用海軍運來，卻要從西班牙千里迢迢翻山越嶺過來。漢尼拔沒有任何辦法，只能在隊友的旁觀下繼續一個人的戰爭。他雖然又打了不少勝仗，但隊伍的人數卻越打越少。西元前213年，漢尼拔的盟友敘拉古被羅馬軍攻滅（科學家阿基米德就是那時候死的）。義大利那些歸降了漢尼拔的城邦，也一個接一個被羅馬軍收復。漢尼拔的弟弟帶兵從西班牙來增援漢尼拔，卻被羅馬軍殲滅。漢尼拔的基地西班牙也被羅馬軍隊攻佔。

西元前204年，羅馬大將西庇阿帶兵登陸北非。當地除了迦太基，還有個柏柏人建的努米底亞國，有兩個兄弟，一個叫西法克斯，一個叫馬西尼薩，哥倆都想當大王，勢同水火。西法克斯是迦太基的盟友，於是馬西尼薩就投靠了羅馬人。他和西庇阿聯合起來，大敗迦太基和西法克斯的聯軍，俘虜了西法克斯。這樣，整個努米底亞王國就都倒向了羅馬一邊。迦太基政府這時候慌了手腳，趕緊把漢尼拔召回來抵擋。

BC
美尼斯統一古埃及
— BC2000
—
—
—
卡迭石之戰
—
— BC1000
—
—
波斯帝國征服埃及
—
第一次布匿戰爭
第二次布匿戰爭
凱撒與埃及豔后共謀
— 0
— 阿克蘇姆王國建立
—
汪達爾王國建立
—
阿拉伯人佔領北非
—
桑海王國建立
— 1000
穆拉比特王國建立
—
—
迪亞士發現好望角
—
蘇伊士運河開通
—
第一次世界大戰
— 2000

上古時期　BC

夏

BC2000 —

商

BC1800 —

BC1600 —

BC1400 —

BC1200 —

周

BC1000 —

BC800 —

BC600 —

BC400 —

秦
漢

BC200 —

0 —

三國
晉

200 —

南北朝

400 —

隋朝
唐朝

600 —

800 —

五代十國
宋

1000 —

1200 —

元朝
明朝

1400 —

清朝

1600 —

1800 —

中華民國

2000 —

　　漢尼拔此時在義大利也已筋疲力盡，收到政府的文書後，只得含恨離開轉戰了15年的義大利，回援迦太基。西元前202年，漢尼拔與西庇阿在扎馬交戰。過去漢尼拔能打勝仗，很大程度上是靠手下精銳的努米底亞騎兵；但現在大部分努米底亞騎兵已經跑到羅馬人那邊去了。於是在扎馬會戰中，漢尼拔落到了和坎尼會戰中的敵人一樣的下場：羅馬人用努米底亞騎兵擊潰迦太基騎兵，然後包抄中央。漢尼拔慘敗，迦太基再也沒有力量抵抗羅馬人，只好求和。

　　這一次的條件要屈辱得多，除了賠款一萬塔蘭特銀子外，還規定迦太基只能保留非洲本部的土地，只許保留10艘戰艦，並交出全部戰象，而且不經羅馬允許不得對外作戰。昔日的海上霸主，如今軍事力量被徹底摧毀，淪為了任人宰割的家畜。漢尼拔心如刀割。論行軍打仗的本事，沒有任何一個羅馬將軍能和他媲美；然而羅馬有更先進的國家制度，他只有一群扯後腿的隊友。因為出色的才能，漢尼拔成了羅馬的眼中釘、肉中刺。羅馬要求迦太基交出漢尼拔。漢尼拔被迫流亡，先後去了塞琉古帝國和比提尼亞王國，在那裡繼續和羅馬人作對。後來這兩國先後兵敗，漢尼拔不願落到羅馬人手中，只好服毒自盡。

　　此後，迦太基依靠商業繼續發展經濟，繼續大量地賺錢。但他們失去了名將漢尼拔，又沒有軍隊作後盾，這樣的富裕只能引來屠刀。羅馬絕不會允許這個宿敵再度崛起。西元前149年，羅馬再次向迦太基宣戰，第三次布匿戰爭爆發，羅馬大軍兵臨迦太基。

　　迦太基人一開始想委曲求全。羅馬要求他們交出三百名人質，又要他們交出一切武器，迦太基人都不折不扣執行了，只求能夠換回國家的留存。但是羅馬得寸進尺，又命令迦太基人親手把自己的城市摧毀，搬遷到內陸去另建居住地。這是要徹底埋葬迦太基啊！海上民族骨子裡的血性終於被點燃了，他們憤而殺死主張投降的貴族，團結一心，反抗羅馬軍團。全城居民沒日沒夜地趕製兵器，修復工事，婦女們甚至剪下

自己的頭髮來作為弓弩的弦。羅馬軍圍攻迦太基城兩年多，都沒能打下來。

　　已經死到臨頭的迦太基，進行了最頑強的一次抵抗。然而，這時候才爆發，不是稍微遲了一點嗎？如果100年前的第一次布匿戰爭，迦太基人能有今天一半的頑強；如果60年前的第二次布匿戰爭，迦太基政府能拿出這次一半的決心去支持漢尼拔，那麼羅馬人怎麼可能打到這裡啊！

　　現在，迦太基人的血性只會帶來毀滅。在羅馬軍包圍下，迦太基矢盡糧絕，城內瘟疫、饑荒流行，死人無數。西元前146年春，羅馬軍隊突入城中。迦太基人進行了六天慘烈的巷戰，最後退到內城，點燃神廟，與之同歸於盡。倖存的五萬居民全部被賣為奴隸，迦太基城池不但被夷為平地，還用犁耕出溝來。非洲的頭號明星，擁有600多年歷史的地中海大國，就此徹底滅亡。在迦太基的廢墟上，羅馬成為西方的頭號霸主。

　　後來羅馬人重建了迦太基城，並將其作為羅馬在北非統治的首府。

迦太基僱傭軍叛亂

　　第一次布匿戰爭結束後，迦太基政府背信棄義，剋扣僱傭軍軍餉，導致僱傭軍大規模叛亂，一度圍困迦太基城。最後大將哈米爾卡（漢尼拔的父親）費盡力氣，才把僱傭軍鎮壓下去，花費的金錢遠遠超過當初的軍餉，也導致了撒丁尼亞和科西嘉丟失。鎮壓過程中，迦太基權貴政客們勾心鬥角，拚命扯哈米爾卡的後腿，於國家存亡的關頭還在擔心，要是哈米爾卡擊敗敵人後會不會權威太甚。這也充分揭示了為何富強的迦太基會輸給窮羅馬。

索芙妮絲芭之死

　　努米底亞王西法克斯的妻子叫索芙妮絲芭，是迦太基大將吉斯戈的女兒，美麗聰慧。正因她的勸說，才使西法克斯全力援助迦太基。西法克斯

BC
美尼斯統一古埃及

— BC2000

卡迭石之戰

— BC1000

波斯帝國征服埃及
第一次布匿戰爭
第二次布匿戰爭
凱撒與埃及豔后共謀
— 0
阿克蘇姆王國建立

汪達爾王國建立

阿拉伯人佔領北非
桑海王國建立
— 1000
穆拉比特王國建立

迪亞士發現好望角

蘇伊士運河開通

第一次世界大戰
— 2000

兵敗被俘後，索芙妮絲芭也被馬西尼薩擒獲。馬西尼薩被這位美女折服，答應不把她交給羅馬人，並急匆匆地娶她為妻。西庇阿聞訊大怒，擔心馬西尼薩也被這小妖精說服倒戈，就逼迫馬西尼薩交出新娘。馬西尼薩不敢和羅馬人翻臉，只好給索芙妮絲芭送去一杯毒酒，並附一封信說他這樣做是在履行諾言：不將她交給羅馬人。索芙妮絲芭臨死前從容地說：「既然我的丈夫這樣想，那麼我接受這份結婚禮物。請轉告他，我會愉快地死去。」說完服毒自盡。

夏

BC2000 —

BC1800 —

商

BC1600 —

BC1400 —

BC1200 —

周

BC1000 —

BC800 —

BC600 —

BC400 —

秦
漢　　BC200 —

0 —

三國
晉　　200 —

南北朝

隋朝
唐朝　　600 —

五代十國
宋

1000 —

元朝
明朝

1400 —

清朝

1600 —

1800 —

中華民國

2000 —

狂妄！出賣羅馬

前面說過，北非的柏柏人有個國家，叫努米底亞（在今天的阿爾及利亞和突尼西亞部分地區）。當初迦太基強盛時，努米底亞王國少不了受他們的欺負，只能乖乖地當小弟。後來布匿戰爭中，努米底亞首領馬西尼薩幫助羅馬打敗迦太基。新老大羅馬對小弟比迦太基要夠意思得多，為了進一步拉攏努米底亞，羅馬將北非這塊地全部交與努米底亞進行管理。

馬西尼薩有個孫子叫朱古達，比他爺爺還要大膽。爺爺不過是跟著羅馬老大助拳撈點榮華富貴，而這孫子竟然敢嘲笑、戲弄羅馬老大，還讓羅馬老大特別為他發動了一場戰爭！

朱古達長得身材高大，面目英俊，而且聰明能幹，膽大包天。身為王族子弟，他不貪杯，不好色，打獵時衝鋒在前，為人熱情謙虛，得到人民的擁戴。他還曾經帶兵配合羅馬軍隊打仗，表現勇敢，羅馬老大對他也挺喜歡的。朱古達簡直就是那時候的全民偶像，五好男人。誰知道五好男人卻是一個充滿野心、冷血無情的陰謀家。

西元前118年，努米底亞國王米奇普薩（馬西尼薩的兒子，朱古達的叔父）去世，留下三個王位繼承人：兩個親兒子，還有侄兒朱古達。哥兒仨決定瓜分王國領土和國庫的金銀。朱古達卻發動政變，殺了一個堂兄弟。另一個堂兄弟僥倖逃脫，於是內戰爆發了。朱古達很能打仗，他那個堂兄弟則是個廢物，哪裡是他的對手。沒多久，朱古達就佔領了整個努米底亞，他的堂兄弟狼狽地逃到羅馬告狀去了。

BC
美尼斯統一古埃及

— BC2000

—

—

—
卡选石之戰

— BC1000

—

—
波斯帝國征服埃及

第一次布匿戰爭
第二次布匿戰爭

凱撒與埃及豔后共謀

— 0

阿克蘇姆王國建立

汪達爾王國建立

阿拉伯人佔領北非

桑海王國建立

— 1000
穆拉比特王國建立

迪亞士發現好望角

蘇伊士運河開通

第一次世界大戰
— 2000

羅馬人聽了王子的哭訴，頓時民情洶洶：這個朱古達，居然不顧手足之情，骨肉相殘！我們一定要主持公道，懲治這個凶徒！

朱古達也知道羅馬人一定不會坐視不管，為此，他做了一件重要的事——行賄。他派出心腹，帶著大批金銀財寶，先送給自己在羅馬的老朋友，然後讓老朋友給他介紹新朋友，繼續送禮。這麼一圈下來，羅馬好多貴族元老都收了他的禮。拿人手短，這批貴族就在元老會上拚命給朱古達講好話。朱古達的使者把責任全推到朱古達的兩個堂兄弟頭上，說是他們先謀害朱古達、挑起內戰；加上那幫「元老」的三寸不爛之舌，最後這公案就被糊裡糊塗地結了。羅馬大老爺判定：死了的那個白死；活著的人平分國土，一人一半。

這麼看來，羅馬元老院好歹還算逼朱古達吐出了一半國土給堂兄弟。可朱古達從這件事發現了羅馬的腐敗，他得出一個結論：在羅馬，只要肯送錢，什麼東西都能買到，什麼事都能擺平。

帶著這個發現，朱古達回到自己的地盤，厲兵秣馬。過了幾年，他準備充分，再次出兵進攻堂兄弟的地盤。那位堂兄弟以前不是朱古達的對手，現在依然不是，很快又被打得丟盔棄甲，最後被圍在城裡面，成了甕中之鱉。只因為城裡有不少羅馬公民，朱古達投鼠忌器，才沒攻破城池。羅馬方面聽到這個消息，而且又收到那位倒楣蛋的求救信，趕緊派了使者去制止朱古達。但朱古達這時候已經豁出去了，他一面花言巧語，把羅馬的使者擋在外面不許進城；一面加緊攻城，最後終於攻進城去，把可憐的堂兄弟抓起來活活打死，連帶著還殺了不少羅馬公民。這打的可是羅馬的臉啊！羅馬元老院的元老們勃然大怒，派出大軍跨海南征，直撲努米底亞。朱古達雖然打他自己的堂兄弟打得輕而易舉，可一遇上羅馬大軍才知道天外有天，連吃敗仗。他趕緊又拿出看家手段——賄賂，送了大批金銀財寶給羅馬軍各級指揮官，表示願意投降。於是羅馬軍團停止進攻，和努米底亞人把酒言歡，甚至連努米底亞軍隊的武

裝都沒解除。同時，他們要朱古達去羅馬走一趟，自己跟元老院解釋清楚。

　　朱古達的胳膊擰不過元老院的大腿，只得去闖這個龍潭虎穴。他照樣做了充分準備——還是撒錢。他收買了包括保民官在內的大批貴族、高官，使得羅馬政府對他做出承諾：絕不傷害他；然後他打扮成可憐的樣子到了羅馬。在會場上，羅馬群眾對於發生在努米底亞的暴行表現得十分憤怒，要求朱古達當眾把事情交代清楚，到底案情經過怎樣？誰是同謀？這時候，受了賄賂的保民官竟然跳出來行使否決權，命令朱古達不許回答！這樣一來，朱古達才得以在羅馬群眾的千丈怒火下過關。

　　彷彿還嫌抽羅馬人的臉抽得不夠，朱古達在審判期間，竟然又把自己的弟弟給殺了。這個弟弟在之前的內戰中反對朱古達，這會兒逃到羅馬來，要求羅馬主持公道，自己也應該繼承努米底亞的一份家業，不能讓朱古達獨吞。這簡直是要朱古達的命啊，於是朱古達孤注一擲，安排人刺殺了這個兄弟。畢竟是在羅馬，朱古達的罪行很快暴露了。羅馬群眾排山倒海地呼籲，要求把朱古達繩之以法！但是朱古達收買的那些貴族們又出來說話了：「這廝確實可恨，但政府之前擔保了，說不能為難他的，堂堂羅馬共和國，不能言而無信啊。沒辦法，放他走吧。等他回國，我們再把他抓回來判刑！」

　　就這樣，朱古達安然離開羅馬。出城之後，他回想起這些天緊張刺激的經歷，不禁回頭高呼道：「羅馬啊，這是一座隨時準備出賣的城市！只要能找得到買主，它分秒間就會滅亡！」

　　朱古達回到努米底亞，當地的羅馬軍團也恢復進攻。然而，朱古達繼續施展狡猾的手段，一會兒假裝要投降，一會兒又主動騷擾，這樣把戰局拖延下來，一直拖到羅馬國內大選。率領遠征軍的指揮官急匆匆地趕回羅馬參加競選去了，留下一個貪得無厭的無能副帥。到西元前110年年初，這個副帥中了朱古達的計，被引誘到埋伏圈中而大敗。羅馬的許

BC
美尼斯統一古埃及
— BC2000
—
—
卡迭石之戰
—
— BC1000
—
波斯帝國征服埃及
第一次布匿戰爭
第二次布匿戰爭
凱撒與埃及豔后共謀
— 0
阿克蘇姆王國建立
—
汪達爾王國建立
—
阿拉伯人佔領北非
桑海王國建立
— 1000
穆拉比特王國建立
—
迪亞士發現好望角
—
蘇伊士運河開通
第一次世界大戰
— 2000

多軍官也被朱古達收買，羅馬軍團只好求和，屈辱地撤離努米底亞。

這場勝利，讓朱古達春風得意，連羅馬軍團都敗在我手裡，這世間還有什麼怕的！他卻忘記了，幾十年前迦太基何等威風，照樣被羅馬滅掉。現在的羅馬確實腐敗，但你能指望永遠遇上腐敗的對手嗎？你把羅馬惹急了，就要承受代價！

很快，又一支遠征軍在北非登陸。這次的羅馬中軍帳裡有兩位大將——馬略和蘇拉，隨便哪一個都能輕易打敗朱古達，何況兩人一起來。沒多久，朱古達就中了馬略的計，主力部隊被羅馬軍團殲滅。此後，朱古達屢戰屢敗，屢敗屢戰，又和羅馬軍隊打了幾年游擊，路子越走越窄。最終，他被自己的岳父抓起來送給了羅馬人，並在西元前104年被處死。這時候，距離他殺弟奪權，也不過10多年而已。這次戰爭被羅馬人稱為「朱古達戰爭」。

朱古達雖然被羅馬人描繪成一個陰險狡詐的野心家，但他畢竟曾擺了羅馬人一道。所以現在在阿爾及利亞，他和他的爺爺馬西尼薩被並稱為英雄。爺爺幫助羅馬滅了迦太基，孫子則抵抗了羅馬入侵（雖然失敗），也算得上將門家風了。

朱古達死後，羅馬立他的一個弱智弟弟為努米底亞國王。又傳承了幾代國王，羅馬爆發了凱撒和龐培兩大巨頭的內戰。龐培死後，餘黨逃到北非，得到努米底亞國王優巴支持。西元前46年，凱撒親率大軍殺來，大敗龐培餘黨，順道把努米底亞也一起滅了。自此，這個柏柏人建立的國度退出歷史，北非成為羅馬的直屬行省。

上古時期　BC

夏

BC2000 —

商

BC1800 —

BC1600 —

BC1400 —

BC1200 —

周

BC1000 —

BC800 —

BC600 —

BC400 —

秦
漢

BC200 —

0 —

三國
晉

200 —

400 —

南北朝

隋朝
唐朝

600 —

800 —

五代十國
宋

1000 —

1200 —

元朝
明朝

1400 —

1600 —

清朝

1800 —

中華民國

2000 —

淒婉！埃及豔后

再說埃及的托勒密王國，自從西元前4世紀建國，也曾威風過一陣子，參加過地中海東岸的群雄混戰，還把旗子插到了希臘和敘利亞。但到後來一代不如一代，對內同室操戈，對外連戰連敗。羅馬崛起後，托勒密王國更是成了羅馬的小弟。

西元前51年，托勒密十三世登上王位。托勒密家族雖然從血緣上是古希臘人，但他們為了在埃及站住腳跟，採取了埃及傳統，國王娶自己的姐妹，以確保王室血統「純潔」。托勒密十三世也按慣例娶了自己的姐姐克麗歐佩特拉七世（約西元前69—前30年）。這位克麗歐佩特拉七世可非比尋常，她不但美豔無雙，而且聰明伶俐，善耍手腕。她在後世有個更響亮的名號——埃及豔后。

托勒密十三世和埃及豔后這對姐弟夫妻登基不久，立刻翻臉。兩人爭權奪利，手段盡出，比現代夫妻離婚爭家產慘烈多了。最後，女的鬥輸男的，埃及豔后被轟出了亞歷山大城。她不甘失敗，逃到敘利亞地區，招兵買馬，準備反攻埃及，搶回家產。

西元前48年，羅馬大將龐培被凱撒打敗，逃到埃及，凱撒也揮軍追來。托勒密為了討好凱撒，把龐培暗殺了，將腦袋送給凱撒。凱撒見老對手龐培以這個樣子被送來，悲喜交加：龐培一世英雄，就算要殺他也該我親自殺啊，你托勒密算個什麼東西！托勒密十三世點頭哈腰，恭請凱撒大老爺上座，順便提了個要求：我家那惡婦克麗歐佩特拉心如蛇蠍，還要謀殺親夫，請凱撒出兵把她滅了。

BC
美尼斯統一古埃及

— BC2000

卡迭石之戰

— BC1000

波斯帝國征服埃及
第一次布匿戰爭
第二次布匿戰爭
凱撒與埃及豔后共謀
— 0
阿克蘇姆王國建立

汪達爾王國建立

阿拉伯人佔領北非
桑海王國建立
— 1000
穆拉比特王國建立

迪亞士發現好望角

蘇伊士運河開通

第一次世界大戰
— 2000

另一邊，埃及豔后也得知凱撒來了。她對男人心思地揣摩，遠比自家兄弟兼老公更敏銳。她立刻帶著心腹潛回埃及，當晚，脫光衣服，把自己裹在一條毯子裡，讓部下送到了凱撒床前。這一年，凱撒54歲，正是意氣風發，英雄無敵。克麗歐佩特拉21歲，青春妙齡，如花似玉。英雄美人，一見如故，很快搞在了一起。沒多久，克麗歐佩特拉懷孕了，後來生下個兒子凱撒里昂。里昂是凱撒大帝唯一的親兒子。

克麗歐佩特拉作了凱撒的情婦，她的地位自然不用擔心了。凱撒出面調停，讓托勒密和克麗歐佩特拉言歸於好，繼續共同治理埃及。托勒密可火了，你這個蕩婦，不但勾搭姦夫，還讓姦夫來假惺惺調停我們倆的家庭糾紛！他吞不下這口氣，讓大臣們起兵反抗凱撒。可憐他們這一點兵力哪是凱撒的對手。很快，羅馬軍團擊潰埃軍，托勒密十三世也一命嗚呼。

凱撒對克麗歐佩特拉是真愛，可是限於身分，不好公然娶她為妻，於是先帶著她過了兩個月的蜜月生活，然後把克麗歐佩特拉的另一個弟弟托勒密十四世找出來，讓這位小兄弟當埃及國王，順便按傳統繼續娶克麗歐佩特拉為妻。托勒密十四世哪裡敢違抗凱撒的意志。他只好乖乖地戴上了這頂綠油油的王冠。這「法老」當得真是窩囊，名義上是國王，其實大權都在克麗歐佩特拉手裡，還得眼睜睜地看著她和凱撒偷情。不過，至少埃及名義上的獨立是保住了，不至於被羅馬立刻吞併。

西元前45年，凱撒已經將龐培餘黨完全蕩平，遂邀請埃及豔后赴羅馬訪問。克麗歐佩特拉七世當即欣然前往，還把傀儡法老托勒密十四世一起拖了過去。在羅馬，他們住在凱撒的私人宅邸裡。凱撒對他們殷勤接待，並且專門在羅馬修建了一座祭祀祖先的維納斯神廟，把克麗歐佩特拉七世的黃金塑像豎立在女神之旁。埃及豔后目睹英雄情夫這般體貼，真是幸福得飛上了天。至於身邊那托勒密十四世的感覺，誰在乎呢。當時羅馬街頭有不少民眾嘲諷凱撒亂搞外國王后，凱撒也不在乎。

左側時間軸：
上古時期 BC
夏
BC2000
BC1800
商
BC1600
BC1400
BC1200
周
BC1000
BC800
BC600
BC400
秦
漢 BC200
0
三國
晉 200
南北朝 400
隋朝
唐朝 600
800
五代十國
宋 1000
元朝 1200
明朝 1400
1600
清朝 1800
中華民國 2000

正當埃及豔后沉浸在幸福中時，天降晴空霹靂。西元前44年3月15日，凱撒被元老派給暗殺了！隨後，凱撒派和元老派就在羅馬展開了血腥的抗爭。埃及豔后痛失情夫，趕緊拖著托勒密十四世逃回埃及。她生怕凱撒死了，自己失去靠山，這個傀儡弟弟兼老公反攻倒算，於是先下手為強，把托勒密十四世也給毒死了。可這樣一來，埃及王位不是空出來了嗎？埃及豔后就把自己和凱撒生的兒子凱撒里昂推上王位，號稱托勒密十五世。凱撒里昂當時才兩歲，國家大事當然是親媽說了算。

此後，克麗歐佩特拉治理著富庶的埃及，一邊教育兒子，一邊觀察著羅馬的內戰。羅馬的內戰很快分出了勝敗，凱撒的心腹大將安東尼，還有凱撒的甥孫屋大維等聯手，殺得元老派一敗塗地。等把敵人都消滅乾淨了，安東尼在西元前41年帶著大軍到東邊來，召見埃及豔后，準備從埃及榨取些錢糧來當軍費。

克麗歐佩特拉一心要抱一條粗腿，好保障自己的地位。得到召喚後，她做了精心準備，乘坐一條豪華的樓船去見安東尼。安東尼上船之後，只見克麗歐佩特拉打扮成維納斯女神的模樣，臥在金線雪絲紗帳之內，風姿萬千，嫵媚無匹。淳樸的安東尼見狀，頓時神魂顛倒，很快拜倒在埃及豔后的石榴裙下。克麗歐佩特拉要什麼他給什麼。很快，42歲的安東尼就跟著28歲的克麗歐佩特拉一起去埃及尋歡作樂了。幾年後，安東尼甚至違反羅馬法律，休了現任老婆，和克麗歐佩特拉結為夫妻。

兩人的這段戀情，雖然讓克麗歐佩特拉找到了一個靠山，卻使得羅馬雙雄安東尼和屋大維的衝突徹底被激化。原本安東尼和屋大維爭權奪利，全靠安東尼娶了屋大維的姐姐，勉強用政治婚姻維繫著同盟關係。可是安東尼竟敢休妻再娶，就徹底把屋大維給惹火了：「你敢拋棄我姐姐，還敢和我舅公兼乾爹的情婦結婚！真是豈有此理啊！」另外，埃及豔后和安東尼宣布凱撒里昂是凱撒的繼承人，這更是直接要了屋大維的命——屋大維最大的政治資本，就是「凱撒繼承人」的頭銜，豈能允許

BC
美尼斯統一古埃及

— BC2000

卡迭石之戰

— BC1000

波斯帝國征服埃及
第一次布匿戰爭
第二次布匿戰爭
凱撒與埃及豔后共謀
— 0
阿克蘇姆王國建立

汪達爾王國建立

阿拉伯人佔領北非
桑海王國建立
— 1000
穆拉比特王國建立

迪亞士發現好望角

蘇伊士運河開通

第一次世界大戰
— 2000

上古時期　BC

夏

BC2000 —

BC1800 —

商

BC1600 —

BC1400 —

BC1200 —

周

BC1000 —

BC800 —

BC600 —

BC400 —

秦

漢

BC200 —

0 —

200 —

三國

晉

400 —

南北朝

隋朝

600 —

唐朝

800 —

五代十國

宋

1000 —

1200 —

元朝

明朝

1400 —

1600 —

清朝

1800 —

中華民國

2000 —

一個真正的血統繼承人來威脅自己的地位！

　　於是屋大維在羅馬發動政變，帶兵衝進元老院，驅逐了安東尼一派的高官。接著，屋大維又從神廟裡搶走了安東尼的遺囑，並將之公諸於眾。原來安東尼竟然想死後被安葬在埃及，並且準備把大片羅馬土地都送給埃及豔后！羅馬百姓譁然。一時之間，安東尼從英雄變成了人人唾棄的賣國賊，屋大維趁機帶領大軍向東進攻。而安東尼自從戀上埃及豔后，便日漸頹廢，雖然獲得埃及的大筆金錢支持，卻漸漸落了下風。

　　西元前31年，屋大維在亞克興角大敗安東尼和埃及聯軍。西元前30年，屋大維進軍埃及。安東尼見大勢已去，拔劍自殺。屋大維獨攬羅馬大權，成為實際上的皇帝。古羅馬也從共和國時代進入了帝國時代。克列奧派特拉七世呢，據說她還想繼續施展迷人的手段，迷惑屋大維。可是屋大維卻比凱撒和安東尼要冷酷得多，宣布要把她作為俘虜帶回羅馬，參加凱旋儀式。埃及豔后得知自己要被遊街示眾，萬念俱灰，就用蛇毒自殺了。臨死之前，她要求和安東尼埋葬在一起。一代埃及豔后就此香消玉殞，年僅38歲。埃及豔后和凱撒生的兒子凱撒里昂（托勒密十五世）被屋大維處死。這樣，凱撒唯一的親兒子被他父親的繼承人害死了。埃及托勒密王朝也結束了近300年的統治，埃及地區成為羅馬的一個行省。

反攻！汪達爾王國

自從努米底亞王國被凱撒摧毀，埃及托勒密王國被屋大維滅亡之後，整個非洲北部就都成為羅馬的行省。西元前一世紀建立的羅馬帝國如日中天，橫跨亞、非、歐三個大洲，往日裡希臘、迦太基爭霸的地中海，變成了羅馬帝國的內海。非洲的其他小國們也老老實實地聽羅馬的話，納稅上貢給老大。一批羅馬人搬遷到非洲，作威作福，順道促進一下文化交流。

然而日中則昃，月盈則虧，羅馬帝國建立數百年後逐漸腐朽。內部，人民起義、諸侯爭霸、部隊政變、軍閥混戰，最後羅馬帝國在西元395年徹底被分為東、西兩部分，北非地區屬於西羅馬帝國，而埃及地區則屬於東羅馬帝國。外部，日爾曼人一波接一波地從中歐、東歐向羅馬帝國進攻，打得羅馬帝國滿地找牙，大批日爾曼人進入帝國境內，割據一方。再加上匈人帝國的推波助瀾，昔日威震歐亞的羅馬帝國已經是搖搖欲墜。

北非也不太平。當地人民群眾爆發了「阿格尼斯特運動」，發動武裝起義，洗劫羅馬人的莊園，焚燒債券和奴隸名冊，殺死奴隸主、高利貸者。當地羅馬駐軍雖然屢屢鎮壓，但運動還是此起彼伏。在北非總督卜尼法斯焦頭爛額之際，又聽得歐洲大陸上烽火連天，禁不住心驚肉跳：幸虧隔著個地中海，日爾曼人飛不過來。哪曉得一聲晴天霹靂，日耳曼人真的飛過來了！

來的是日爾曼人的汪達爾人部族。他們原本居住在中歐，後來被東

上古時期　BC

夏
BC2000 —

BC1800 —

商
BC1600 —

BC1400 —

BC1200 —

周
BC1000 —

BC800 —

BC600 —

BC400 —

秦
漢　BC200 —

0 —

200 —

三國
晉
400 —

南北朝
隋朝
600 —

唐朝
800 —

五代十國
宋
1000 —

1200 —

元朝
明朝
1400 —

1600 —

清朝
1800 —

中華民國
2000 —

邊的匈人打敗，於是便越過萊茵河進入高盧（法國）地區，然後從高盧到了西班牙，便在西班牙扎下根來。跟隨他們一起的還有東歐來的阿蘭人。沒多久，另一支日爾曼部族西哥德人也進入西班牙，對著阿蘭人一頓扁，阿蘭人的老大都被殺了。剩餘的阿蘭人只好逃到汪達爾人部族：「大哥，拉兄弟一把吧。」汪達爾首領蓋薩里克有勇有謀。他沉吟道：「西哥德人來勢洶洶，我們兩方即使聯合起來也不是他的對手。依我說，柿子就要挑軟的吃，我們乾脆把西班牙讓給西哥德人，我們到非洲去和羅馬人搶地盤。」於是，蓋薩里克帶著汪達爾部族和阿蘭部族一共8萬人，在429年渡過直布羅陀海峽，踏上了非洲的土地。

　　原本正在和羅馬軍隊作戰的北非老百姓，看汪達爾人來了，彷彿見到救星，紛紛熱淚盈眶，上前投奔。蓋薩里克的隊伍迅速壯大起來。羅馬總督卜尼法斯率軍鎮壓，被打得落花流水。西羅馬皇帝瓦倫丁尼安三世連忙糾集了一批軍團前來鎮壓，東羅馬帝國也出兵配合。蓋薩里克冷冷一笑：「我們汪達爾人雖然打不過西哥德人，但打你們日薄西山的羅馬人，那是手到擒來！」兩家開戰，汪達爾人驍勇善戰，又學習了羅馬軍隊的先進兵器和戰術，再加上北非老百姓配合，打得羅馬軍團屁滾尿流。沒幾年，除了少數大城市外，北非的大部分土地都成為汪達爾人的勢力範圍。羅馬皇帝只得求和，封汪達爾人為「同盟者」，允許他們佔領這些土地，只要繳納少量象徵性的賦稅就是了。

　　蓋薩里克暫時同意了這個協議，雙方停火。但這只是緩兵之計，汪達爾人絕不甘心僅僅做羅馬帝國下面的一個諸侯，哪怕是名義上。利用停戰時間，蓋薩里克抓緊消化佔領地的資源，補充軍隊，整頓內部。439年，蓋薩里克再度起兵。他選了個假日，利用羅馬人都在看賽馬活動的時候，猛然衝進北非首府迦太基城。等羅馬人看完賽馬回家時，才發現城池已經被佔了，只得乖乖投降。這樣一來，羅馬帝國在北非的統治就被連根拔除了。蓋薩里克獨霸北非，建立了汪達爾王國。而原本就氣

息奄奄的西羅馬帝國，在失去北非的財源後，等於在自己的棺材蓋上又被敲了兩顆釘子，就等著入土了。蓋薩里克佔領北非之後並沒有滿足。一千年前的迦太基國是海上霸主，今天的汪達爾國也要繼承這種榮譽。蓋薩里克訓練軍隊，打造戰船，建成了一支海軍。由於當時西羅馬帝國早已是遍體鱗傷、氣息奄奄，而佔據歐洲大陸的其他日爾曼族尚未有那麼強烈的海上意識，因此汪達爾艦隊成為地中海西部最強大的力量，揚帆搖櫓，縱橫馳騁。沒多久，就把薩丁尼亞島、科西嘉島、巴利阿里群島還有西西里島的西部等地，一一收歸手中。這樣一來，汪達爾王國真的就成了迦太基第二了。

　　蓋薩里克不但拿下了地中海，還要盯著羅馬。454年，西羅馬貴族馬克西穆斯發動政變，殺死皇帝，自己篡位當了皇帝，還逼著皇后嫁給他。皇后被迫向蓋薩里克求助。蓋薩里克大喜，立刻在455年渡海北上。陷入內亂的西羅馬，哪裡還能抵擋這支兇猛的部隊。很快，汪達爾軍攻陷羅馬城並洗劫十四天，那個篡了位還想逼娶前任皇后的新皇帝馬克西穆斯也死於亂軍之中。汪達爾人這次劫掠分外兇猛，不但搶了大批金銀財寶，還縱火把整個羅馬城都燒了，羅馬文化受到了極大破壞，同時也留下「汪達爾主義」這個詞，用於形容破壞文化的暴行。

　　當初，第三次布匿戰爭時，羅馬執政官小西庇阿率軍攻破迦太基之後，在城下放聲大哭。手下都很詫異：「老大，這時候不該高興嗎？您是為陣亡將士傷心嗎？」小西庇阿搖頭說：「不，我是為迦太基人而哭。他們曾經是一個偉大的民族，他們擁有遼闊的領地、統治著海洋，在生死關頭比那些大帝國表現得更剛毅勇敢，但仍避免不了滅亡。想想過去的亞述帝國、波斯帝國、馬其頓帝國還有特洛伊，誰也不能避免這樣的結局。我真害怕，將來我的祖國羅馬，是否也會落得這樣的下場？」如今600年過去了，佔據迦太基故土的汪達爾人果然將羅馬劫掠焚毀，真是報應不爽。

BC
美尼斯統一古埃及

— BC2000

卡迭石之戰

— BC1000

波斯帝國征服埃及
第一次布匿戰爭
第二次布匿戰爭
凱撒與埃及豔后共謀
— 0
阿克蘇姆王國建立

汪達爾王國建立

阿拉伯人佔領北非
桑海王國建立
— 1000
穆拉比特王國建立

迪亞士發現好望角

蘇伊士運河開通

第一次世界大戰
— 2000

上古時期　　BC

夏

BC2000 ─

BC1800 ─

商

BC1600 ─

BC1400 ─

BC1200 ─

周

BC1000 ─

BC800 ─

BC600 ─

BC400 ─

秦
漢

BC200 ─

0 ─

200 ─

三國
晉

400 ─

南北朝

隋朝
唐朝

600 ─

800 ─

五代十國
宋

1000 ─

1200 ─

元朝
明朝

1400 ─

1600 ─

清朝

1800 ─

中華民國

2000 ─

蓋薩里克攻克羅馬後，西羅馬帝國名存實亡，最後幾任皇帝基本都是日爾曼人擁立的傀儡。476年，日爾曼人徹底滅亡了西羅馬帝國。東羅馬帝國被迫和蓋薩里克簽訂條約，承認了汪達爾王國。不過，汪達爾王國的興盛也只是曇花一現。534年，東羅馬帝國皇帝查士丁尼派名將貝利撒留率軍登陸北非，滅亡了傳承一個世紀的汪達爾王國。此後，北非成為東羅馬帝國的領土。貪官污吏一擁而入，很快把北非弄得滿目荒涼。

汪達爾王國的覆滅

汪達爾人趕走了橫徵暴斂的羅馬政府，自己又成了羅馬政府第二，加上羅馬殘餘勢力不甘心被征服，所以境內叛亂不斷。蓋薩里克死後，汪達爾高層也陷入分裂，親東羅馬和反東羅馬的勢力抗爭不休。這時，東羅馬皇帝查士丁尼正要恢復羅馬帝國榮耀，於是派大將貝利撒留率軍1.6萬登陸北非。汪達爾的軍力數倍於貝利撒留，但國王蓋利摩優柔寡斷、意氣用事，多次被貝利撒留以少勝多打得大敗，汪達爾國僅僅半年便亡國。

阿克蘇姆！東非強國

羅馬帝國初期，猶太教的一個分支演化成了基督教，信奉上帝耶和華和耶穌基督。數百年間，基督教儘管曾遭到羅馬官方的打壓，卻依舊蓬勃發展，最終成為羅馬帝國國教，覆蓋歐洲、非洲的大片地區。北非柏柏人，還有埃及人，這些羅馬帝國領土上的被征服者很多都皈依了基督教。有趣的是，最早確立基督教官方地位的，卻是一個非洲國家——阿克蘇姆。

阿克蘇姆位於現在的衣索比亞，在尼羅河上游與紅海之間。早在西元前3000年，就出現了許多黑人部族村落，一邊種地，一邊和古埃及人做生意。他們經由紅海水路，把獸皮、黃金、木材和香料出口到埃及。到了西元前6世紀，一些阿拉伯人從葉門地區越過紅海來到這裡，與當地人融合、婚配，形成了混血人種。現在衣索比亞人的外貌兼有阿拉伯人和黑人的特點，他們自認為是本地示巴女王和以色列所羅門王所生的後裔。經過數百年的發展，到西元1世紀，他們已經建立了一個強大的非洲國家——阿克蘇姆。紅海上的阿杜里斯港是東非最重要的象牙市場。

阿克蘇姆出口象牙、犀牛和戰俘奴隸，還有玻璃水晶、黃銅製品，進口銀器、橄欖油和酒。

到阿克蘇姆國王埃扎納（320—350年在位）時，基督教從埃及傳到阿克蘇姆。埃扎納國王皈依基督教，並把這種宗教定為國教。於是，阿克蘇姆成為世界上第一個純粹的基督教國家。依靠基督教，埃扎納統一了國內各部族的信仰，增強了國家凝聚力，也提高了綜合國力。至於羅

上古時期　BC

夏
　　BC2000 —

　　BC1800 —

商
　　BC1600 —

　　BC1400 —

　　BC1200 —

周
　　BC1000 —

　　BC800 —

　　BC600 —

　　BC400 —

秦
漢　BC200 —

　　　0 —

三國
晉　　200 —

南北朝　400 —

隋朝
唐朝　600 —

　　　800 —

五代十國
宋　　1000 —

　　　1200 —

元朝
明朝　1400 —

清朝　1600 —

　　　1800 —

中華民國
　　　2000 —

馬帝國，雖然基督教已成為主流，但直到392年才確立基督教的國教地位，比阿克蘇姆晚了半個世紀。

　　埃扎納可不光是信宗教，他還加強了與羅馬帝國東部尤其是希臘地區的往來，學習先進的技術、制度，使得國力進一步增強，經濟蓬勃發展。在位晚期，埃扎納率軍向西渡過尼羅河，吞併了黑人兄弟的庫施王國。到西元六世紀初，東羅馬皇帝查士丁尼為了和東邊的波斯人對抗，拚命拉攏同屬正教國家的阿克蘇姆。在查士丁尼支持下，阿克蘇姆出兵渡過紅海，征服了葉門，使疆域橫跨亞、非兩個洲。查士丁尼還要求阿克蘇姆幫忙，到印度去收購中國的生絲，再轉賣給東羅馬，免得中間的貿易被波斯人壟斷。不過，阿克蘇姆作為東羅馬帝國的盟友，它的國運興衰很大程度上跟隨老大東羅馬帝國的國運起伏而起伏。查士丁尼大帝在位時，東羅馬不顧一切地朝外擴張，阿克蘇姆也就跟著激動。等查士丁尼一死，東羅馬帝國的花架子立刻塌了，留下一堆爛攤子和累累負債，阿克蘇姆也跟著倒楣了。六世紀末，波斯帝國反攻回來，奪回葉門，把阿克蘇姆轟回了非洲。再後來，隨著阿拉伯帝國的興起，阿克蘇姆最重要的商業道路被斷絕，國家也就漸漸衰敗。

　　除了阿克蘇姆之外，在埃及和阿克蘇姆之間的努比亞（蘇丹）地區，也有三個黑人小國，奴巴、馬庫拉、阿爾瓦，信奉基督教。

奴隸帶來的基督教

　　4世紀初，兩個基督徒商人兄弟弗魯門修斯和埃德修斯在紅海遇上海難，被人口販子賣到阿克蘇姆皇宮成了奴隸。兄弟倆因為有文化，弟弟負責為國王斟酒，哥哥弗魯門修斯教導當時還是王儲的埃扎納讀書，趁機傳授基督教教義，讓埃扎納接受了基督教。埃扎納繼位登基後，派他的老師弗魯門修斯出使埃及，請總主教派一名主教來。總主教直接任命弗魯門修斯為阿克蘇姆主教。從此，教會在衣索比亞傳承一千多年。

遷徙！班圖人之路

正當北部非洲捲入羅馬帝國的興衰戰爭時，南方的黑人兄弟們也在默默地耕種著自己的一畝三分地。這其中最重要的就是班圖人的遷徙擴散。

所謂班圖人，指的是說班圖語語系的黑人，是非洲黑人的一大分支。據研究，說班圖語的農民最初在非洲中西部的喀麥隆、剛果、中非一帶。他們生活在叢林中，主要職業是農民，種植油棕、堅果和山藥之類，工具主要是石器。他們的文明程度，比起草原上另一些黑人落後一些，因為當時說蘇丹語的黑人，已經會種植高粱、稷子，會使用銅器甚至鐵器了。

西元前幾百年，由於氣候變化，導致降水減少，森林退化為草原，再加上北方部族的壓迫，班圖人的生存受到威脅，很多人背井離鄉，向更廣闊的天地遷徙。在行進過程中，不時遇上其他種族的人。有時候，雙方相安無事；有時候，雙方刀兵相見，勝者把敗者滅亡或者轟走，比如俾格米人就被轟到了森林深處，而布希曼人退到了非洲西南；更多時候，雙方相互婚配，融合為一。在這一過程中，班圖人學會了許多先進的技術，比如種植穀類作物，比如煉銅、煉鐵，變得越來越強大。而班圖語也被越來越多的部族所採用。

班圖人的遷徙，大致分為三支。向東的一支，一部分一路穿過中非，到達東非的坦尚尼亞內陸地區定居下來；一部分繼續向沿海地區遷徙。向西的一支，一部分停留在西非；大部分在西部赤道地區定居下

BC

美尼斯統一古埃及

— BC2000

—

卡迭石之戰

—

— BC1000

—

波斯帝國征服埃及

第一次布匿戰爭
第二次布匿戰爭

凱撒與埃及豔后共謀
— 0

— 阿克蘇姆王國建立

—

汪達爾王國建立

阿拉伯人佔領北非

桑海王國建立

— 1000
穆拉比特王國建立

—

—

迪亞士發現好望角

—

蘇伊士運河開通

—

第一次世界大戰

— 2000

上古時期　BC

夏
BC2000 —

BC1800 —

商
BC1600 —

BC1400 —

BC1200 —

周
BC1000 —

BC800 —

BC600 —

BC400 —

秦
漢
BC200 —

0 —

200 —
三國
晉
400 —
南北朝
隋朝
600 —
唐朝

800 —
五代十國
宋
1000 —

1200 —
元朝
明朝
1400 —

1600 —
清朝

1800 —
中華民國
2000 —

來，佔據北起剛果河以北和喀麥隆南部，南至納米比亞（西南非洲）北部的遼闊地區。中間的一支則分佈在南部非洲的大部分地區。

　　到西元5世紀，也就是西羅馬帝國崩潰前後，班圖人已經擴散到了非洲東部、中部和東南部的大部分地區。透過遷移過程中的科技交流，這些地區都掌握了早期的煉鐵技術，會種植穀類、塊莖類植物，還有南瓜、甜瓜和豆類。他們也開始養牛、羊、豬、雞等家禽家畜。不過，非洲因昆蟲引發的疾病很嚴重，尤其是舌蠅，是畜牧業的大敵。因此，畜牧業只能在沒有舌蠅的地區發展。

　　班圖人已經佔據了南部非洲大片土地，再沒有多少新的土地供他們遷徙了，他們便停下來好好開發現有的資源。不過隨著人口的增加和環境的變化，班圖人在未來的一千多年裡，依然在不斷遷徙，只不過速度比最初幾百年已經大大減緩。這個遷徙直到19世紀才最終停下來。班圖人的遷徙路，也是非洲南部兩千年中重要的文化交流。

第三章：新月熠熠——阿位伯人來了

（西元6世紀至13世紀）

　　東羅馬帝國對非洲的統治日趨腐朽，再也擋不住阿拉伯帝國的綠色旋風。薩拉丁大戰歐洲人，馬木路克軍團擊潰蒙古鐵騎，更是非洲人的驕傲。古迦納王國鑄就了一場數個世紀的黃金之夢，而商貿的網絡也穿越撒哈拉沙漠，覆蓋東非海岸，將這個大陸與外界勾連得更加密切。

1. 摩洛哥	11. 獅子山	21. 查德	31. 烏干達	41. 肯亞
2. 西撒哈拉	12. 賴比瑞亞	22. 埃及	32. 盧安達	42. 南非
3. 突尼西亞	13. 象牙海岸	23. 喀麥隆	33. 蒲隆地	43. 賴索托
4. 阿爾及利亞	14. 布吉納法索	24. 中非共和國	34. 衣索比亞	44. 史瓦濟蘭
5. 矛利塔尼亞	15. 尼日	25. 蘇丹	35. 納米比亞	45. 莫三比克
6. 塞內加爾	16. 利比亞	26. 赤道幾內亞	36. 波扎那	46. 索馬利亞
7. 馬利	17. 迦納	27. 加彭	37. 尚比亞	47. 馬達加斯加
8. 甘比亞	18. 多哥	28. 剛果民主共和國	38. 辛巴威	48. 模里西斯
9. 幾內亞比索	19. 貝南	29. 安哥拉	39. 馬拉威	49. 塞席爾
10. 幾內亞	20. 奈及利亞	30. 剛果共和國	40. 坦尚尼亞	

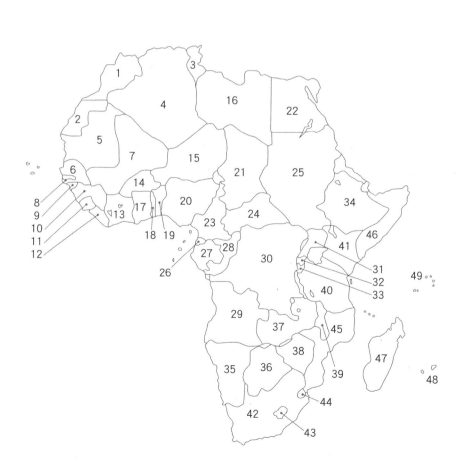

席捲！阿拉伯鐵騎

西元6世紀，東羅馬帝國（拜占庭）統治著整個非洲北部，每年從這些省份撈取大量的錢財。可是這樣的好日子並不長。阿拉伯帝國很快就將他們從非洲轟走。

阿拉伯人發源於阿拉伯半島，很早就曾到過非洲，有的長途販運做生意，有的放牧牛、馬和駱駝。長期以來，阿拉伯人像一盤散沙，各部族經常自相殘殺。而到了西元7世紀初，穆罕默德及其後繼者用宗教統一了整個阿拉伯。隨後，阿拉伯人旋風般地向東西方同時擴張，打得拜占庭和波斯兩大帝國嗷嗷慘叫，阿拉伯人很快佔領了中亞和西亞的大片領土。

西元640年，阿拉伯大軍兵臨埃及。埃及自從屋大維幹掉安東尼和埃及豔后以後，被羅馬人統治了600多年。拜占庭軍隊捨不得放棄這塊肥得流油的土地，拚命抵抗。可是因為拜占庭長期以來對埃及敲骨吸髓、橫徵暴斂，對本地人歧視壓迫，埃及人早已是怨聲載道。阿拉伯大軍一來，埃及人紛紛起義。到642年，拜占庭勢力就被轟出了埃及。

阿拉伯人準備繼續朝南征服更多土地，誰知這次卻遇見了料想不到的對手。埃及南邊努比亞（蘇丹）地區的幾個黑人國家，如奴巴王國、馬庫拉王國紛紛組織起來抵抗阿拉伯軍。阿拉伯人還想打打看，結果被萬箭齊發，射得慘叫連天。阿拉伯人見對手不好惹，便停止南進，和對手簽署和平協定：大家做鄰居，互不干擾，友好通商。在這幾個小國的背後，是阿克蘇姆王國（後來經過動亂換了一批統治者，改名阿比西尼

BC
美尼斯統一古埃及

— BC2000

—

卡迭石之戰

—

— BC1000

—

波斯帝國征服埃及

第一次布匿戰爭
第二次布匿戰爭

凱撒與埃及豔后共謀

— 0

—阿克蘇姆王國建立

—

汪達爾王國建立

阿拉伯人佔領北非

桑海王國建立

— 1000
穆拉比特王國建立

—

迪亞士發現好望角

蘇伊士運河開通

第一次世界大戰
— 2000

上古時期　BC

夏

BC2000 —

BC1800 —

商

BC1600 —

BC1400 —

BC1200 —

周

BC1000 —

BC800 —

BC600 —

BC400 —

秦
漢

BC200 —

0 —

200 —

三國
晉

400 —

南北朝

隋朝
唐朝

600 —

800 —

五代十國
宋

1000 —

1200 —

元朝
明朝

1400 —

1600 —

清朝

1800 —

中華民國

2000 —

亞，即衣索比亞）。阿拉伯人同樣不願招惹更強大的對手，反而派出大批商隊和對手們做生意。

　　阿拉伯人南下碰壁，於是轉戈朝西，殺奔北非而去。這一路也比打埃及要艱苦得多，拜占庭軍隊和本地的柏柏人聯合起來跟阿拉伯人對抗。加上拜占庭還有一支強大的海軍，每次阿拉伯人圍攻沿海的拜占庭城堡時，總發現拜占庭的戰艦又跑到岸邊來踢自己屁股了，實在令阿拉伯人頭疼。雙方在北非你爭我奪，打了好幾十年，直到阿拉伯人也建立了一支龐大艦隊，把拜占庭海軍攆走，這才佔了上風。到8世紀初，阿拉伯人佔領了整個北非，還越過直布羅陀海峽踏上歐洲，打敗了西班牙的西哥德王國，直到被法蘭克王國擋住，這才停止腳步。至此，阿拉伯人經過半個多世紀征戰，建立了一個地跨歐、亞、非，從印度河直到大西洋的龐大帝國。

　　埃及人在阿拉伯帝國的統治下，照樣擔任了一如既往的「奶牛」角色，負責為帝國出錢出糧。不過埃及人覺得還可以接受，因為比起之前拜占庭帝國的橫徵暴斂，阿拉伯的稅真的不算重。阿拉伯人又建了一些水利工程，恢復了埃及的生產。

　　至於北非地區（阿拉伯人稱為「馬格里布」，即「日落之地」），當地的柏柏人非常強悍，先後反抗過迦太基、西羅馬、汪達爾和拜占庭，這次對阿拉伯人也不肯乖乖服輸。柏柏人的駱駝騎兵背靠撒哈拉大沙漠，神出鬼沒地襲擊阿拉伯人，甚至還曾把阿拉伯的軍事重鎮都打下來了。

分裂！法提瑪王朝

北非地區雖然逐漸宗教化，但它們統一在阿拉伯帝國內的時間並不長。過了一、兩百年，北非就又成了獨立王國。阿拉伯帝國能在短時間內席捲三大洲，並且獲得大批外族支持，很大程度在於包容、團結的精神。遺憾的是，知易行難，阿拉伯人起事之初尚能精誠團結，攜手奮戰。等到大片江山打下來後，內部分歧就越發嚴重，內鬥甚至內戰此起彼伏。

非洲這邊呢，自然也不太平。獨立的非洲國家又出現了。800年，哈里發把北非封給阿拉伯將領艾格萊卜，只需要每年向哈里發繳納4萬第納爾，就可以為所欲為，實際上就是一個獨立王國，史稱艾格萊卜王朝。艾格萊卜真不含糊，改革制度、建立新軍，把整個北非國家建設得有聲有色。他的兒子更厲害，打造了一支強大的海軍。靠著這支艦隊，他縱橫地中海，經常襲擊法蘭西、義大利和希臘海岸，並且佔領了西西里島、馬爾他島和薩丁尼亞島並派總督管理。這樣一來，地中海的商貿幾乎都落到了艾格萊卜王朝手中。這個北非國家，再次扮演了當年迦太基和汪達爾王國的角色。

868年，帝國的埃及總督助理，突厥族將軍突倫也在埃及獨立，建立了突倫王朝，並進一步佔領了敘利亞，其版圖基本和古埃及鼎盛時期差不多。他在位期間，興修水利，鼓勵手工業和商業，整頓財政，減輕賦稅，使生產得到較大發展。他又建立海軍基地，修築宮殿、商店、旅店、道路。他還撥款修建宗教學校、醫院、圖書館，使開羅和大馬士

BC
美尼斯統一古埃及

— BC2000

—

—

卡迭石之戰
—

— BC1000

—

波斯帝國征服埃及
—
第一次布匿戰爭
第二次布匿戰爭
凱撒與埃及豔后共謀
— 0

— 阿克蘇姆王國建立

—

汪達爾王國建立

阿拉伯人佔領北非

桑海王國建立
— 1000
穆拉比特王國建立

—

迪亞士發現好望角

蘇伊士運河開通

第一次世界大戰
— 2000

上古時期　BC

夏
　BC2000 ─

　BC1800 ─

商　BC1600 ─

　BC1400 ─

　BC1200 ─

周　BC1000 ─

　BC800 ─

　BC600 ─

　BC400 ─

秦　BC200 ─
漢
　0 ─

　200 ─
三國
晉
　400 ─
南北朝
隋朝　600 ─
唐朝
　800 ─
五代十國
宋
　1000 ─

　1200 ─
元朝
明朝
　1400 ─

清朝　1600 ─

　1800 ─
中華民國
　2000 ─

革的學術文化進一步得到發展。後來突倫去世，其子孫無能，哈里發趁機在905年滅掉了這個諸侯國，奪回了埃及、敘利亞。但等到935年，另一位突厥將軍突格又在埃及建立了伊賀實德王朝，同樣只在名義上奉哈里發為主。他比突倫更猛，沒幾年便把敘利亞、巴勒斯坦連同麥加、麥迪那都佔了下來。北非一個王國，埃及一個王國，軍政財權都在國王手裡，阿拉伯帝國只能收一點點象徵性的稅款，此外基本就沒什麼權力了。同期，帝國其他地區的總督、將軍也紛紛獨立，阿拉伯帝國早已名存實亡，只剩下一盤散沙。

　　彷彿還嫌不夠，非洲人還要再給阿拉伯帝國狠狠一刀。到了9世紀末期，北非的艾格萊卜王朝走入末路。埃米爾（相當於國王）齊亞德·阿拉二世完全沒有其先輩的雄才大略，對內花天酒地，對外窮兵黷武。這兩件事都是要花錢的，錢不夠，就只能加稅。這樣一來，當地柏柏人和一般阿拉伯人都對他恨之入骨。

　　阿布·阿卜杜拉在北非號召推翻艾格萊卜王朝，窮人一聽，大為興奮，都投奔過來，甚至建立一支起義大軍。這件事讓阿拉二世非常不安。賽義德·伊本一看自家兄弟在北非這麼有力量也跑過來，結果被阿拉二世抓起來。阿卜杜拉一看，於902年發動群眾起義。艾格萊卜王朝畢竟曾統治過北非百餘年，百足之蟲，死而不僵。雙方整整打了7年，直到909年，阿卜杜拉帶兵滅掉艾格萊卜王朝，救出了賽義德·伊本。

　　滅掉艾格萊卜王國，阿卜杜拉和賽義德·伊本商量後，由伊本自稱哈里發，建立一個新的帝國！因賽義德·伊本自稱是穆罕默德的女兒法提瑪的後裔，於是這個王朝叫作「法提瑪王朝」。

　　對阿拉伯帝國來說，法提瑪王朝的事件很嚴重。先前雖然帝國早已分裂成兩位數的邦國，但至少在名義上大家都還尊奉哈里發為宗主，也就是說帝國架子還在。而法提瑪王朝不同，它根本就否認了哈里發的權威，雙方有著不共戴天之仇，打得不死不休。

法提瑪王朝建立後，對外不斷用兵。向西，他們與西班牙的後奧米亞王朝爭奪非洲西北部。向東，他們進攻埃及。經過幾十年的浴血奮戰，法提瑪王朝將後奧米亞勢力趕出了非洲，又在969年攻滅埃及的伊賀實德王朝，把埃及、敘利亞、約旦西部、沙烏地阿拉伯西北部包括聖地麥加、麥地那、耶路撒冷在內的大片領土收歸囊中，並遷都埃及開羅。

這樣，法提瑪王朝成為地跨亞、非兩洲和地中海部分島嶼的龐大帝國。它在阿拉伯的三分天下中實力最強，也是非洲有史以來疆域最廣的國家。它的主要對手——東邊的阿拔斯王朝已經衰敗，哈里發淪為軍閥們的傀儡。在1058年的一次內亂中，突厥將軍白薩西里把阿拔斯王朝的鎮教之寶——先知穆罕默德的斗篷及其他遺物全部搬到了開羅。

不過，非洲強國法提瑪王朝的強盛也沒能持久。11世紀末期，法提瑪王朝大權落入將軍們手中，宮廷裡時常發生政變，上台的皇帝個個都是傀儡，各地的總督、長官趁機割據一方。禍不單行，這時候外敵也打來了。東邊有突厥人的塞爾柱王朝，西邊有歐洲天主教教皇和國王們組織的軍隊。兩面夾擊下，法提瑪王朝在亞洲的領土大部分都丟了，聖城耶路撒冷也在1099年被歐洲人攻佔。北非的領土有的獨立了，有的被歐洲人佔去。到1171年，延續兩個多世紀的法提瑪王朝終於滅亡。滅亡它的是位第一流的大英雄——薩拉丁。

幾個大食國

中國歷史上稱阿拉伯為「大食」。其中，四大哈里發之後的奧米亞王朝（661—750年）尚白，故稱白衣大食。之後阿拔斯王朝取代了奧米亞王朝，因旗幟尚黑，被稱為黑衣大食。奧米亞王子在西班牙建立的後奧米亞王朝稱為後白衣大食。法提瑪王朝則稱綠衣大食。在10世紀晚期，三個大食並立，又把後奧米亞王朝稱為西大食，阿拔斯王朝稱為東大食，法提瑪王朝稱為南大食。

BC
美尼斯統一古埃及

— BC2000
—

卡迭石之戰
—

— BC1000
—

波斯帝國征服埃及
第一次布匿戰爭
第二次布匿戰爭

凱撒與埃及豔后共謀
— 0

— 阿克蘇姆王國建立
—

汪達爾王國建立

阿拉伯人佔領北非
桑海王國建立

— 1000
穆拉比特王國建立
—

迪亞士發現好望角
—

蘇伊士運河開通
—

第一次世界大戰
— 2000

薩拉丁！偉大的騎士

薩拉丁（1138—1193年）是庫爾德人，他的父親和叔父都是突厥人贊吉王朝（位於伊拉克北部和敘利亞）的將領。1168年，佔據耶路撒冷的歐洲人向埃及進攻。當時埃及法提瑪王朝已經日薄西山，擋不住這些兇猛的騎士，只好向贊吉王朝求救。贊吉國王就派薩拉丁的叔叔和薩拉丁帶兵馳援。薩拉丁叔侄都是戰場上的好手，一陣猛衝猛打，把敵軍戰退了。埃及的哈里發阿迪德大喜，為了報恩，任命薩拉丁的叔叔當宰相。後來薩拉丁的叔叔病死，年輕的薩拉丁繼任成埃及宰相。

1171年，法提瑪王朝的末代哈里發去世。薩拉丁成為埃及的統治者，他建立的國家被稱為埃宥比王朝。薩拉丁並沒有自稱哈里發，相反地依舊尊奉阿拔斯王朝的傀儡為哈里發。不久，他的宗主國贊吉王朝發生內亂，很多將領希望薩拉丁回來主持大局。薩拉丁就帶著少數人馬趕回敘利亞。按說，當時敘利亞群龍無首，軍頭們虎視眈眈，薩拉丁帶這點兵馬去簡直是找死。可薩拉丁還有一樣法寶：埃及的大筆金錢。靠著撒錢，薩拉丁安撫了敘利亞的軍頭們，又用了幾年時間把不肯服從的地區逐個攻克或勸降。到1185年，薩拉丁已經擁有今天的埃及、敘利亞、蘇丹、伊拉克北部、巴勒斯坦、沙烏地阿拉伯西部和葉門等地，成為中東地區一等一的強國。他修築道路，開鑿運河，建設堤壩，發展農業，興辦工廠，減輕賦稅，開辦醫院，使得王國經濟發展，人民安居。他在各大城市創建學校，並鼓勵學者著書立說，宣導自由討論學術問題。他還訓練出數萬精銳部隊，修建了很多軍事工程。

上古時期　BC

夏

BC2000 ―

BC1800 ―

商

BC1600 ―

BC1400 ―

BC1200 ―

周

BC1000 ―

BC800 ―

BC600 ―

BC400 ―

秦
漢　BC200 ―

0 ―

200 ―

三國
晉

南北朝　400 ―

隋朝
唐朝　600 ―

800 ―

五代十國
宋　1000 ―

1200 ―

元朝
明朝　1400 ―

1600 ―

清朝

1800 ―

中華民國

2000 ―

接下來，薩拉丁把眼光投向了西邊的耶路撒冷。近百年前歐洲人的進攻，讓歐洲人在地中海東岸建立了很多國家，並從法提瑪王朝手中奪取了耶路撒冷。這些帳，現在是時候算算了。

自1187年起，薩拉丁率6萬大軍西征耶路撒冷；到1192年，薩拉丁率領阿拉伯人打敗了數次歐洲國家的進攻。由此，他成為阿拉伯世界的英雄。

1193年3月3日，薩拉丁聽著學者念誦《可蘭經》的聲音，面帶微笑，長眠不醒。他的遺產只有1個金幣和47個銀幣。由於他寬廣的胸懷和騎士精神，就是他的敵人也對他頗為尊敬。700年後，德國皇帝威廉二世還專門為薩拉丁墓贈送了一座大理石棺。薩拉丁是庫爾德人，他也是埃及的民族英雄，是非洲的驕傲。薩拉丁之死，象徵著埃及埃宥比王朝的黃金時期過去了。繼承人不可能有他那樣的雄才大略和魄力，控制住這一大片國土。不久，薩拉丁的子弟相互爭伐，國力衰敗，羅馬教廷趁機再度組織進攻，分裂的埃宥比王朝接連丟城失地，連埃及本土都遭到攻擊。1250年，馬木路克軍團在開羅發動政變，殺死末代蘇丹圖蘭薩。薩拉丁一手創建的強大王朝就此滅亡，壽命還不到一個世紀。

BC
美尼斯統一古埃及

— BC2000

—

卡迭石之戰

—

— BC1000

波斯帝國征服埃及

第一次布匿戰爭
第二次布匿戰爭

凱撒與埃及豔后共謀
— 0

— 阿克蘇姆王國建立

—

汪達爾王國建立

阿拉伯人佔領北非

桑海王國建立

— 1000
穆拉比特王國建立

—

—

迪亞士發現好望角

蘇伊士運河開通

第一次世界大戰
— 2000

彪悍！馬木路克軍團

夏

BC2000 —

BC1800 —

商

BC1600 —

BC1400 —

周

BC1200 —

BC1000 —

BC800 —

BC600 —

BC400 —

秦　BC200 —
漢

0 —

200 —

三國
晉

400 —

南北朝

隋朝　600 —
唐朝

800 —

五代十國
宋

1000 —

1200 —

元朝
明朝

1400 —

清朝　1600 —

1800 —

中華民國

2000 —

　　「馬木路克」意即「奴隸」。阿拉伯帝國習慣用中亞突厥等族的奴隸編成精銳騎兵部隊，到了薩拉丁時又對其進行專門的統一訓練和裝備，建立了讓敵人聞風喪膽的馬木路克軍團。馬木路克是埃及埃宥比王朝最強大的部隊，他們不斷征戰，又長期擔任君主的衛隊，逐漸擁有了左右國政的力量。

　　13世紀最偉大的一位馬木路克將軍叫作拜伯爾斯（1223—1277年）。他本是哈薩克草原的一個農民，被抓住後賣到奴隸市場。一開始有個富人買了他，卻發現他的一隻眼睛有點毛病，商人大怒，揪住他退了回去，還罵「這傢伙連當奴隸都沒有資格」！後來幾經轉手，賣給了埃及蘇丹薩利赫。蘇丹送他去軍訓，發現這傢伙真是個當兵的料，於是給了他自由民身分，並提升為禁軍的小隊長。此後，他逐漸升遷，成為馬木路克軍的大將。

　　1249年，埃及陷入危機。路易九世率領軍隊在埃及登陸，接連擊敗埃軍，攻克重鎮。蘇丹薩利赫此時已經臥病在床，無心戀戰，向路易提出和談，卻遭到拒絕。路易九世率軍耀武揚威，直撲開羅而來。薩利赫又怕又急，因焦慮過度撒手人寰。接下來，路易摧毀群龍無首的埃及，取得全勝，似乎已經毫無懸念了。

　　然而，埃及王后珍珠小枝卻是個女中豪傑。她一面封鎖蘇丹去世的消息，一面從亞洲召回薩利赫的長子圖蘭薩來繼位。同時，她命令馬木路克軍團，準備迎擊！

一開始，王后的鎮定並未收到立竿見影的效果。1250年2月，大軍逼近曼蘇拉城。路易九世的弟弟羅伯特一馬當先渡過河流，殺得埃及軍落花流水，前線指揮官都掉了腦袋。隨後，羅伯特鬥志昂揚，衝向曼蘇拉城。英軍和騎士團的隊伍也跟隨著殺將過來。

危急時刻，拜伯爾斯接管了指揮權。他敏銳地發現了戰機：身披重甲的騎士，在平原衝擊就彷彿獅子一般勢不可擋，然一旦進了城市，那就和獵物掉進坑裡差不多了！他將計就計，把騎士們放進城來，組織士兵展開巷戰。城裡的居民們也紛紛助戰，有的站在樓頂往騎士頭上扔石頭，有的從窗戶往外潑沸水，還有的在路上拉絆馬索。不可一世的騎士頓時成了甕中之鱉。沒多久，衝進城的290個騎士只有5個人逃出，羅伯特等一批大貴族都成了無頭之鬼。

此戰粉碎了路易九世大軍佔領埃及的雄心。此後，拜伯爾斯率馬木路克騎兵連續發動反擊，而剛剛從亞洲回來的新蘇丹圖蘭薩則帶領本部人馬切斷了敵軍的補給線，反過來把敵軍包圍起來。最後，敵軍被饑餓和疾病擊垮，全部投降，路易九世也當了俘虜，後來支付了50萬銀幣才得以脫身，侵佔的土地也都還給了埃及。

埃及人剛打贏了這一場仗，回過頭來，孤兒寡母卻立刻內訌。新蘇丹圖蘭薩和他的後母珍珠小枝以及馬木路克將軍們都發生了衝突。珍珠小枝遂勾結馬木路克準備幹掉新蘇丹。就在慶功宴會上，拜伯爾斯帶著一群馬木路克士兵朝蘇丹撲了過去，嚇得蘇丹一邊求饒，一邊跳進尼祿河。拜伯爾斯哪裡肯放過他，大步追上，手起一刀，把這位繼位才3個月的末代蘇丹砍死在河裡。隨後，珍珠小枝自稱女王。埃及埃宥比王朝終結，馬木路克王朝開始。

珍珠小枝當上女王後，阿拔斯王朝的哈里發專門寫信來嘲諷道：「你們埃及的男人都死光了嗎？要不要我派一個來給你們？」珍珠小枝柳眉一豎：「埃及男人多得很，誰稀罕你派？」她宣布和馬木路克將領

BC
美尼斯統一古埃及

— BC2000

卡迭石之戰

— BC1000

波斯帝國征服埃及
第一次布匿戰爭
第二次布匿戰爭
凱撒與埃及豔后共謀
— 0

阿克蘇姆王國建立

汪達爾王國建立

阿拉伯人佔領北非
桑海王國建立

— 1000
穆拉比特王國建立

迪亞士發現好望角

蘇伊士運河開通

第一次世界大戰
— 2000

上古時期　　BC

夏

BC2000 —

商

BC1800 —

BC1600 —

BC1400 —

BC1200 —

周

BC1000 —

BC800 —

BC600 —

BC400 —

秦
漢

BC200 —

0 —

三國

200 —

晉

400 —

南北朝

隋朝

600 —

唐朝

800 —

五代十國

宋

1000 —

1200 —

元朝

明朝

1400 —

清朝

1600 —

1800 —

中華民國

2000 —

艾伊貝克結婚，並立艾伊貝克為蘇丹。過了幾年，珍珠小枝因艾伊貝克找小三的事爭風吃醋引發血案，兩人雙雙斃命，蘇丹的寶座由其他馬木路克將領繼承下來。

這時候，一場新的風暴掠過中東大地。蒙古騎兵來了！當年，成吉思汗第一次西征，掃蕩了中亞地區；拔都第二次西征，佔領了今天的俄羅斯、烏克蘭、波蘭等地，打到匈牙利。如今，旭烈兀發動第三次西征，摧毀波斯王國，又攻克巴格達，哈里發被馬活活踩死。其後，蒙古鐵騎繼續橫掃中東，邦國一個接一個淪陷。埃及馬木路克王國成為最後的堡壘。

正在危急關頭，喜訊傳來，蒙古大汗蒙哥在釣魚城被宋軍打死。旭烈兀要回去幫哥哥忽必烈爭奪汗位，已經拔寨東歸，只留下大將怯的不花鎮守西亞，手下軍隊只有兩萬，其中蒙古軍幾千人。不過，別看人少，蒙古鐵騎的威風可不是吹的。就在旭烈兀回去後不久，西亞的歐洲軍團想撿便宜，主動去招惹蒙古人，結果被怯的不花殺得丟盔棄甲。

馬木路克大將拜伯爾斯站了出來：「太妙了。怯的不花打了勝仗，多半要驕橫狂妄。是時候了，我們得讓他們知道馬木路克軍團的厲害！」

蘇丹忽都思點了點頭，就和拜伯爾斯率領馬木路克軍1萬多人從埃及出發，直驅西亞。半路上匯合了西亞的阿拉伯人和突厥人共1萬多人，組成一支聯軍。途經歐洲軍團的城堡時，不但沒有遭到攔截，反而得到了糧草補充。怯的不花聞訊後勃然大怒：「他們以為王子回去了，本將軍就不能收拾他們了嗎？這次要他們知道蒙古大軍的厲害！」

1260年9月3日，兩軍在艾因・賈魯平原相遇。怯的不花飛揚跋扈，認為眼前的埃及軍隊不堪一擊，於是揮軍衝鋒。對面的拜伯爾斯率領馬木路克軍隊迎上前去，雙方稍作戰鬥，拜伯爾斯撥馬就走，馬木路克騎兵也紛紛後撤。怯的不花大喜：「這點能耐，還敢來犯？」催動大軍，

緊追上去。追了一程，拜伯爾斯軍逃進山谷。怯的不花哪裡肯放棄，也跟著衝了進去，猛地眼一花，面前出現了一大片兵刃。原來，埃及蘇丹忽都思在此設下埋伏，中間馬木路克騎兵擺成6公里長的新月形陣勢，兩邊是埃及同盟軍騎兵，將蒙古騎兵三面包圍。怯的不花見狀，又驚又怒；但蒙古勇士越是逆境越要奮戰，他親率全軍朝敵陣猛撲上去。馬木路克騎兵亂箭如雨，雖然射得前隊蒙古兵紛紛落馬，但後面的騎兵依然前仆後繼。不多時，雙方已經戰在一起。蒙古軍人人喋血死戰，馬木路克騎兵也是奮力廝殺。雙方鏖戰良久，馬木路克騎兵近戰格鬥嫻熟，裝備和防護也好，近戰中逐漸佔了上風；而蒙古軍人馬數量較少，漸漸處於不利地位。怯的不花親率衛隊衝鋒，結果中箭身亡。蒙古軍群龍無首，再無鬥志。忽都思、拜伯爾斯趁機猛攻，把蒙古軍全部殲滅。

　　橫掃歐亞、滅國無數的蒙古軍，在此遭受了一次全軍覆沒的慘敗。儘管只是一支留守的偏師，這也是少有的奇聞。從此，馬木路克騎兵威震天下。西方歷史學家甚至認為此戰拯救了阿拉伯文明。

　　拜伯爾斯呢，他生擒了法王路易，砍死了埃宥比王朝末代蘇丹，現在又擊敗了蒙古騎兵，也稱得上是那個時代一等一的強人了。在慶功宴上，他又親手砍掉了自家蘇丹的腦袋，自己當上了埃及馬木路克王朝的第四任蘇丹。他發誓以薩拉丁為榜樣，西擋歐洲軍團，東抵蒙古人，保護阿拉伯文明。

　　拜伯爾斯雖然是個軍事強人，但並未一味使用武力。相反，他很重視外交手段，與蒙古欽察汗國、拜占庭帝國、西西里王國和西班牙的諸侯都有往來。而這一切的目的是為了孤立打擊歐洲天主教軍團。在他統治的10多年裡，埃及軍隊一個接一個地攻克了西亞的歐洲敵軍的據點，逼得敵軍勢力不斷後退。在他死後10多年，歐洲敵軍最終完全退出了西亞。同時，拜伯爾斯在東邊多次擊敗蒙古軍隊及其附庸的亞美尼亞、塞爾柱突厥軍隊。解除了蒙古軍和歐洲軍團東西夾擊的危險後，馬木路克

BC
美尼斯統一古埃及

― BC2000

―

卡迭石之戰

―

― BC1000

―

波斯帝國征服埃及
第一次布匿戰爭
第二次布匿戰爭
凱撒與埃及豔后共謀
― 0
阿克蘇姆王國建立

―

汪達爾王國建立

阿拉伯人佔領北非
桑海王國建立
― 1000
穆拉比特王國建立

―

迪亞士發現好望角

蘇伊士運河開通

第一次世界大戰
― 2000

上古時期　BC

夏

　　BC2000 —

　　BC1800 —

商　 BC1600 —

　　BC1400 —

　　BC1200 —

周　 BC1000 —

　　BC800 —

　　BC600 —

　　BC400 —

秦
漢　 BC200 —

　　　 0 —

　　　 200 —
三國
晉
　　　 400 —
南北朝

隋朝　 600 —
唐朝

　　　 800 —
五代十國
宋
　　　1000 —

　　　1200 —
元朝
明朝
　　　1400 —

　　　1600 —
清朝

　　　1800 —
中華民國
　　　2000 —

王國向南進攻努比亞（今蘇丹）的幾個黑人國家。當初，正是這幾個國家擋住了阿拉伯人南下的道路，現在被兇悍的馬木路克兵打敗，紛紛投降。埃及馬木路克王朝達到極盛。

軍事上攻城掠地的同時，拜伯爾斯還用宗教政治手段樹立自己的權威。阿拔斯王朝的末代哈里發被蒙古軍殺掉後，他的叔父逃得一命，拜伯爾斯就把這位皇叔請到開羅，立他為哈里發，然後讓這位傀儡哈里發冊封自己為整個中東地區的統治者，以此為自己鍍金。1277年，他誤飲了一杯為別人準備的毒酒而去世。此後又過了約一個世紀，埃及馬木路克王國開始走向沒落，到16世紀初被鄂圖曼土耳其帝國攻滅，前後共傳承200多年。

拜伯爾斯不是薩拉丁第二

拜伯爾斯儘管自詡要繼承薩拉丁的事業，但他的胸襟氣度卻不及薩拉丁的萬分之一。他的勝利伴隨著屠殺和破壞。馬木路克軍所到之處，基督教教堂被焚燒、搗毀，婦孺被販賣為奴。不止一次他許諾被圍困的守軍投降免死，但等對方一放下兵器就盡數予以殺害。這些和薩拉丁的寬厚仁慈形成了鮮明對比。

黃金！古迦納王國

到古羅馬時代，非洲大陸的成型國家都出現在北部。不過，此後撒哈拉沙漠南邊也出現了國家。早期最強大的國家是古迦納王國。這個王國的位置大致在今天西非的茅利塔尼亞南部和馬利西部一帶，距離今天的非洲國家迦納還有好幾百公里距離，今天的迦納是借用了這個古國的名號。

古迦納是由黑人的一支——索克寧人建立的。早在西元前，這裡的黑人就學會了使用鐵器，進入農耕時代。同時，這裡靠近撒哈拉沙漠，北非的柏柏人經常穿越沙漠到這一帶來游牧，或者是做生意。從這些彪悍的鄰居手裡，索克寧人得到了馬匹。有時候柏柏人會闖進黑人村鎮燒殺搶掠，這又迫使黑人們組織起來，形成村落之間的聯盟。到了西元4、5世紀，隨著駱駝的引入，跨越沙漠變得更加容易，柏柏人的商隊來得更多了。索克寧人透過貿易獲得了更多的資源，逐漸在各個部族的基礎上形成了一個聯盟性質的王國。9世紀初阿拉伯人到北非後，這種跨沙漠的商貿更加發達，古迦納王國也就進一步發展起來，到11世紀左右達到巔峰。

古迦納王國的大部分人以種地、放牧和漁獵為生，國家收入則主要來自商業。他們從南邊塞內加爾河採掘黃金，然後賣給北方下來的柏柏人商隊，交換柏柏人的沙漠鹽、布匹和其他產品，國王從中抽稅，賺得滿盆滿缽。柏柏人做夢都想知道索克寧人的黃金是哪裡來的，可是索克寧人嚴守了這個祕密。

BC

美尼斯統一古埃及

— BC2000

卡迭石之戰

— BC1000

波斯帝國征服埃及

第一次布匿戰爭
第二次布匿戰爭

凱撒與埃及豔后共謀
— 0

— 阿克蘇姆王國建立

汪達爾王國建立

阿拉伯人佔領北非

桑海王國建立
— 1000
穆拉比特王國建立

迪亞士發現好望角

蘇伊士運河開通

第一次世界大戰
— 2000

上古時期　BC

夏

　　BC2000 —

　　BC1800 —

商　BC1600 —

　　BC1400 —

周　BC1200 —

　　BC1000 —

　　BC800 —

　　BC600 —

　　BC400 —

秦　BC200 —
漢
　　　0 —

　　　200 —
三國
晉
　　　400 —
南北朝
隋朝　600 —
唐朝
　　　800 —
五代十國
宋
　　　1000 —

元朝　1200 —
明朝
　　　1400 —

清朝　1600 —

　　　1800 —
中華民國
　　　2000 —

阿拉伯人把古迦納稱為「黃金之國」。在這裡，所有挖掘出來的成塊黃金都歸國王所有，所以商人們都用金砂來交易。古迦納的首都昆比分為兩個城鎮，一個城鎮由國王居住，另一個是專門用來接待北方來的柏柏和阿拉伯商人，裡面修了很多清真寺。

古迦納王國類似一個鬆散的諸侯聯盟，國王只直接統治首都附近的一塊地盤，其餘國土都由部族諸侯統治。這些諸侯要把自己的兒子送到國王那裡當人質，並向國王進貢糧食和獵物；國王則要保護諸侯免遭北方白人（阿拉伯人和柏柏人）的侵犯。國家沒有常備軍，國王只有一支衛隊，如果需要打仗就召集各部族的壯丁。據說古迦納國王在鼎盛時期可以召集20萬人的軍隊。偶爾國王也會派軍隊去侵略南方的黑人國家，抓到的俘虜就當奴隸賣給白人。

迦納王國到11世紀最強盛的時候，居然和柏柏人開戰，還把撒哈拉沙漠南邊的一些柏柏人的商貿重鎮給打了下來。這導致了柏柏人的報復。柏柏人新建立的穆拉比特王國出兵南下，攻佔了古迦納首都。之後，由於戰亂導致土地荒蕪、商路閉塞，加上環境惡化，撒哈拉沙漠向南推進，古迦納這塊地方再難恢復昔日的繁榮。同時，新的商貿路線又在東邊建立起來，東邊的馬林凱人逐漸強盛，古迦納的藩屬部族紛紛離散。最後，這個威風數百年的非洲古國被馬林凱人建立的馬利帝國吞併。

除了古迦納王國外，當時在撒哈拉南邊還有好幾個黑人王國。比如古迦納西邊的塔克魯爾王國，也是靠著類似用黃金換鹽的商貿發展起來的，也幫著穆拉比特國出兵攻打過古迦納。而在東邊今天的查德一帶，則有加奈姆王國。這個國家是由游牧部落組合形成，在西元900年左右建立。他們也靠做生意發財，不過販賣的貨物不是黃金，而是象牙、鴕鳥毛和奴隸。為了獲得奴隸，他們經常和南邊的部族開戰抓俘虜。除了這幾個比較大的國家，還有一些較小的國家，以及更加鬆散的自由村莊。

村子裡沒有國王和政府機關，人們種地自給自足，無須繳納稅款，過著
田園牧歌式的生活。

古迦納的國王

在古迦納，只有國王和王儲有權穿衣服，其他人只能在身上裹一塊
布。國王被認為是神的後代，他坐在一個圓錐形茅屋裡接見人民，傾聽他
們的訴訟，為他們主持公道。宮殿周圍繞著一圈高大的籬笆，院子裡拴著
披金制馬衣的馬匹，拴馬樁都是黃金製。國王身後站著手執盾牌和鑲金寶
劍的衛士，身邊則站著部族諸侯的質子，身穿華麗的衣服，頭髮中編入黃
金。王城的總督和宮廷大臣坐在國王前面的地上。宮門由戴著黃金項圈的
狗守護。國王升座時敲擊一種叫作「得巴」的鼓，是一塊鑿空的大木頭。
民眾一聽到這種鼓聲，就要聚攏到這裡來。

BC
美尼斯統一古埃及

— BC2000

卡迭石之戰

— BC1000

波斯帝國征服埃及

第一次布匿戰爭
第二次布匿戰爭

凱撒與埃及豔后共謀
— 0

阿克蘇姆王國建立

汪達爾王國建立

阿拉伯人佔領北非

桑海王國建立

— 1000
穆拉比特王國建立

迪亞士發現好望角

蘇伊士運河開通

第一次世界大戰
— 2000

雄起！柏柏人

夏

BC2000 —

BC1800 —

商

BC1600 —

周

BC1400 —

BC1200 —

BC1000 —

BC800 —

BC600 —

BC400 —

秦
漢

BC200 —

0 —

三國
晉

200 —

400 —

南北朝

隋朝
唐朝

600 —

800 —

五代十國
宋

1000 —

1200 —

元朝
明朝

1400 —

1600 —

清朝

1800 —

中華民國

2000 —

非洲北部的原住民柏柏人很鬱悶。這一千多年來，在他們的地盤上興起了不少強國，可是都由外來民族建立。迦太基國是亞洲的腓尼基人，汪達爾王國是歐洲的日爾曼汪達爾人，艾格萊卜王朝和法提瑪帝國都是亞洲的阿拉伯人。而本土呢，只有個出產騎兵的努米底亞王國，先當迦太基的附庸，再給羅馬當小弟，最後還因為在羅馬內戰中選錯了邊，被直接滅了。

究其原因，不是柏柏人打仗不勇猛，也不是他們智商不足，最大的問題是他們不夠團結，像一盤散沙。現在兄弟們可以團結了，此時不奮進，更待何時！

11世紀30年代，一位柏柏人的學者阿卜杜拉・伊本・雅辛考察了撒哈拉沙漠西部的情況後，組建了一支軍隊，經過20年的奮戰，征服了整個撒哈拉西部地區。因為他們被稱為「穆拉比特人」意思是「住在修道院的人」，因此這個國家被稱為穆拉比特王國。

這時候，整個阿拉伯帝國正在衰退。佔據北非和埃及的法提瑪帝國已經開始走下坡路。新興的穆拉比特王國往南打敗了古迦納王國，在撒哈拉控制了黃金貿易；往東從法提瑪王朝手中奪取了非洲西北角的摩洛哥和阿爾及利亞西部。柏柏人的領袖優素福還率領一支精兵渡過直布羅陀海峽，到西班牙增援當地的阿拉伯人，大敗阿方索六世。在12世紀初，穆拉比特王國達到極盛。

不過，依靠暴力建立的國家，上升和跌落同樣迅速。當穆拉比特王

國把主要力量用於征服北非和進軍西班牙時，對南方的控制力量就被削弱了，撒哈拉西南地區的黑人國家重新崛起。而當他們佔領摩洛哥和阿爾及利亞後，那些最初狂熱虔誠的撒哈拉柏柏人很快被金錢和權力所迷惑，腐化墮落了。北非的柏柏人把穆拉比特王朝給推翻了，建立了一個穆瓦希德王朝。

穆瓦希德到12世紀末終於統一了北非。亞洲來的阿拉伯人和本地柏柏人從文化上逐漸融為一體。北非柏柏人文盲率大幅下降，加上阿拉伯人在數學、物理、化學、藥物學方面的造詣，北非的整體文化水準又往上提升了。隨著民眾文化提高和國家管理能力增強，經濟也進一步發達起來，跨撒哈拉沙漠的商貿更加繁榮。

和前朝一樣，穆瓦希德也是曇花一現。到了13世紀，柏柏人的內部問題迭起，北非的領土分裂成三個獨立王國。西邊馬林王國占摩洛哥，中間阿卜德瓦德王國占阿爾及利亞，東邊哈夫斯王國占突尼西亞。這三個王國各自都傳承了三百餘年，但長時間的內鬥，使他們再也無力對抗外敵。西班牙的阿拉伯文明也被打得節節敗退，歐洲國家甚至開始反攻非洲。就這樣，北非的這些柏柏人最終還是沒有團結起來，只等著被強國挨個收割了。

薩拉卡戰役

1086年，穆拉比特國王優素福應西班牙阿拉伯人請求，帶領非洲軍登陸西班牙，迎戰來犯的西班牙卡斯蒂利亞國王阿方索六世。10月23日兩軍相遇，優素福分派一半兵力抵擋西班牙全軍，從早晨直到下午，力戰不退。隨後優素福率另一半生力軍殺入，擊潰了久戰疲憊的西班牙軍。此戰，阿方索六世全軍崩潰，僅逃回數百人，阿方索六世也在亂軍中斷了一條腿。以此戰發生地命名，該戰被稱為薩拉卡（英語濕滑之地）戰役。

BC
美尼斯統一古埃及

— BC2000

卡迭石之戰

— BC1000

波斯帝國征服埃及

第一次布匿戰爭
第二次布匿戰爭

凱撒與埃及豔后共謀

— 0

阿克蘇姆王國建立

汪達爾王國建立

阿拉伯人佔領北非

桑海王國建立

— 1000
穆拉比特王國建立

迪亞士發現好望角

蘇伊士運河開通

第一次世界大戰

— 2000

上古時期	BC
夏	
	BC2000 —
	BC1800 —
商	BC1600 —
	BC1400 —
	BC1200 —
周	BC1000 —
	BC800 —
	BC600 —
	BC400 —
秦漢	BC200 —
	0 —
	200 —
三國晉	400 —
南北朝	
隋朝唐朝	600 —
	800 —
五代十國宋	
	1000 —
	1200 —
元朝明朝	1400 —
	1600 —
清朝	1800 —
中華民國	2000 —

繁榮！東非商業區

　　當7世紀阿拉伯人強盛起來時，最早的基督教國家之一阿克蘇姆帝國（今衣索比亞）卻慘了，商路全被斷，國家也因此衰敗下來，被迫往南遷都。到10世紀末，一個信猶太教的女王直接把阿克蘇姆給滅了。好在當地基督教已經深入人心，沒多久衣索比亞出現了新的王朝。這時候他們又獲得了更好的商業機會。因為埃及統治者換成法提瑪王朝，願意同南方做生意，哪怕是基督教教徒。衣索比亞的生意一下子又運轉得風生水起。包括黃金、松脂乳香、象牙等，源源不斷地順著紅海向埃及流去。而最賺錢的，還是販運奴隸。在13世紀，衣索比亞信奉基督教的商人可以大搖大擺地在整個埃及自由穿行。

　　13世紀，這個國家改名為「阿比西尼亞」，這個詞來源於阿拉伯語「混血」的意思。從此，非洲歷史上最悠久的獨立國家正式誕生了（埃及雖然時間長，但中間多次被人吞併、殖民）。

　　透過做生意賺錢的不僅是阿比西尼亞（衣索比亞）。再往南的東非沿海地區，早在西元1世紀或更早就有了不少小城邦，裡面的人以捕魚為生，同時也和北邊來的商船做生意，地區經貿進一步發展，很多阿拉伯商人就從阿拉伯半島坐船南下，選擇東非海岸的一個港口停靠，和當地人做生意，然後回航。由於時間限制，大家主要在北面的摩加迪休、巴拉瓦、拉姆群島等地區靠岸，這幾個地區也就迅速成了商業中心，東非本地商人賺得滿盆滿缽。

　　時間一長，阿拉伯商人覺得不爽。千里奔波跑到東非海岸，就得抓

緊時間賣貨、進貨、返航。這麼一來，市場等於操縱在東非本地商人手上，利潤大部分都歸這些人了，太虧。我們為什麼要這麼著急，為何不自己進貨？於是他們開著船到東非港口後，住下來不走了，一住就是幾個月甚至幾年，慢條斯理地收購特產、推銷商品。這樣一來，少了中間剝削，利潤大大增加。不過，你外來人要在東非做生意，總得找個老大當靠山。這些阿拉伯商人就紛紛結交當地的權貴，大家喝酒吃飯，娶媳嫁女，兩家人變成了一家人，也就不會受欺負了。這樣一來，東非沿海的阿拉伯定居者越來越多，很多東非酋長成了阿拉伯人的親家。

　　靠著這種方法，阿拉伯商人一步一步沿著非洲東海岸向南擴張，越走越遠。到10世紀時，他們已經將貿易推進到了今天的莫三比克，接近非洲南端了。在東非沿海的港口城鎮，非洲人和阿拉伯人有買有賣，其樂融融。非洲進口的包括加工製品、奢侈品、陶器、玻璃、絲綢和棉織品，多是權貴們的奢侈品；而出口的包括象牙、獸皮、玳瑁、龍涎香、紅木、黃金，以及從內陸打仗抓來的奴隸。到11世紀時，東非沿岸已經建立了幾十座城鎮，城裡的居民被稱為「斯瓦希里人」，意思是「海邊人」。這些人從血統和語言上說，屬於非洲的班圖族人。斯瓦希里的權貴富商們，背靠整個非洲大陸的豐富資源，面朝印度洋沿岸的阿拉伯、印度還有更遠的中國，這商機簡直美得讓人垂涎三尺。他們做生意積累了巨大的財富。在一些大的城市，權貴們住著珊瑚石修的房屋，穿著中國的絲綢，用著中國的瓷器，享受著豪華的生活。在這些城鎮中也出現了政府和王國。比如其中最強大的基爾瓦王國（1150年建立），王國以基爾瓦城為首府，控制奔巴島（今屬坦尚尼亞）以南的全部海岸城鎮，還從摩加迪休手中奪得了黃金貿易壟斷權，可謂是富甲一方，肥得流油。

　　至於東非內陸的黑人們，雖然發展進程要緩慢一些。但在10世紀後也出現了大量的部落國家。有的部落以種植為主，有的以放牧為主。一

BC
美尼斯統一古埃及

— BC2000

—

卡迭石之戰

— BC1000

—

波斯帝國征服埃及

第一次布匿戰爭
第二次布匿戰爭

凱撒與埃及豔后共謀
— 0

阿克蘇姆王國建立

—

汪達爾王國建立

—

阿拉伯人佔領北非

桑海王國建立
— 1000
穆拉比特王國建立

—

迪亞士發現好望角

—

蘇伊士運河開通

—

第一次世界大戰
— 2000

上古時期　BC

夏

　　　　BC2000 —

　　　　BC1800 —

商

　　　　BC1600 —

　　　　BC1400 —

　　　　BC1200 —

周

　　　　BC1000 —

　　　　BC800 —

　　　　BC600 —

　　　　BC400 —

秦
漢　　　 BC200 —

　　　　　　0 —

三國　　　 200 —
晉

　　　　　400 —
南北朝

隋朝　　　 600 —
唐朝

　　　　　800 —

五代十國
宋　　　 1000 —

　　　　　1200 —

元朝
明朝　　　1400 —

　　　　　1600 —
清朝

　　　　　1800 —

中華民國
　　　　　2000 —

般是男人從事主要的勞作，婦女操持家務、製作精美的陶器。不同部族之間也經常有貿易往來，農耕部族用鐵製的工具、武器交換游牧部族的牲畜產品。這些貿易當然沒法跟沿海的奢侈品交易相比了。

　　沿海的城邦和內陸的部族彼此間也經常做生意。城邦賣給外國人的商品，很多都是內地部族提供的。但有時候，城邦人也會貪心過頭，出兵搶劫內地民族，甚至抓俘虜賣奴隸。但這種暴行會激起內陸人的反抗，反過來攻擊城邦，焚燒港口。幾番折騰後，大家基本上還是保持有禮有節、互惠互利的局面。

　　但這種安寧保持不了多久。很快，更加可怕的外來者，將席捲這片古老的土地。

第四章：孤帆遠影——大航海下的非洲
（西元13世紀至18世紀）

　　新的征服者從兩面包抄而來。葡萄牙商人海盜做了歐洲入侵者的急先鋒，鄂圖曼土耳其帝國則把北部非洲納入囊中。非洲大陸中南部已經孕育出以馬利、桑海為代表的大批國家，卻無法阻擋外族入侵的步伐。非洲的資源被運往海外，非洲的兒女也漸漸淪為奴隸。

1. 摩洛哥	11. 獅子山	21. 查德	31. 烏干達	41. 肯亞
2. 西撒哈拉	12. 賴比瑞亞	22. 埃及	32. 盧安達	42. 南非
3. 突尼西亞	13. 象牙海岸	23. 喀麥隆	33. 蒲隆地	43. 賴索托
4. 阿爾及利亞	14. 布吉納法索	24. 中非共和國	34. 衣索比亞	44. 史瓦濟蘭
5. 矛利塔尼亞	15. 尼日	25. 蘇丹	35. 納米比亞	45. 莫三比克
6. 塞內加爾	16. 利比亞	26. 赤道幾內亞	36. 波扎那	46. 索馬利亞
7. 馬利	17. 迦納	27. 加彭	37. 尚比亞	47. 馬達加斯加
8. 甘比亞	18. 多哥	28. 剛果民主共和國	38. 辛巴威	48. 模里西斯
9. 幾內亞比索	19. 貝南	29. 安哥拉	39. 馬拉威	49. 塞席爾
10. 幾內亞	20. 奈及利亞	30. 剛果共和國	40. 坦尚尼亞	

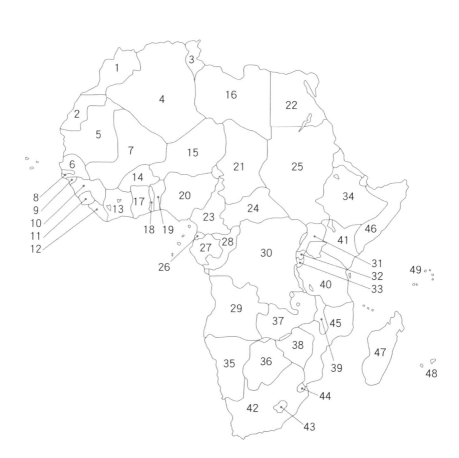

葡萄牙！商人與海盜

　　話說13世紀時，非洲大陸上最強大的國家要數北部的幾個國家，從東向西分別是埃及馬木路克王朝、突尼西亞哈夫斯王朝、阿爾及利亞阿卜德瓦德王朝和摩洛哥馬林迪王朝。相比同時期的西歐國家，他們經濟不差，手工業很厲害，商業甚至更厲害。

　　而到了14世紀，歐洲的文藝復興從義大利開始了。巨匠大師們紛紛激揚人生，粉碎了宗教對頭腦的禁錮，以人為本，倡揚個性。在他們的激勵下，歐洲人開始解放思想，打破窠臼，積極進取，乃至於不擇手段地撈錢、發展、圖強。文藝復興前後三百餘年，還催生了宗教改革、推廣活版印刷術、啟蒙運動等，為歐洲人的腦袋帶來了天翻地覆的變化。單說軍事上，先進的火槍、火炮逐漸被裝備，戰爭模式正在改變。

　　從這一步起，非洲漸漸地被拉開了距離。文藝復興的精神影響還要過幾百年才能見效，眼下，由於鄂圖曼土耳其帝國在西亞的崛起，切斷了從歐洲到中國、印度的陸地商貿道路。這下子，中國、印度的茶葉、絲綢、香料、瓷器都過不來啦！歐洲人非常驚慌。為了賺錢，他們把目光投向海洋。

　　這其中最積極的是伊比利半島上的西班牙、葡萄牙兩國。這兩個國家打了幾百年的仗，實在不能再等了，必須趕快發展經濟。於是，西班牙雇用了哥倫布，企圖繞地球一圈去中國和印度，結果不小心發現了美洲。而葡萄牙人則把眼光投向非洲大陸。他們要繞過非洲，從印度洋前往中國、印度，避開鄂圖曼土耳其帝國的封鎖。

BC
美尼斯統一古埃及

— 0
阿克蘇姆王國建立

— 100

— 200

— 300

— 400
汪達爾王國建立

— 500

— 600

— 700
阿拉伯人佔領北非

— 800
桑海王國建立

— 900

— 1000
穆拉比特王國建立

— 1100

— 1200
古馬利王國建立

— 1300

— 1400
迪亞士發現好望角

— 1500
第一船黑奴運到美洲

— 1600

— 1700

拿破崙的埃及戰役
— 1800

蘇伊士運河開通
— 1900
第一次世界大戰

— 2000

上古時期　BC

漢

— 0

100 —

三國　200 —
晉
300 —

南北朝　400 —

500 —

隋朝　600 —
唐朝
700 —

800 —

五代十國　900 —
宋
1000 —

1100 —

1200 —

元朝　1300 —
明朝
1400 —

1500 —

清朝　1600 —

1700 —

1800 —

1900 —
中華民國
2000 —

15世紀，葡萄牙人開始繞著非洲大陸的海岸線，一步一步地前進。

他們先出兵佔領了直布羅陀海峽邊上的休達港，然後沿著非洲大陸西海岸，從北往南逐漸探索。1488年，迪亞士到達了非洲南端的好望角。然後繞過好望角，繼續從非洲東海岸往北前進。到1498年，達伽馬抵達印度，開闢了從西歐繞非洲到印度的新航路。順帶著，葡萄牙人把整個非洲大陸沿岸的情況也調查清楚了。這下子，東部非洲沿岸的人們可倒大楣了。

葡萄牙人原本打的好算盤是：鄂圖曼土耳其，斷了陸路商貿，我們就從海上過去，把中國和印度的東西全部搶購下來。嘿嘿，你陸路的駱駝隊，運載量能和我海上的帆船相比。到時候你就哭去吧！

好不容易到了印度洋，葡萄牙人噴出一口老血：「什麼世道，非洲東海岸居然有這麼多阿拉伯人在做生意！忙了半天這裡已經是成熟市場了啊！」

葡萄牙人氣急敗壞，又仔細觀察了一下，得出三個結論：第一，這裡的港口不做歐洲的生意，和我們沒有競爭。第二，這裡的生意好得很，利潤很大。第三，這裡的港口城市，武力比我們差太多了，有的還在用弓箭呢。

於是，葡萄牙人按照他們的邏輯，推導出行動計畫：用武力把這裡搶下來，讓它變成我們葡萄牙的印鈔機。什麼？你說不道德？那是我們仁慈，讓他們見識什麼叫文明世界！

炮聲隆隆，葡萄牙的武裝商船向著毫無防備的東非港口城市（斯瓦希里城邦）猛撲過去。幾百年前，阿拉伯人的武器裝備和歐洲強國的武器裝備沒什麼差別。而現在，東非城市的武器裝備和葡萄牙艦隊的武器裝備卻有著代差。在葡萄牙人的堅船利炮面前，有的港口城市被嚇住了乖乖投降，同意認葡萄牙國王為老大，並繳納巨額的保護費。不聽話的則遭到了槍炮齊鳴的「教育」。

1505年，葡萄牙10多艘武裝商船編隊洗劫了許多個城邦，東非沿岸最強的基爾瓦國也被葡萄牙人輕易打垮。佔領港口之後，葡萄牙人不光是把財物洗劫一空，而且還在當地修築了堡壘，留下軍隊駐紮，把這裡變成了自己的殖民據點。這樣一來，葡萄牙艦隊在印度航線上就擁有了許多優良的港口，可以用於補充淡水和物資。同時，從這些沿海商貿城鎮中，葡萄牙人也可以獲得巨額的利潤。正是靠著非洲的財富，葡萄牙才能繼續攻略東南亞，佔領印度的果亞，甚至侵犯中國的廣東，成為世界超一流的殖民帝國。

至於非洲西海岸呢，葡萄牙人的要塞修得更早。他們一開始主要是在西非的阿肯地區收購黃金。為了換黃金，他們賣給當地人銅器、布匹，甚至販賣奴隸，把從尼日河三角洲收購的黑人戰俘轉手賣給阿肯人。再後來，他們把買來的奴隸賣到西班牙和葡萄牙當苦工。再往後，更慘絕人寰的事發生了，這個回頭再敘。

葡萄牙人在東非海岸的暴行，引發了一片驚恐與憤怒。但也不是全部非洲國家都把葡萄牙看成洪水猛獸。世界第一個基督教國家衣索比亞（阿比西尼亞）便如同盼甘霖一樣，等著葡萄牙來救援。

如前所述，7世紀時阿拉伯人進入埃及後繼續南下，遭到努比亞抵抗，因此衣索比亞得以繼續成為基督教國家。又過了幾百年，衣索比亞人發現不對勁了，阿拉伯商人源源不斷地跑到他們的國家周圍，一邊做生意，一邊傳教。努比亞也被馬木路克王朝征服了。衣索比亞已經成為基督教「孤島」。

衣索比亞雖然打了勝仗，可是曠日持久的戰爭讓它的血也流得差不多了。國內問題依舊，國王又和「救命恩人」葡萄牙發生了衝突。這也沒辦法，雖然都信上帝基督，但衣索比亞屬於正教，葡萄牙屬於天主教，同教不同派，那也是水火不容。這樣一來，這個非洲基督教國家的力量也漸漸衰敗下去。

BC　美尼斯統一古埃及

— 0　阿克蘇姆王國建立

— 100

— 200

— 300

— 400
汪達爾王國建立

— 500

— 600

— 700
阿拉伯人佔領北非

— 800　桑海王國建立

— 900

— 1000
穆拉比特王國建立

— 1100

— 1200
古馬利王國建立

— 1300

— 1400
迪亞士發現好望角

— 1500
第一船黑奴運到美洲

— 1600

— 1700

拿破崙的埃及戰役
— 1800
蘇伊士運河開通

— 1900
第一次世界大戰

— 2000

上古時期　BC

漢

— 0

100 —

三國
晉　　200 —

300 —

南北朝　400 —

500 —

隋朝
唐朝　600 —

700 —

800 —

五代十國　900 —
宋
1000 —

1100 —

1200 —

元朝　1300 —

明朝
1400 —

1500 —

清朝　1600 —

1700 —

1800 —

1900 —
中華民國
2000 —

葡萄牙人的洗劫

　　根據葡萄牙人自己的記錄，在基爾瓦，當地人的弓箭部隊一天便被擊潰，次日葡萄牙人登陸。首先是主教和神父們攜帶十字架唱著讚美詩上岸，水手和士兵緊隨其後。來到王宮前，葡萄牙艦隊司令開始祈禱。祈禱完畢後，所有的人就開始搶劫城裡的所有值錢東西。搶劫完畢後，他們立了一個傀儡蘇丹，修建了一個要塞，然後開往蒙巴薩城。在蒙巴薩，非洲人擁有一些槍炮，但威力遠不如葡萄牙人。葡萄牙人首先用艦炮摧毀了駐軍的堡壘，然後放火燒城，等火滅後再入城清剿。非洲人進行了英勇的巷戰，但裝備和軍事素養差距太大，最終只打死了4個葡萄牙人，而非洲人卻死了1513個。之後，艦隊司令命令士兵挨家挨戶洗劫。每個人搶得的贓物個人保留百分之五，其餘一律上繳歸公。

君臨！鄂圖曼土耳其

葡萄牙人做了急先鋒，其他歐洲國家也開始挖起非洲的肥沃土地來。強國埃及這時候在做什麼？說來慚愧，埃及馬木路克王朝的將軍們正忙著爭權奪利，把國家搞得亂七八糟。權貴只顧自己的荷包，把持了土地，卻連兵役都不肯服，國家只好另外花錢徵兵。財政吃緊，那些修築道路、防止疫病和水利工程等基礎建設完全被荒廢了。又由於葡萄牙人發現了新航路，印度洋上的商船也被葡萄牙人說搶就搶，導致埃及的商貿收入也大幅減少。那些四肢發達、頭腦簡單的馬木路克將軍們面對危機時，卻拿不出一點應對的辦法，只知道「牆外損失牆內補」，進一步對埃及農民敲骨吸髓地壓榨，這樣又反過來造成人民流亡、土地荒蕪。再這麼下去，埃及就要垮了。

16世紀初，鄂圖曼土耳其已經地跨歐、亞，威震地中海。土耳其蘇丹塞利姆一世準備把埃及當作下一道菜了。馬木路克將軍們呢，他們覺得自己這幾百年在非洲和西亞也是橫著走的角色，對土耳其一點也不懼：「誰怕誰啊，我們馬木路克砍蒙古人的時候，你們還在喝奶呢！」埃及蘇丹親率精兵進入敘利亞，要與鄂圖曼人決一雌雄。

1516年，兩軍在達比格草原相遇。馬木路克騎兵們還是用幾百年前的戰術，大家提刀上馬，嗷嗷叫著，潮水般地向土耳其人衝去。但見鐵甲如波，刀光如月，想來要不了一時三刻，這些土耳其人還不被砍成肉醬啊？卻看塞利姆一世微微一笑，將手中的彎刀一揮。頓時，土耳其陣中騰起陣陣白煙，大炮、滑膛槍一起開火，金屬彈丸如雷霆一般，迎著

BC
美尼斯統一古埃及
— 0
阿克蘇姆王國建立
— 100
— 200
— 300
— 400
汪達爾王國建立
— 500
— 600
— 700
阿拉伯人佔領北非
— 800
桑海王國建立
— 900
— 1000
穆拉比特王國建立
— 1100
— 1200
古馬利王國建立
— 1300
— 1400
迪亞士發現好望角
— 1500
第一船黑奴運到美洲
— 1600
— 1700
拿破崙的埃及戰役
— 1800
蘇伊士運河開通
— 1900
第一次世界大戰
— 2000

上古時期　BC

漢

　— 0

100 —

三國

晉　200 —

300 —

南北朝　400 —

500 —

隋朝　600 —
唐朝

700 —

800 —

五代十國　900 —
宋

1000 —

1100 —

1200 —

元朝
1300 —
明朝

1400 —

1500 —

清朝　1600 —

1700 —

1800 —

1900 —
中華民國

2000 —

馬木路克騎兵劈面打來。轉眼間，戰場上人仰馬**翻**、血肉橫飛。馬木路克勇士們這才曉得，原來過了幾百年，打仗已經進入熱兵器時代，光憑他們過去那一套策馬揚刀的戰法，上了戰場就是讓人隨意屠宰的下場。可惜這時候明白得太晚了，一仗下來，馬木路克軍死傷大半，連蘇丹也被人砍了腦袋。

第二年，鄂圖曼軍攻入埃及開羅，馬木路克王朝滅亡。還有馬木路克王朝所立的傀儡哈里發（宗教領袖）也被塞利姆一世抓了起來。不知道是否存心侮辱馬木路克人，塞利姆一世沒有殺他，卻以「貪污公款」的罪名將他判了徒刑。要說這個哈里發雖然是馬木路克的傀儡，被稱為「偽哈里發」，畢竟是個虛張聲勢的頭銜。如今連這虛張聲勢的頭銜也給土耳其人踩扁了。再後來，土耳其的蘇丹自稱為「哈里發」。

富饒的埃及，自然做了鄂圖曼帝國治下的肥牛。鄂圖曼帝國有點新興的氣象，把馬木路克王朝末年那些亂七八糟的政策整頓了一下，至少各地的行政、稅收、兵役制度建立起來，貿易也比改朝換代前要繁榮許多。這麼看，埃及被鄂圖曼給吞併也未必是壞事。就連馬木路克軍人後來也被鄂圖曼重新啟用，成為埃及軍隊的中堅力量。

埃及滅亡了，在北非的馬格里布，三個柏柏人建立的國家就更不成氣候了。在15世紀末西班牙實力大增，大舉登陸北非。這時候北非的柏柏人三國不僅未聯合抗敵，反而繼續內訌，甚至還爭先恐後地為西班牙當內應。這讓當地群眾非常憤怒，尤其是從亞洲過來的阿拉伯移民，覺得他們太差勁了！

1511年，摩洛哥的阿拉伯薩阿德部族在穆罕默德·伊本·阿卜杜·拉赫曼的帶領下左打歐洲人，右打馬林王朝，一路攻城掠地，在1553年滅了馬林王朝，建立了摩洛哥王國（阿薩德王朝）。此後這個王國多次打敗歐洲軍隊，收復被西班牙、葡萄牙佔領的北非港口城市，更南下遠征西非，控制了黃金商路。在16世紀的北非，摩洛哥算是非洲唯一讓人

眼前一亮的國家。

　　吞下了埃及的鄂圖曼帝國也趕緊跑過來搶肉吃。剩下兩個沒落的柏柏人國家在歐洲人和鄂圖曼帝國的東西夾擊下毫無還手之力。1554年，鄂圖曼軍隊攻滅阿卜德瓦德王國；1574年，攻滅哈夫斯王國。土耳其人還要繼續往西打，卻發現新崛起的摩洛哥王國不那麼好對付，於是見好就收。就這樣，整個北非除了摩洛哥，其餘都成了鄂圖曼土耳其帝國的領地。

鄂圖曼土耳其帝國

　　土耳其在13世紀末獨立，此後迅速擴張。14世紀，土耳其攻佔小亞細亞和巴爾幹半島；1396年，大破德意志、法蘭西、波蘭、威尼斯十萬聯軍，威震歐洲。1451年，鄂圖曼大軍攻滅了傳承千餘年的拜占庭（東羅馬帝國），並將君士坦丁堡改為伊斯坦堡，遷都於此。隨後，土耳其在東邊打敗了波斯，南邊佔領了埃及、北非，成為地跨亞非歐三洲的強大帝國。數百年間，鄂圖曼土耳其是歐洲人的嚴重威脅。

三王戰役

　　1576年，摩洛哥發生王室內訌，馬立克在土耳其人的支持下奪得王位，前國王穆泰瓦基勒逃往葡萄牙。1578年，葡萄牙國王塞巴斯提安率領大軍，與穆泰瓦基勒一起登陸摩洛哥，企圖藉機染指北非。8月4日，雙方在馬哈贊河附近展開大戰，史稱「三王之戰」。戰爭結果，葡萄牙軍全軍覆沒，葡萄牙國王淹死在馬哈贊河中，依附於葡萄牙的摩洛哥前國王戰死，而摩洛哥現任國王也死於軍中。葡萄牙從此一蹶不振，塞巴斯提安死後無嗣，最後被西班牙國王腓力吞併。

BC
美尼斯統一古埃及

— 0
　阿克蘇姆王國建立

— 100

— 200

— 300

— 400
　汪達爾王國建立

— 500

— 600

— 700
　阿拉伯人佔領北非

— 800　桑海王國建立

— 900

— 1000

　穆拉比特王國建立

— 1100

— 1200
　古馬利王國建立

— 1300

— 1400

　迪亞士發現好望角
— 1500
第一船黑奴運到美洲

— 1600

— 1700

　拿破崙的埃及戰役
— 1800

　蘇伊士運河開通

— 1900
　第一次世界大戰

— 2000

上古時期　BC

漢

─ 0

100 ─

三國
晉

200 ─

300 ─

南北朝

400 ─

500 ─

隋朝
唐朝

600 ─

700 ─

800 ─

五代十國

900 ─

宋

1000 ─

1100 ─

1200 ─

元朝

1300 ─

明朝

1400 ─

1500 ─

1600 ─

清朝

1700 ─

1800 ─

1900 ─

中華民國

2000 ─

富庶！馬利王國

　　北非風雲變幻之際，撒哈拉大沙漠南邊的黑人們繼續改朝換代。古迦納王國衰亡後，馬利王國與桑海王國先後崛起，依靠商業貿易，享受豐衣足食的生活。

　　古迦納王國是靠著黃金和食鹽生意發家致富。13世紀初由於環境惡化和柏柏人入侵，這個國家衰亡了，各部族之間戰爭、衝突不斷。其中，彪悍的索索部族建立王國，到處劫掠其他部族，一時之間，西非地區談虎色變。這時候，迦納南部的馬林凱部族裡有一個人站了出來，他叫松迪亞塔。松迪亞塔四處遊走，號召同胞：「我們馬林凱人怎能忍氣吞聲受這些索索人的燒殺搶掠！大家團結起來，跟他們拚了！」

　　馬林凱人早已積壓了滿腹怨氣，現在有人站出來領頭，當然一呼百應。各個村寨的首領紛紛表示服從松迪亞塔。松迪亞塔把馬林凱人聚合起來，組織軍隊跟索索人對抗。1235年，兩軍大戰一場，索索國被打敗。此後，松迪亞塔乘勝追擊，把之前被索索人佔領征服的那些部族也都收歸己有，並且控制了撒哈拉貿易的一些重要通道。短短幾年，他建立了一個龐大王國——馬利王國，國王稱號「曼薩」，定都尼亞尼。

　　到14世紀，馬利王國國力達到巔峰，其領土包括今天的馬利、幾內亞、塞內加爾、布吉納法索、尼日、象牙海岸等國，西到大西洋，東到尼日河中游東岸，北到撒哈拉，南到西非熱帶森林，成為撒哈拉以南一等一的大國。

　　相對之前的古迦納王國，馬利王國的核心區域更往南，那裡離沙

漠更遠，降水更豐富，土地更肥沃，因此馬利王國的農業比較發達，常年豐產，戶有餘糧。靠著農戶們繳納的租糧，還有奴隸農場，馬利國王的庫房裡不愁沒有糧食。北方比較乾旱的地方則是牧民們放牧牛羊的地方。還有專門的商人階層走南闖北，販賣糧食、肉類、野味、黃金、食鹽等。農牧民的辛勤勞動供養著馬利王國，商人繳納的稅讓國庫滿滿。馬利建立了一支龐大的正規軍，保衛疆土，以及向各地方部族的酋長徵收保護費。軍隊分為若干大隊，每個大隊的主力是弓弩手，也有少數精銳騎兵作為突擊力量。

馬利王國的輝煌持續了100多年。到14世紀末，由於接連出現了幾個軟弱的國王，該國也和古迦納一樣走向衰敗。王國東南面的游牧部族莫西人（在今馬利和布吉納法索一帶）騎兵頻繁入侵，而東邊的柏柏人圖瓦雷克部族更是成為它的心腹之患。

1433年，圖瓦雷克人奪取了商業中心廷巴克圖城。到1500年左右，馬利王國的藩屬部族紛紛獨立，王國的統治區只剩下最初的馬林凱部族。又過了100多年，馬林凱部族也重新分裂成無數個村鎮自治了。馬利王國從此只留存在人們的記憶中。

BC
美尼斯統一古埃及

— 0
阿克蘇姆王國建立

— 100

— 200

— 300

— 400
汪達爾王國建立

— 500

— 600

— 700
阿拉伯人佔領北非

— 800
桑海王國建立

— 900

— 1000
穆拉比特王國建立

— 1100

— 1200
古馬利王國建立

— 1300

— 1400
迪亞士發現好望角

— 1500
第一船黑奴運到美洲

— 1600

— 1700

拿破崙的埃及戰役
— 1800
蘇伊士運河開通

— 1900
第一次世界大戰

— 2000

─0

100 ─

200 ─

300 ─

400 ─

500 ─

600 ─

700 ─

800 ─

900 ─

1000 ─

1100 ─

1200 ─

1300 ─

1400 ─

1500 ─

1600 ─

1700 ─

1800 ─

1900 ─

2000 ─

偉大！桑海帝國

　　靠著撒哈拉貿易的油水，西非這塊地盤成為非洲當時的風水寶地。

　　馬利王國衰敗之後，其東南的桑海王國又崛起了。桑海本是一群漁民和獵人組建的部落聯盟，在9世紀就建立了一個桑海國，到11世紀定都加奧。由於撒哈拉貿易的發展，桑海國逐漸強大起來。在西邊的古迦納王國和馬利王國先後稱霸時，桑海對他們稱臣納貢。等到15世紀馬利衰弱下來，桑海王國隨之雄起，建立了一支軍隊開始向西擴張。

　　桑海國王桑尼·阿里在位時（1464—1492年），南征北戰。他帶領手下的戰士，打敗了勇猛的圖瓦雷克部族，奪取了重鎮廷巴克圖城。拿下這座城池，象徵著桑海問鼎西非取得了決定性的勝利。此後，桑尼繼續用兵，向西攻佔了昔日馬利王國的幾乎全部領土，一直打到大西洋岸邊。向北，他進軍撒哈拉沙漠，控制貿易線。

　　桑尼死後，大將穆罕默德·圖雷發動政變，成為桑海國王。他還向馬木路克王朝的哈里發討要了一個冊封：封他為「非洲南部的哈里發」（20年後，馬木路克王朝的傀儡哈里發就被鄂圖曼帝國給廢黜了）。在國內，圖雷依靠學習的知識，結合桑海本國情況，建設了一個前所未有的黑人國家。他大力推廣教育，鼓勵辦學，在各地興建了很多學校，加奧、瓦拉塔、廷巴克圖和傑內等地成了文化教育中心，西非最有學問的學者雲集在這裡。同時，他並不強迫人民信教，允許他們保持傳統宗教習慣。

　　過去幾百年裡，古迦納王國和馬利王國都是「邦聯制」，國王只

管自己的一塊地盤，疆土大部分掌握在各部族邦國諸侯手中。王國強大時，這些諸侯乖乖地向國王納貢、派人質、出兵幫忙打仗；但王國稍有風吹草動，他們就可能造反。圖雷要打破這種無聊的傳統，他加強中央集權，將全國劃分為十個省，由國王派遣總督前去統治，總督不世襲，由國王任免，同時代理國王在地方上掌握生殺大權，這樣就加強了王室對地方的控制。

他大力發展經濟，鼓勵跨撒哈拉的貿易，並且與周邊的邦國大做生意，從中獲得了大量收入。他還學習阿拉伯國家，建立了完善的行政管理和稅收財政制度。圖雷還改組軍隊，將軍隊分為騎、步、水三軍。騎兵是軍隊的精銳，以高級貴族為核心組成，使用長矛、馬刀和弓箭。步兵是最基本的兵種，來源複雜，使用長矛、弓箭和盾牌。水軍主要是漁民，擁有兩千多艘獨木戰船。依靠這支軍隊，圖雷繼續大殺四方，擴張桑海的領土，幾乎把大半個撒哈拉都納入了版圖。到16世紀初，桑海面積達600萬平方公里，成為黑人歷史上最偉大的帝國。就連西方學者也認為，圖雷作為君主，他的各方面素質比起同時期的歐洲君主毫不遜色。

可惜，這個最偉大的桑海帝國，它的風光時間比馬利王國還短。一個原因是王族內部爭權奪利，圖雷到了晚年就被他自己的親兒子給廢黜奪位。另一個原因是外界更強大的力量不會眼看著桑海帝國獨佔貿易的油水。桑海帝國這一百多年來太順利了，內部戰亂和民眾起義不多，統治者沒有想到去更新自己的軍事裝備，覺得大刀長矛、弓箭就夠用了。等他們發現不夠用時，為時已晚了。

在西北面，新崛起的摩洛哥王國虎視眈眈。摩洛哥也是靠貿易賺錢的，現在桑海帝國把大半個撒哈拉都納入自己的勢力範圍，這是要斷摩洛哥的命根子。1591年，摩洛哥的4000精兵穿越沙漠，直撲桑海而來。

3月12日，兩軍在通迪比展開大戰。桑海的數萬騎兵和弓箭手部隊如潮水般向摩洛哥遠征軍衝去。然而，就如同幾十年前馬木路克騎兵面

BC
美尼斯統一古埃及

—0
阿克蘇姆王國建立

—100

—200

—300

—400
汪達爾王國建立

—500

—600

—700
阿拉伯人佔領北非

—800
桑海王國建立

—900

—1000

穆拉比特王國建立

—1100

—1200
古馬利王國建立

—1300

—1400
迪亞士發現好望角

—1500
第一船黑奴運到美洲

—1600

—1700

拿破崙的埃及戰役
—1800
蘇伊士運河開通

—1900
第一次世界大戰

—2000

上古時期 BC
漢
— 0
100 —
三國
晉
200 —
300 —
南北朝
400 —
500 —
隋朝
唐朝
600 —
700 —
800 —
五代十國
900 —
宋
1000 —
1100 —
1200 —
元朝
1300 —
明朝
1400 —
1500 —
1600 —
清朝
1700 —
1800 —
1900 —
中華民國
2000 —

對鄂圖曼土耳其軍團的槍炮一樣，手持刀矛和弓箭的桑海勇士，同樣在摩洛哥人的滑膛槍和大炮面前陷入了困境。他們從來沒有聽說過打仗還能這麼搞。一次衝上去，兩次衝上去……每次衝擊都白白扔下一地屍體，勇士們的鬥志垮了，四散奔逃。摩洛哥軍隊順勢佔領了桑海帝國的三大重鎮——加奧、廷巴克圖和傑內。很多桑海戰士繼續在鄉村打游擊，讓摩洛哥人苦不堪言。但是帝國的中樞已經被打破了，它再也不能恢復對廣袤土地和商貿道路的控制。非洲有史以來最大的本土政權——桑海帝國就此滅亡。從15世紀初獨立於馬利，到16世紀末滅亡，總共的興盛期也才100多年。

摩洛哥人靠著「洋槍洋炮」滅了桑海帝國，揚眉吐氣了一把，也搶了很多金銀財寶，但他們也沒有力量統治這裡。桑海帝國的餘部繼續展開游擊戰，原先被桑海帝國壓制的一些周邊部族也趁機起兵，人生地不熟的摩洛哥人可沒有力量鎮壓他們。更關鍵的是，桑海帝國被摧毀了，帝國管理的一整套農業、商貿體系也就被破壞了。因為隔著撒哈拉沙漠，摩洛哥人在本地維持一支軍隊成本很高。因此桑海滅亡後不久，摩洛哥王國就不怎麼管桑海這邊了。留在沙漠南邊的摩洛哥人後來自成一國，最後被圖瓦雷克人滅掉。曾經一度強盛的桑海帝國被分裂成許多個獨立王國。

迦納、馬利、桑海三大王國（帝國），依靠著撒哈拉貿易的收入，前後在西非稱霸近千年。這也是非洲本土文明的輝煌時期。桑海帝國滅亡後，這塊地方再也沒有崛起同樣的強國。因為時代不同了，歐洲人的爪子快要伸到內陸來了。

割據！林立的邦國

　　在此時的非洲，出現了數不勝數的部族，還出現了大量的邦國，各自創立了富有特色的文明。比如西非地區，除了前面講的三大王國外，東邊的查德湖地區也很早就有了古代國家。查德湖東北有加奈姆王國，原是由黑人游牧部族建立的國家，靠著穿越撒哈拉做生意和搶劫鄰近的農業部族來過日子。後來加奈姆的老大發現，與其每次都動刀動槍去搶劫農民，不如定期向他們徵稅，既方便又和諧。這樣，加奈姆逐漸強大起來。13世紀時，加奈姆控制了從查德湖穿越撒哈拉的商路，擁有4萬名騎兵。同時，它對南方的黑人兄弟繼續搶劫，不但搶劫，還抓了當地的黑人兄弟去當奴隸賣。

　　1400年左右，王朝遷都到查德湖西南的博爾諾地區。相比桑海帝國，他們有一個最大的優點，就是懂得從北非進口火槍、火炮，軍隊裝備沒有落後太多。他們還和鄂圖曼土耳其建立了「友誼」，為軍隊請了土耳其教官。靠著強悍的「拳頭」，幾百年裡，這個國家算得上是當地的小霸王，不但控制著這一線的商路，而且讓附近的一些國家和部族都給自己納貢，霸權持續到18世紀末。

　　在三大王國和加奈姆—博爾諾王國之間的地區，是若干個豪薩城市邦國（今奈及利亞北部）。豪薩國家最早出現在西元10世紀，為了抵抗撒哈拉沙漠上的馬賊襲擊，他們在村鎮周圍修柵欄；附近的小村子為了求得被保護，便依附較大城鎮，最終形成了城邦國家。有的城邦以農業為主，有的則以手工業為主，還有的主要從事奴隸貿易。在16—18世

BC
美尼斯統一古埃及

— 0
阿克蘇姆王國建立

— 100

— 200

— 300

— 400
汪達爾王國建立

— 500

— 600

— 700
阿拉伯人佔領北非

— 800
桑海王國建立

— 900

— 1000

穆瓦比特王國建立
— 1100

— 1200
古馬利王國建立

— 1300

— 1400
迪亞士發現好望角

— 1500
第一船黑奴運到美洲

— 1600

— 1700

拿破崙的埃及戰役
— 1800

蘇伊士運河開通
— 1900
第一次世界大戰

— 2000

紀，豪薩國非常繁盛，經濟發達。但是它們始終由一些分散的城邦國家組成，並沒能統一成一個王國或帝國。當西邊的馬利、桑海強大時，它們向西邊稱臣；當東邊的博爾諾王國強盛時，它們向東邊納貢。

　　在三大王國南邊，靠近南部海岸線的熱帶森林地區，也有一些國家，其中最著名的是伊菲和貝南（均在今奈及利亞南部）。這兩國都是在11世紀左右建立的。

　　伊菲位於熱帶森林與熱帶草原的交界處，土地肥沃，農業和養殖業發達。那裡的木雕、象牙雕、陶雕還有青銅和黃銅的鑄造都是非洲第一流的。

　　貝南位於尼日河三角洲，它在15世紀時成為一個比較強大的王國。貝南的銅像也非常精美，還盛產象牙雕刻、手鐲和腳鐲。到16世紀時，貝南的藝術家們就已經和葡萄牙商人達成了合作。葡萄牙人向他們提出產品設計方案，由貝南人完成後賣到歐洲市場去。

　　除此之外，在伊菲北邊的草原，14世紀時又崛起了奧約王國（今奈及利亞西南）。它擁有一支強大的騎兵，沿著草原征服了大片土地，直到沿海。奧約西邊的還有一個強國——達荷美王國（今貝南、多哥）。這兩國在戰爭過程中都抓了不少奴隸，它們把奴隸運到海岸賣給歐洲人，換來歐洲人的火器，以便繼續打仗。因此，與它們靠近的這一處海岸被稱為「奴隸海岸」。為了爭奪奴隸貿易權，兩國還因此開戰。最後達荷美打不過奧約的騎兵，只好俯首稱臣。

　　在三大王國的西海岸，就是塞內加爾河和甘比亞河的下游，在這一地區曾建立過一個喬洛夫王國（今塞內加爾，13—16世紀）。這個王國由於內戰崩潰後，分裂成好幾個國家。他們也在海岸建立了奴隸市場。

　　在三大王國南邊的沃爾特河上游地區，阿肯人在14世紀進入森林，開採黃金出售，同時從葡萄牙人那裡買來奴隸在礦場勞動。因此，靠近他們的這一段海岸被稱為「黃金海岸」。16世紀，阿肯人建立了許多國

家，到17世紀則合併成阿散蒂王國，並進一步擴張領土，疆域從迦納沿海森林到北部大草原，把森林地區的大部分黃金產地都拿到了手。戰爭中抓獲的俘虜也被當作奴隸售賣。到18世紀晚期，阿散蒂王國加強了中央集權，成為非洲西部的一個強國。

西非地區由於北面有撒哈拉沙漠貿易線，在早期國家發展方面略有領先，還形成三大王國。相對來說，中部非洲和東部非洲這方面條件差一些，環境更封閉。但在10世紀後，中部非洲的黑人們也紛紛進入「鐵器時代晚期」，原本的部族透過聯盟合併，建立了大大小小的國家。他們的國王，很多是從村落的「土地神」祭司發展而來。

14世紀初，大批農民村落遷徙到剛果河下游南部的高地上，那裡土地肥沃，人們扎下根來，繁衍生息，建立了剛果王國。在安哥拉北部靠近大西洋的地方，15世紀建立了恩東戈王國。這兩國彼此敵對，征戰不休。

剛果東南的基薩爾湖地區素來條件優越，糧食豐收，在14世紀建立了中央集權的盧巴王國。後來盧巴王族的分支又到西邊開賽河上游建立了隆達王國，並在17世紀大舉擴張，把附近的許多中小邦國併入自己的疆域或者作為附庸。隨著美洲的玉米、木薯等新作物被輸入，糧食產量有了大幅度提高，國家力量也更為強大。18世紀初，隆達人的一支又向東南建立了卡曾貝王國，不久也成為與原宗主國並立的強大國家。

在尚比亞東部到馬拉威湖地區，馬拉威人建立了卡隆加王國、龍都王國和翁迪王國，控制著象牙貿易。17世紀，卡隆加在國王馬蘇拉的領導下崛起成為一個強大的國家，版圖從西部的尚比西河一直到東部的莫三比克島。但在馬蘇拉死後，國家迅速衰落，藩國紛紛獨立。

非洲東南部在12世紀建立了大辛巴威王國，當地人靠著與東部沿海地區的城邦做生意而發展起來，在14世紀達到頂峰。但到了15世紀因為資源耗盡，這個國家衰弱瓦解了，在其西邊崛起了托爾瓦王國，而北邊

BC
美尼斯統一古埃及
— 0
阿克蘇姆王國建立
— 100
— 200
— 300
— 400
汪達爾王國建立
— 500
— 600
— 700
阿拉伯人佔領北非
— 800
桑海王國建立
— 900
— 1000
穆拉比特王國建立
— 1100
— 1200
古馬利王國建立
— 1300
— 1400
迪亞士發現好望角
— 1500
第一船黑奴運到美洲
— 1600
— 1700
拿破崙的埃及戰役
— 1800
蘇伊士運河開通
— 1900
第一次世界大戰
— 2000

上古時期　BC

漢

— 0

100 —

三國
晉　　200 —

300 —

南北朝　400 —

500 —

隋朝　600 —
唐朝

700 —

800 —

五代十國　900 —

宋　　1000 —

1100 —

1200 —

元朝　1300 —

明朝　1400 —

1500 —

1600 —

清朝

1700 —

1800 —

1900 —
中華民國

2000 —

則是莫諾莫塔帕王國。在17世紀，莫諾莫塔帕因為葡萄牙人的入侵而衰敗，在西邊又崛起了羅茲維王國，其軍事力量十分強大，甚至驅逐了入侵的葡萄牙人。

在東部非洲的維多利亞—尼安薩胡一帶，有布尼奧羅、布干達等王國崛起。其中布干達已經實現了類似「層層分封」的封建制度，相當於當時歐洲幾百年前的水準。在它們南部，18世紀建立了盧安達和蒲隆地兩個王國，從事游牧的統治者稱為「圖西人」，而農業人口則稱為「胡圖人」。東部，有驍勇善戰的馬賽人擴張自己的地盤。但馬賽人與班圖族的農民相處還是比較融洽的。

在這幾百年裡，非洲大陸上的黑人邦國都在努力發展，然而歷史不再給他們更多機會了。歐洲人開始從沿海向非洲大陸深處挺進。打先鋒的是居於彈丸之地，卻建立了第一個全球性帝國的葡萄牙人。

15世紀晚期，葡萄牙人在剛果河河口附近的海岸登陸，與剛果王國建立了外交關係，很快，他們倚仗先進的武器和狡猾的頭腦，在剛果扶持起一個信仰基督教的國王。由於逐漸淪為葡萄牙人的傀儡，剛果朝廷權威喪失，在17世紀分裂成許多國家。

16世紀，葡萄牙人的爪子伸入了剛果南部的恩東戈王國（安哥拉），同樣引發了分裂和內戰。1571年，葡萄牙人帶著洋槍、洋炮入侵東非的莫諾莫塔帕王國，結果在非洲叢林的酷暑和疾病下苦不堪言，加上當地人神出鬼沒的游擊戰，侵略者最終敗退了。但3年後葡萄牙人捲土重來，擊敗了莫諾莫塔帕王國的軍隊。莫諾莫塔帕國王只好向葡萄牙人進貢。

雖然也有些強大的黑人王國和勇武的君主能夠擊敗葡萄牙人，維護國家的獨立，甚至反過來和葡萄牙人搶肉吃，但從整體上看，勇武的君王會死，強盛的國家也會衰敗，而葡萄牙人的滲透則是持續不斷的。而在葡萄牙之後，是更為強大的荷蘭人、法國人和英國人，非洲人終究抵

擋不住。一個個貿易點建立起來，深目高鼻的歐洲人在非洲內陸進進出出，他們手中的新式武器，也逐漸成為黑人們見慣不驚的東西。

　　這些為了發財不要命的歐洲人，給非洲帶來了更廣闊的世界，帶來了美洲的高產作物——玉米和木薯，也帶來了先進的工業製品和槍械。但同時，他們更帶來了掠奪、奴役，以及罪惡滔天的奴隸貿易。

BC
美尼斯統一古埃及

— 0
阿克蘇姆王國建立

— 100

— 200

— 300

— 400

汪達爾王國建立

— 500

— 600

— 700
阿拉伯人佔領北非

— 800 桑海王國建立

— 900

— 1000

穆拉比特王國建立

— 1100

— 1200
古馬利王國建立

— 1300

— 1400

迪亞士發現好望角

— 1500
第一船黑奴運到美洲

— 1600

— 1700

拿破崙的埃及戰役
— 1800

蘇伊士運河開通

— 1900

第一次世界大戰

— 2000

上古時期　BC

漢

－ 0

100 —

三國
晉　　200 —

300 —

南北朝　400 —

500 —

隋朝　600 —
唐朝

700 —

800 —

五代十國　900 —

宋　　1000 —

1100 —

1200 —

元朝　1300 —

明朝　1400 —

1500 —

1600 —

清朝

1700 —

1800 —

1900 —
中華民國

2000 —

罪惡！大西洋販奴

　　俗稱的「大西洋奴隸貿易」，是指歐洲的奴隸販子，把非洲黑人當作奴隸，用海船運輸，橫跨大西洋後，販賣到美洲種植園的勾當。在16—18世紀，這是一種非常重要的撈錢手段。而對非洲而言，則是一場慘無人道的浩劫。

　　如前面所說，葡萄牙人最早在非洲買奴隸，是為了轉手賣回非洲：他們在尼日河三角洲的貝南王國買了戰俘當奴隸，然後轉手賣到西邊幾百公里的阿肯地區，給當地的金礦老闆當苦工。後來，葡萄牙人自己在非洲西海岸的普林西比和聖多美島建立了甘蔗種植園，也從非洲大陸買來黑奴種植。另外，還有奴隸被運回西班牙、葡萄牙本土的種植園。

　　到了16世紀，歐洲人在新大陸——美洲大肆擴充地盤。美洲土地非常廣闊肥沃，資源也相當豐富，可是缺少勞動力。原來，當地的印第安人在歐洲人到來後，很快被槍炮屠殺和天花病毒消滅得差不多了，而歐洲的苦役犯一來數量太少，二來不習慣炎熱的氣候，這時候，歐洲殖民者就把眼光投向了非洲。1532年，第一船黑奴被從非洲直接運到美洲。此後，跨大西洋的人口貿易逐年增長。美洲對勞動力的需求太強烈了，為了賺錢，歐洲商人們紛紛投身到這項骯髒的買賣中。

　　他們開發出「黃金三角」的貿易航路。即先從歐洲出發，裝載歐洲的廉價工業產品，比如劣質酒、棉布、金屬製品、槍枝和各種小玩意，把這些東西賣到非洲哄那些酋長和國王。然後，從非洲裝載押解大批黑奴上船，跨大西洋到達美洲，賣給當地的種植園園主。最後，再從美洲

把黃金、白銀、咖啡、蔗糖等運回歐洲去。這麼一趟三角航行下來，每一次都能獲得好幾倍的利潤。對於資本主義初級階段的那些商人們來說，能賺到這麼多財富，誰還管什麼道德不道德？

非洲本地也因此產生了一條完整的產業鏈。那些沿海地區的土王和酋長，直接在海岸上和前來的歐洲商船交換，用黑奴換來酒、槍枝和棉布。而內地的土王和酋長，則把他們的奴隸賣給大陸上的奴隸商隊，再由商隊驅趕著奴隸到海岸交易。商隊頭目有的是本地黑人，也有歐洲白人或者北非的阿拉伯人、柏柏人。此外還有的彪悍部落，專門以劫掠人口販賣為生。

奴隸制度在人類歷史上何止千年。遠的不說，古埃及、古希臘、古羅馬時代都慣於把戰俘作為奴隸；近的來看，歐洲人大舉入侵非洲之前，非洲部族國家之間的戰爭也都習慣抓奴隸販賣。那麼，為何單要說這大西洋奴隸貿易是罪惡滔天呢？

首先是規模。美洲對勞動力需求的缺口太大了，而且大半個歐洲向大半個非洲發起人口掠奪，大西洋販奴的數量遠遠超過從前。據估計，在300餘年裡，至少有1000萬名黑奴被賣到美洲。再算上黑奴從被抓捕到販賣過程中極高的死亡率，奴隸貿易至少讓非洲損失了1億人口。

其次，大西洋奴隸貿易的全面展開，破壞了非洲國家發展的正常進程。最初，奴隸主要來自於戰俘。兩個酋長因為爭奪地盤、水源之類的打了一仗，抓了一堆俘虜，自己留下一些使用，其他的就賣給歐洲人。可是隨著歐洲商人來得越來越勤，賣出的奴隸越多，就能換更多的歐洲貨物，尤其是火槍，那可是稱王稱霸的法寶啊！於是國王們為了自己的地位，開始單純以抓奴隸為目的，發動一次次戰爭。後來又劫掠無冤無仇的部落，甚至把自己的老百姓當作奴隸賣。而那些大陸上的奴隸販子，也依靠販賣奴隸大發橫財，建立了自己的軍隊，甚至割據一方。他們除了從國王、酋長手中買奴隸，也會讓自己的士兵去進攻部落，抓獲

BC
美尼斯統一古埃及

— 0
阿克蘇姆王國建立
— 100
— 200
— 300
— 400
汪達爾王國建立
— 500
— 600
— 700
阿拉伯人佔領北非
— 800
桑海王國建立
— 900
— 1000
穆拉比特王國建立
— 1100
— 1200
古馬利王國建立
— 1300
— 1400
迪亞士發現好望角
— 1500
第一船黑奴運到美洲
— 1600
— 1700
拿破崙的埃及戰役
— 1800
蘇伊士運河開通
— 1900
第一次世界大戰
— 2000

上古時期　BC

漢

　　　—0

　100 —

三國
晉　　200 —

　　300 —

南北朝　400 —

　　500 —

隋朝　600 —
唐朝

　　700 —

　　800 —

五代十國　900 —

宋　　1000 —

　　1100 —

　　1200 —

元朝　1300 —

明朝　1400 —

　　1500 —

清朝　1600 —

　　1700 —

　　1800 —

　　1900 —

中華民國

　　2000 —

奴隸。這樣一來，事情的性質就完全變了。當一個國王不去促進生產，不去擴展貿易，單想著把本國和鄰國的人口當作貨物時，這個國家還能有任何希望嗎？短期能獲得酒、棉布和槍枝，但長期來看，這是在割自己國家的血肉賣錢，最終只能走向衰弱與崩壞。

比如中非強國剛果，在葡萄牙人進入之後，很快變成了葡萄牙人的奴隸來源地。為了獲得更多的奴隸，葡萄牙人一方面為保住他們傀儡國王的地位出槍出炮，另一方面卻煽動不滿國王的部落首領去反抗國王，這樣在內戰中會有更多的人淪為奴隸。這種模式持續了百餘年，剛果王國就分崩離析了。而歐洲人對此一點不覺得可惜，不覺得無恥。越分裂，戰亂越多，俘虜和奴隸也就越多啊，錢和其他利益就越多。

16世紀葡萄牙人入侵安哥拉後，也是不斷地煽動分裂和內戰，由此，源源不斷的戰俘轉化為奴隸，安哥拉成為美洲黑奴最穩定的輸出國。彪悍的因班加拉人成為葡萄牙人的僱傭軍，還建立了一個卡桑傑王國，專門劫掠人口來販賣。

即使少數有識之士想改變這種狀況，歐洲人也會用他們的法子教育你。比如西非奴隸海岸的達荷美國王阿加扎（1717—1740年在位），他覺得把奴隸賣到海外有點不妥，就建議：「何必麻煩地把奴隸運到美洲去種地呢，我在這裡劃一塊地皮給你們建設農場，把黑奴直接圈在這裡不是更省事嗎？」他想透過這種辦法把黑人留在非洲。可是歐洲人不這麼看，把黑奴運到美洲雖然麻煩點，那可是實實在在的金錢啊。要我在非洲開農場，你有沒有搞錯，懂不懂什麼叫職業分工啊？而且在達荷美建農場，那就變成受制於你了，傻子才願意呢。他們晃晃手裡的槍：「陛下，您還想不想要買我們的火槍？想要就別廢話。」要沒有火槍，達荷美的軍隊就打不過鄰國奧約，那麼它的百姓就會被奧約軍隊抓去當奴隸賣。阿加扎也只好乖乖閉嘴，繼續含淚把黑奴賣到美洲。

黑奴本身的悲慘遭遇也讓人同情。一個黑人一旦被抓捕為奴，他就

不再被當作人看待，像家畜一樣被圈養和買賣，還會被燒紅的烙鐵在身上烙出印記。在橫渡大西洋的船上，他們擁擠窩在船艙中，每個人所佔的地方比棺材還小，連坐都坐不下去。污濁的空氣、粗劣的飲食和淡水的缺乏，還有排泄物的惡臭，使得他們的死亡率極高。得病的人會被直接拋入大海。即使能平安登上美洲大陸，那也不過意味著充滿苦難屈辱的人生正式開始了。

在古希臘、古羅馬、阿拉伯或者鄂圖曼土耳其，奴隸當然也是苦難的，但奴隸大多不過是一種屈辱悲慘的職業。一個奴隸若能從這種千難萬險的困境中掙脫出來，取得自由人的身分，那麼他就可以昂首挺胸走上一條不同的道路。比如埃及的馬木路克王朝的開國女王珍珠小枝以前就是女奴。但大西洋販奴則是把整個黑人種族打上了奴隸的印記。黑人一朝為奴，子孫世代為奴，哪怕被主人釋放了，照樣抬不起頭來，還隨時有可能被重新抓起來當奴隸。為了給種族奴役找藉口，美國的教會甚至說上帝造人時就是讓黑人卑賤生活，白人奴隸主與黑人女奴生下的孩子，也必須被當作奴隸對待。這種貿易給黑人帶來的摧殘與傷害，至今仍未消退。

最後，大西洋販奴是作為先進者、發達者的歐洲國家，對落後的非洲國家展開的一次掠奪。在人類文明不斷進步的當時，卻產生如此不人道的殘暴行徑，這種反差也讓人感慨。在這場浩劫中，歐洲商人、美洲種植園主、阿拉伯奴隸販子和非洲本地的土王酋長分別要承擔多少責任，這個難以統計，總之每個人的手上都是沾滿了鮮血的。歐洲商人和奴隸販子親自出馬抓奴隸的事件是少數，但無法否認的是，正是他們的貪婪導演了非洲大陸上無數齣妻離子散、背井離鄉的悲劇。而他們也是高居罪惡貿易頂端的得利者。

歐洲人得意地宣稱：「高貴」的白人把「卑賤」的黑人販賣到美洲，是對他們的拯救。在不久後他們大規模侵占非洲時，同樣以這種理

BC
美尼斯統一古埃及

— 0
阿克蘇姆王國建立

— 100

— 200

— 300

— 400
汪達爾王國建立

— 500

— 600

— 700
阿拉伯人佔領北非

— 800
桑海王國建立

— 900

— 1000
穆拉比特王國建立

— 1100

— 1200
古馬利王國建立

— 1300

— 1400
迪亞士發現好望角

— 1500
第一船黑奴運到美洲

— 1600

— 1700

拿破崙的埃及戰役
— 1800
蘇伊士運河開通

— 1900
第一次世界大戰

— 2000

論為指導：侵佔你的地盤，奴役你，同樣是對你的拯救，是神聖而慈悲的。

一派胡言，卑鄙的人總要裝出高尚！

黑奴貿易的終止

18世紀末，隨著啟蒙運動的興起，各國開始出現反對奴隸制度的思想。19世紀初，歐洲各國先後通過法令禁止販賣黑奴進入美洲。但由於存在著巨大利潤，此後黑奴走私貿易又持續了近一個世紀。到19世紀末，隨著生產力發展，黑人或明或暗的抵抗導致生產效率低下，黑奴貿易不能再賺大錢了。加上美洲主要國家先後廢除奴隸制，罪惡的大西洋販奴終於落幕。

— 0

100 —

三國
晉　　200 —

300 —

南北朝　400 —

500 —

隋朝　600 —
唐朝

700 —

800 —

五代十國　900 —

宋

1000 —

1100 —

1200 —

元朝
1300 —

明朝

1400 —

1500 —

清朝　1600 —

1700 —

1800 —

1900 —

中華民國

2000 —

南非！白人的殖民

非洲南部地區，在11世紀時開始逐漸出現了不少由酋長統治的邦國，在最南端的地方則是一些科伊桑人部族，有的打獵，有的養牲口，並用牲畜和肉類交換班圖族農民的金屬和菸草。這種其樂融融的生活沒持續多久，歐洲人來了。在非洲其他地方，歐洲人在沿海建立了一些據點，設立商貿中心，或是駐紮武裝部隊，逼迫當地人給他們交稅進貢。而在非洲南部，歐洲人開始大規模殖民，逐漸形成白人統治的國家。

最初，歐洲人沒有這麼大的計畫，只不過，因為南非的開普敦恰好位於從歐洲到印度的航線中間位置，所以歐洲船隻到這裡後，都習慣停靠一下，補充淡水。除了裝水之外，他們還想弄點新鮮肉吃。正好這一帶住了不少科伊桑的牧民，於是大家各取所需：牧民把他們多餘的肉賣給歐洲船員，換取金屬、菸草和小玩意。這種生意做了兩百年，大家都覺得不錯。可是後來歐洲人不滿意了。他們嫌科伊桑人賣的牲畜價格太貴。而且這個黑人明明有五頭牛，偏偏只肯賣兩頭，賣的還是老牛，我們船員想吃點肥嫩牛肉都不行。這不是欺行霸市，欺負我們文明人嘛！歐洲人決定教訓一下黑人，教他們知道什麼才是真正的奸商和強盜。怎麼教訓呢？一開始雙方買賣談不攏的時候，歐洲人就把槍炮亮出來一陣掃射，然後把黑人的牲畜全部搶走揚長而去。黑人呢？他們的獨木舟追不上強盜，只好拿下一艘船出氣，等船上的白人上岸就是一陣亂箭。這麼一來，雙方的仇恨越結越深，科伊桑牧民看見歐洲船來了，都離得遠遠的。歐洲船員別說搶，就算想買人家也不肯賣了。

BC
美尼斯統一古埃及

— 0
阿克蘇姆王國建立

— 100

— 200

— 300

— 400
汪達爾王國建立

— 500

— 600

— 700
阿拉伯人佔領北非

— 800
桑海王國建立

— 900

— 1000
穆拉比特王國建立

— 1100

— 1200
古馬利王國建立

— 1300

— 1400
迪亞士發現好望角

— 1500
第一船黑奴運到美洲

— 1600

— 1700

拿破崙的埃及戰役
— 1800

蘇伊士運河開通
— 1900
第一次世界大戰

— 2000

BC

— 0

100 —

200 —

300 —

400 —

500 —

600 —

700 —

800 —

900 —

1000 —

1100 —

1200 —

1300 —

1400 —

1500 —

1600 —

1700 —

1800 —

1900 —

2000 —

　　歐洲人富有搶奪精神，自然不會被難倒。你不靠過來岸邊是吧！那我們登陸！1652年，荷蘭東印度公司就在好望角西邊的桌灣海岸建立了一個永久定居點。他們蓋了房子，開墾菜地和水果園，同時也利用這個定居點和當地黑人做生意，收購肉食。這樣，第一群歐洲人在這裡扎下根來。這個地方，就是後來的南非名城開普敦。當地的科伊桑人那時還沒有國土概念，自然不會去干涉他們。

　　開普敦建立後，運行良好，不但為過往的荷蘭船隻提供肉食，還能讓生病的船員上岸休息療養。後來，開普敦還賣食物給其他歐洲船隻，也是個賺錢的生意。為了防止其他國家和他們搶這塊風水寶地，荷蘭東印度公司還在此修築了堡壘，駐紮了士兵。

　　隨著業務的擴大，荷蘭人覺得這塊地方真要好好建設經營一下，前途無量啊。為了增加蔬菜水果的產出，東印度公司讓一些僱傭士兵出去建立更多的菜地果園，由公司從非洲其他地方為他們運來黑奴做事。這些擔任奴隸主的歐洲人，被稱為「布林人」，意思是「農民」。靠這種模式，在南非的歐洲人越來越多，他們的莊園占地也越來越大。閒來無事的時候，布林人也繼續和黑人「做生意」。他們只提供菸草、酒和奢侈品，卻不肯提供鐵，免得黑人拿去做兵器，至於槍炮就更別想了。而黑人的牲畜，他們想要多少就拿多少，黑人不肯賣，那就搶。理由？隨便編一個就是了，比如我們屋子裡的菸草少了，一定是你們黑人偷的，拿牛來賠償！

　　布林人的手越伸越長。他們的定居點從海岸逐漸往內陸擴展，霸佔了科伊桑人的牧場，後來布林人自己也開始放牧。這下，雙方為了土地，衝突一下就尖銳起來。1659年，雙方爆發了戰爭。科伊桑人非常勇敢，他們團結起來，一度用弓箭長矛把布林人打得節節敗退。可是布林人退到要塞之後，科伊桑人沒法攻佔要塞，而布林人卻可以隨時出來，用槍炮打得科伊桑人死傷無數。再加上科伊桑人的部族內部問題也很

多，布林人趁機挑撥離間，拉一派打一派，瓦解了科伊桑人的聯盟。科伊桑人只好求和。他們苦口婆心地對布林人請求：「我們這麼多年都住在這裡，你們不問我們，就擅自霸佔了我們的土地，大家都是文明人，總該講講道理吧。請你們把土地還給我們好不好？」布林人的指揮官也苦口婆心回答說：「你們別做夢了，土地怎麼可能還給你們。你要講道理我就和你講道理。我們荷蘭人對非洲的土地有神聖的征服權。就是說我們打敗了你們，你們的土地就是我們的了。明白嗎？」

此後，布林人繼續擴張。他們需要更多的歐洲人來這裡，一起對抗黑人。歐洲移民只要繳納給東印度公司象徵性的租金，就可以獲得大片土地（而不需要問科伊桑人的意見）。這樣，荷蘭、德國和法國的移民源源不斷地進入南非。到達南非的布林人發現，這裡太爽了！每個家庭可以得到2500公頃以上的土地，而且家庭中的每個成年男子都可以分得土地。相比人多地少的歐洲，這裡就是天堂。他們拚命地生孩子，擴大家庭，佔領更多的土地。

科伊桑人陷入了絕境。祖祖輩輩生活的家園，現在淪為海外來客的戰利品，而且這些白鬼子還要在這裡長久住下來，生兒育女，越滾越多。這種情況下，有的人奮起反抗，展開游擊戰，襲擊布林人的牛群；有的人往距離海岸更遠的內陸逃亡。他們的隊伍裡面還加入了一些從非洲其他地方運來的黑奴，甚至有些歐洲人也加入了這些反抗組織，帶著他們反過來攻打布林人。雙方的這種拉鋸戰持續了整整一個世紀，但科伊桑人的反抗，最終還是不能無法布林人的繼續擴張。

大多數科伊桑人最後選擇了屈服。他們忍辱負重，承認布林人才是南非這塊地頭的老大，埋頭為布林人工作，掙一點錢來果腹，運氣好的還能擁有自己的少數牲畜。原本的主人現在成了客人的雇工，這也是無可奈何的事。科伊桑人不光是經濟上受到剝削，他們在政治上也被視為下等階層。布林人還逐漸消磨了他們的文化，科伊桑人的風俗習慣，乃

BC
美尼斯統一古埃及

— 0
阿克蘇姆王國建立

— 100

— 200

— 300

— 400
汪達爾王國建立

— 500

— 600

— 700
阿拉伯人佔領北非

— 800
桑海王國建立

— 900

— 1000
穆拉比特王國建立

— 1100

— 1200
古馬利王國建立

— 1300

— 1400
迪亞士發現好望角

— 1500
第一船黑奴運到美洲

— 1600

— 1700

拿破崙的埃及戰役
— 1800
蘇伊士運河開通

— 1900
第一次世界大戰

— 2000

至語言，都漸漸消失了。他們變成了穿著荷蘭服，說著荷蘭話的黑人。

布林人還玩「以黑制黑」的把戲，他們從科伊桑人中招募士兵，攻打其他不肯馴服的科伊桑部落。那些被布林人殺死的科伊桑人留下的孤兒，也被布林人帶走，從小作為「學徒」培訓，其實就是布林人的家奴。 就這樣，到18世紀末，布林人已經佔領了今天的半個南非。當地的科伊桑人大都被征服了。然而，這一切僅僅是開始，在隨後的200多年裡，南非還將經歷更多的動盪與滄桑。非洲其他的部分也一樣。這塊古老的大陸，即將被拋入「狼吞虎嚥」的吃人的近代狂潮之中。

上古時期 BC
漢
—0
100—
三國 200—
晉 300—
南北朝 400—
500—
隋朝 600—
唐朝 700—
800—
五代十國 900—
宋 1000—
1100—
1200—
元朝 1300—
明朝 1400—
1500—
清朝 1600—
1700—
1800—
1900—
中華民國
2000—

第五章：鐵蹄錚錚——歐洲人全面入侵

（西元18世紀至20世紀初）

　　跟隨著探險家與傳教士的腳步，歐洲軍隊手持後膛槍和馬克沁機槍大舉前來。廣袤的非洲大陸上，本地人進行了浴血的抵抗。埃及的阿里王朝、蘇丹的馬赫迪起義、南非的祖魯王國、阿爾及利亞的游擊戰……英勇的抵抗終於被淹沒在血泊之中，整個大陸遍插七大歐洲國家的旗幟。唯有衣索比亞用勝利捍衛了自己的獨立。

1. 摩洛哥　　　11. 獅子山　　　21. 查德　　　31. 烏干達　　　41. 肯亞
2. 西撒哈拉　　12. 賴比瑞亞　　22. 埃及　　　32. 盧安達　　　42. 南非
3. 突尼西亞　　13. 象牙海岸　　23. 喀麥隆　　33. 蒲隆地　　　43. 賴索托
4. 阿爾及利亞　14. 布吉納法索　24. 中非共和國　34. 衣索比亞　　44. 史瓦濟蘭
5. 矛利塔尼亞　15. 尼日　　　　25. 蘇丹　　　35. 納米比亞　　45. 莫三比克
6. 塞內加爾　　16. 利比亞　　　26. 赤道幾內亞　36. 波扎那　　　46. 索馬利亞
7. 馬利　　　　17. 迦納　　　　27. 加彭　　　37. 尚比亞　　　47. 馬達加斯加
8. 甘比亞　　　18. 多哥　　　　28. 剛果民主共和國　38. 辛巴威　　48. 模里西斯
9. 幾內亞比索　19. 貝南　　　　29. 安哥拉　　39. 馬拉威　　　49. 塞席爾
10. 幾內亞　　　20. 奈及利亞　　30. 剛果共和國　40. 坦尚尼亞

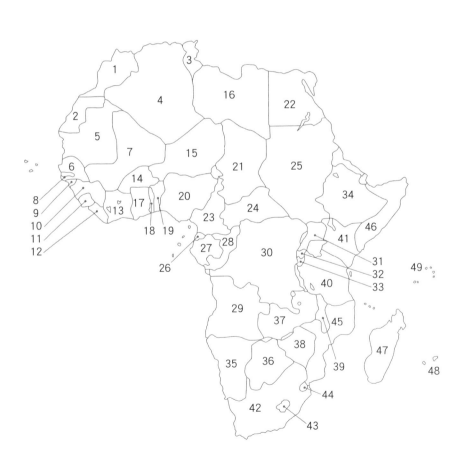

進軍！探險家們

　　歐洲列強靠著收購黃金、販賣奴隸和攫取其他資源，從非洲抽了幾百年的血。但直到18世紀後期，非洲對他們來說，依然神祕莫測，所謂「只是一條海岸線，而不是一塊大陸」。歐洲人只是在海岸上設立據點，僅有布林人佔據了半個南非，還有法國在西非、葡萄牙人在東非稍微深入了一下內陸。除此之外，他們對非洲內陸的國家、地理環境完全是一頭霧水。比如非洲大河尼日河到底有多長，在哪裡入海都搞不清楚。

　　到了18世紀末，歐洲爆發了工業革命，生產力急速提高，需要更多的原料，也需要更多的商品銷售市場。這時候，神祕的非洲大陸，便成為資本家們眼中的大肥肉。他們想，要是能把這塊大陸的潛力發掘出來，那該值多少錢啊！他們成立了幾個非洲科考協會，資助一批膽大包天的探險家，向著非洲內陸進軍，探索那裡的山川地理、風土人情。這批探險家也是歐洲國家侵略非洲的先鋒。

　　最先取得成功的探險家是蘇格蘭醫生蒙戈‧帕克（1771—1806年）。1795年，年僅24歲的帕克從西非的甘比亞向東，探索尼日河的流向和終點。他單槍匹馬帶著一些小禮物出發，滿以為憑這些歐洲新鮮玩意足以收買沿途的酋長，從而保證自己此次探險一帆風順。他真把酋長們看扁了，憑這點東西就想買路？帕克一路上受盡折磨，甚至被一個酋長囚禁了幾個月。1796年7月，好不容易逃出來的帕克帶著一匹瘦馬和一個羅盤，掙扎著到了塞古。看著夢寐以求的尼日河，在晨曦中閃閃發

BC
美尼斯統一古埃及

— 0
阿克蘇姆王國建立

— 100

— 200

— 300

— 400
汪達爾王國建立

— 500

— 600

— 700
阿拉伯人佔領北非

— 800
桑海王國建立

— 900

— 1000
穆拉比特王國建立

— 1100

— 1200
古馬利王國建立

— 1300

— 1400
迪亞士發現好望角

— 1500
第一船黑奴運到美洲

— 1600

— 1700

拿破崙的埃及戰役
— 1800

蘇伊士運河開通
— 1900
第一次世界大戰

— 2000

光，向東悠然流淌，帕克禁不住潸然淚下。他甚至想，自己看到了尼日河的流向，是不是就該去見上帝了。幸虧遇到一個奴隸販子，他才得以返回海岸。但是，這次探險並沒有確定尼日河的長度和終點。因此，1805年英國政府再次派遣帕克前往西非，探測尼日河的終點。這次帕克帶了40名全副武裝的歐洲士兵，比起上次堪稱是意氣風發，他自以為這次定能所向披靡。可惜，這種威風在茫茫雨林裡是沒什麼用處的，沿途的熱帶疾病和當地人的反抗，使其隊伍很快損傷大半。最後，帕克帶著殘餘人員搶了一條獨木舟，沿著尼日河順流而下，在距離河口只有五百公里的地方，遭到當地人的攔截，帕克於混戰中落水斃命。

此後，歐洲列強忙著打拿破崙，無力顧及非洲。戰後，英國政府又派德納姆少校、伍德內醫生和克拉伯頓中尉從北非的黎波里出發，南下撒哈拉，於1823年到達查德湖。此後，德納姆轉向東行，伍德內中途病死，克拉伯頓繼續南下。當時，西非內陸地區已經建立了一個神權國家索科托，首都在今奈及利亞西北部。索科托的蘇丹貝洛很友好地接待了克拉伯頓，還給他畫出了尼日河附近的地圖。克拉伯頓大喜：「那好，我馬上出發。麻煩您幫忙準備些乾糧。」貝洛眼睛一瞪：「搞錯沒有，您不就是想知道尼日河的地形嗎，我都告訴您了，您就回去吧。」克拉伯頓只得乖乖地原路返回。

1826年，克拉伯頓再次探險，這回他從西非海岸貝南出發，往東到達索科托，想和貝洛簽幾條協議。貝洛眼睛又一瞪：「老兄，你們歐洲人在非洲幹的勾當，我也略有耳聞。我不會上當，不會跟你達成任何協定！」克拉伯頓被回絕之後，愁苦交加，最後死在索科托。克拉伯頓死後，他的僕人理查·蘭德爾返回英國，出版了主人的探險日誌。英國政府委託他繼續探險事業。1830年，蘭德爾及其兄弟從幾內亞灣出發到達尼日河後，又順流而下，終於確認了尼日河的河口。

同期，法國人莫利昂在1818年確定了塞內加爾河與甘比亞河的發

源地。英國人萊恩和法國人卡耶分別在1826年和1828年訪問了古城廷巴克圖。不過，讓他們失望的是，廷巴克圖早已不是傳說中的那個黃金之城，而是一座相當凋敝破敗的城池。1850年，德國人巴斯被英國政府僱傭，在西非內陸旅行了5年，行程1萬英里（1英里約等於1.609公里），把西非地區的情況摸得差不多了。

英國傳教士大衛・利文斯頓（1813—1873年）則開始探查非洲南部。從1840年代初，他就致力於開闢傳教與貿易的道路。1849年，他穿越了南非喀拉哈里沙漠，發現了恩加米湖；1851年又發現了尚比西河。1852年開始，利文斯頓從南非出發，先到達尚比西河，然後朝西橫越非洲大陸，向非洲西海岸前進。1854年5月，到達安哥拉首都羅安達（當時是葡萄牙統治），再折向東，朝東海岸前進。1855年11月，他到達尚比西河大瀑布，以英國女王的名字將其命名為「維多利亞瀑布」。1856年5月，利文斯頓到達東海岸的克里馬內（今屬莫三比克）。這是有記載的歐洲人第一次從西到東橫跨非洲大陸。更為難得的是，利文斯頓幾乎是以一己之力完成了壯舉，當然沿途離不開友好的非洲原住民的幫忙。

這一次探險讓利文斯頓成為歐洲的英雄，也是非洲探險的楷模與燈塔。1858年，利文斯頓在英國政府資助下率隊在尚比西河流域探險。

這次探險中，充滿宗教熱情的利文斯頓發現了一條黑奴貿易路線，並對黑奴貿易進行了揭露和抨擊。這下得罪了當地的土霸王葡萄牙人：「你這個英國人，探險就探險吧，我販賣黑奴關你屁事？」在葡萄牙人壓力下，這次探險無疾而終。

1866年，雄心不死的利文斯頓再次到達尚吉巴，對東非內陸進行第三次探查。這次跟隨他的是數十名東非人。利文斯頓橫穿坦尚尼亞之後，就失去了和歐洲的聯繫。但他全無顧忌，在蚊蠅飛舞、疫病流行的非洲大陸上勇往直前，最遠到達剛果河上游的盧阿普拉河。1871年，利文斯頓折回坦尚尼亞的烏吉吉，困病交加，但他無怨無悔。

BC
美尼斯統一古埃及
— 0
阿克蘇姆王國建立
— 100
— 200
— 300
— 400
汪達爾王國建立
— 500
— 600
— 700
阿拉伯人佔領北非
— 800
桑海王國建立
— 900
— 1000
穆拉比特王國建立
— 1100
— 1200
古馬利王國建立
— 1300
— 1400
迪亞士發現好望角
— 1500
第一船黑奴運到美洲
— 1600
— 1700
拿破崙的埃及戰役
— 1800
蘇伊士運河開通
— 1900
第一次世界大戰
— 2000

上古時期　BC

漢

　　— 0

　100 —

三國
晉　　200 —

　300 —

南北朝　400 —

　500 —

隋朝　600 —
唐朝

　700 —

　800 —

五代十國　900 —

宋
　1000 —

　1100 —

　1200 —

元朝
明朝　1300 —

　1400 —

　1500 —

清朝　1600 —

　1700 —

　1800 —

　1900 —
中華民國

　2000 —

1871年10月的一天，他正坐在叢林中的一塊空地上休息，看見一個30歲左右的男人迎面朝他走來，伸手道：「您就是利文斯頓先生吧？」利文斯頓點點頭。那人道：「我是記者史坦利，全國人民叫我來找您呢。我還給您帶了不少補給品。我們一起回去吧。」利文斯頓道：「急什麼？你來得正好，陪我一起再考察考察吧。」史坦利也是個探險熱愛者，就陪著利文斯頓一起花了4個月的時間探察了坦干依喀湖。考察完坦干依喀湖，史坦利道：「先生，現在該走了吧。」利文斯頓笑道：「你自己回去吧，我還要在非洲多考察一下呢。」他拒絕了史坦利的再三勸告，繼續留在東非，拖著病軀，考察了班韋烏盧湖和賈丹佳等地，並於1873年5月病故在考察途中。利文斯頓可稱得上把一切都獻給了非洲探險事業。

再說找到利文斯頓的這位記者史坦利（1841—1904年），他從小命運坎坷。他出生英國，是個遭父親拋棄的私生子，6歲進了孤兒院，飽受虐待。後來，他當了水手，被一個美國商人收養。南北戰爭中他先參加南方叛軍，被俘後又轉投北軍。1865年，他開始當記者，多次出入荒原之地和戰場第一線，漸漸小有名氣。在坦尚尼亞見到利文斯頓之後，史坦利「狐假虎威」，拚命宣揚自己救援利文斯頓的傳奇經歷，頓時成為紅極一時的探險英雄。他以利文斯頓的繼承者自居，開始熱衷於非洲探險。1874年，他帶著一隊人馬從東非出發，在中部非洲探險將近3年，從剛果河的源頭一直走到大西洋的出海口。途中，他拜訪了布干達國王，說服國王同意基督教教士在這裡傳教。沿途遇上當地人反抗，史坦利毫不客氣地開槍，進行了一番血洗劫掠。1879年，史坦利又受雇於比利時國王利奧波德，率領一支人馬在剛果地區行進了2000多英里，和當地酋長簽訂了幾百個條約，建立了幾十個據點，使得剛果成為利奧波德的私人領土。1887年，他受英國政府委託，再次率軍進入蘇丹，救援被蘇丹馬赫迪起義所圍困的省長。在途中，他又威逼利誘當地酋長們簽下了一

大批協議。史坦利的這幾次「探險」，基本是對非洲赤裸裸的殖民侵略了。

傳教士的活動

早在15世紀末，葡萄牙就開始派遣傳教士到非洲國家，企圖說服黑人國王們信奉基督教。但黑人們發現這幫傢伙嘴裡說得聖潔偉岸，其實卻想控制他們的國家。一來二去，非洲國王和酋長看穿了葡萄牙人的本質，不少傳教士被驅逐出境，甚至直接被抓起來殺了。到了18世紀末，又一批傳教士往非洲趕去，這其中更多是出於自己對信仰的狂熱，希望能把「福音」傳送到「蠻荒之地」。這批人稱為「福音傳教士」。他們之中的很多人目睹了非洲販奴的罪惡，呼籲反對黑奴貿易，得到了非洲人的原諒。但整體而言，有正義感的傳教士是少數人，他們的呼聲很小。隨著時間慢慢流逝，傳教士反而變成了入侵非洲的先鋒。

奎寧打開非洲之門

過去數百年，歐洲人較少深入非洲內陸，可怕的熱帶病是其中的原因之一。據說歐洲人進入非洲後，熱帶病的致死率高達50%。但在1845年，奎寧開始被使用，它對於治療熱帶病很有療效，使得進入非洲的歐洲人死亡率大大下降，從而為殖民者進軍非洲掃清了一道嚴峻障礙。

BC
美尼斯統一古埃及

— 0
阿克蘇姆王國建立

— 100

— 200

— 300

— 400
汪達爾王國建立

— 500

— 600

— 700
阿拉伯人佔領北非

— 800
桑海王國建立

— 900

— 1000
穆拉比特王國建立

— 1100

— 1200
古馬利王國建立

— 1300

— 1400
迪亞士發現好望角

— 1500
第一船黑奴運到美洲

— 1600

— 1700

拿破崙的埃及戰役
— 1800

蘇伊士運河開通
— 1900
第一次世界大戰

— 2000

上古時期　BC

漢

　　　— 0

　　100 —

三國　　200 —
晉
　　　300 —

南北朝　400 —

　　　500 —

隋朝　600 —
唐朝
　　　700 —

　　　800 —

五代十國　900 —
宋
　　1000 —

　　1100 —

　　1200 —

元朝　1300 —

明朝
　　1400 —

　　1500 —

清朝　1600 —

　　1700 —

　　1800 —

中華民國　1900 —

　　2000 —

阿里！徒勞的自強

　　到18世紀末的時候，非洲的版圖大致是這樣的：撒哈拉沙漠北邊是一些白人（柏柏人和阿拉伯人）國家，包括獨立的摩洛哥，以及名義上是鄂圖曼土耳其帝國屬地的阿爾及利亞、突尼西亞、利比亞和埃及。實際上，隨著鄂圖曼帝國的衰敗，這些國家和地區基本上都已半獨立了。撒哈拉南邊的西非內陸地區是一些黑人國家。再往南的中非和東非的內陸，是另一些黑人部族、酋邦和王國。而西非、東非的海岸線則已遍佈歐洲人的定居點和要塞。南部非洲更是已經有成千上萬的布林人反客為主。

　　接下來的一百年裡面，歐洲列強的行動基本上是這樣的：將北非諸國從鄂圖曼土耳其手中搶過來。反正強悍了幾百年的鄂圖曼，現在已是日薄西山了。至於西非、中非、東非那些獨立國家，更好辦，派人去和他們簽協議，要他們接受「保護」。不簽就打，打到你願意接受保護為止。

　　面對這種囂張霸氣的手段，非洲國家當然不肯束手待斃。他們進行了力所能及的反抗。反抗戰績比較引人注目的，是埃及的控制者——穆罕默德·阿里（1769—1849年）。有趣的是，這位阿里也不是非洲本地人，而是東歐阿爾巴尼亞人。

　　事情還要從1789年的法國大革命開始說起，法國資產階級勢力經過與路易十六的4年抗爭，1793年，國王路易十六被砍了頭。英國見此，帶領全歐洲的國家圍剿法國。這件事本來和非洲、土耳其都沒什麼關係，

結果城門失火，殃及池魚。法國軍隊為了切斷英國和印度的聯繫，從地中海打到埃及來了。帶頭的將軍不是別人，正是軍神拿破崙。埃及當時名義上是土耳其帝國的省份，其實大權旁落到了馬木路克軍團手中。馬木路克兵信心滿滿地衝了上去，想教訓下這些遠道而來的法國人，結果在金字塔戰役中被拿破崙的大炮轟得大敗而逃。要不是納爾遜的英國艦隊把法國護航艦隊消滅，斷了拿破崙的後路，只怕埃及這塊地又要易主了。那時候，鄂圖曼帝國派兵前往埃及增援，穆罕默德・阿里也在其中。後來，拿破崙和法國人退走了，阿里卻留在埃及，還被提升為直屬部隊的長官。

那時候，控制埃及的馬木路克將軍們把幾百年前的劣習再次上演了一遍，仗著手中的馬刀割據一方，掠奪民財，甚至屠戮百姓，欺負鄂圖曼派來的總督。而總督呢，只關心上繳給鄂圖曼的稅款夠不夠，推行包稅人制度，任憑包稅人對百姓橫徵暴斂，酷刑威逼。昔日肥得流油的埃及，居然被搞得民不聊生，人口減半，田地荒蕪。阿里目睹此情此景，不禁起了雄心。他趁機安撫百姓，收買人心，很多老百姓和宗教領袖都把他看作自己人。

終於，埃及人民忍無可忍，發動了武裝起義。馬木路克士兵們抄起彎刀就要衝出來鎮壓。這時候，阿里的軍團卻從背後掩殺上來，跟起義軍一起，打得馬木路克兵抱頭鼠竄。1805年，在群眾的擁護下，阿里被推舉為埃及省的總督，鄂圖曼土耳其帝國也只得認可。阿里除了每年要上貢3%的收入給鄂圖曼外一切自主。他建立的政權，史稱阿里王朝。

英國見阿里造反成功，覺得此人不像是個好欺負的主，最好趁早推翻。1807年，英軍勾結馬木路克軍隊殺奔開羅而來。埃及軍民奮起反抗，富人出錢，窮人出力，在開羅城外修起一道堅固防線，讓英軍和馬木路克聯軍碰得頭破血流。接著，阿里親率大軍出擊，打得英軍狼狽逃走。此後，阿里又是設鴻門宴，又是大軍圍剿，把馬木路克軍團全部殲

BC
美尼斯統一古埃及
— 0
阿克蘇姆王國建立
— 100
— 200
— 300
— 400
汪達爾王國建立
— 500
— 600
— 700
阿拉伯人佔領北非
— 800
桑海王國建立
— 900
— 1000
穆拉比特王國建立
— 1100
— 1200
古馬利王國建立
— 1300
— 1400
迪亞士發現好望角
— 1500
第一船黑奴運到美洲
— 1600
— 1700
拿破崙的埃及戰役
— 1800
蘇伊士運河開通
— 1900
第一次世界大戰
— 2000

上古時期　BC

漢

— 0

100 —

三國
晉　　200 —

300 —

南北朝　400 —

500 —

隋朝　600 —
唐朝

700 —

800 —

五代十國　900 —
宋

1000 —

1100 —

1200 —

元朝
1300 —
明朝

1400 —

1500 —

清朝　1600 —

1700 —

1800 —

1900 —
中華民國

2000 —

滅，漏網之魚都跑到蘇丹去了。從薩拉丁時代起就在埃及橫行了幾百年的馬木路克軍，至此退出歷史舞台。

此後，阿里在埃及大搞改革。他學習歐洲強國，建立中央集權的政府機關，消除地方割據，改革稅收和土地制度，並且由政府參與貿易，控制農業和手工業。他優先發展經濟作物，種出來的良種棉花行銷歐洲，賺取了大量外匯。他大興水利建設，挖了幾十條水渠，修築了幾十座堤壩。他不惜重金從歐洲購買機器、聘請工程師，開辦埃及自己的工廠。他在清真寺之外興辦了幾十所世俗的中小學，還派遣幾百個留學生去歐洲。阿里對拿破崙軍隊當年的威風記憶猶新，決定建立一支拿破崙樣式的新軍。為此，他修建了自己的兵工廠、造船廠，又開辦軍校培養軍官，組成一支裝備精良的大軍。短短十多年，埃及居然成為一個有模有樣的近代化國家。當時人們說，在垃圾堆一般的鄂圖曼帝國屬地裡面，只有埃及讓人眼前一亮。

力量夠大了，阿里開始對外界彰顯自己的存在。1820年，他出兵南下佔領了蘇丹。1824年，希臘人反抗鄂圖曼帝國統治，鄂圖曼蘇丹趕緊派兵鎮壓，並對阿里說：「老弟，你也出點兵幫忙吧，我把敘利亞給你！」阿里大喜，大手一揮，出動51艘戰艦、1.8萬士兵的龐大兵力前往助戰。倒楣的是，希臘起義得到了歐洲強國的支持，埃及艦隊被英、法、俄三國海軍圍著痛扁，幾乎全軍覆沒。回頭，阿里找鄂圖曼要敘利亞，鄂圖曼蘇丹說：「我們不是沒打贏嗎，希臘都獨立了，你憑什麼要敘利亞？」阿里勃然大怒：「我為了你這昏君把艦隊都賠上了，你和我說這話？」乾脆出兵和宗主國鄂圖曼土耳其大打出手，打得土耳其節節敗退。到1833年，阿里從土耳其手中奪得巴勒斯坦、黎巴嫩、敘利亞，甚至佔領了土耳其小亞細亞部分地方。埃及再次成為地跨亞、非兩大洲的強國，阿里威震地中海。

然而不得不說，阿里有雄才、有大略，也有執行力，唯獨對國際戰

略的判斷稍微跟不上時代。在歐洲人強勢崛起的年代，他拚命地玩窮兵黷武，四處出兵，實在不是穩妥的法子。常年戰爭把國庫的錢都消耗殆盡，擁有四、五百萬人的埃及要維持一支20多萬人的常備軍，老百姓負擔相當重，他們心中的阿里也從最初的救星變成了暴君。加上封建官僚的腐敗、歐洲商人的坑蒙拐騙，阿里在近代化國家的建設過程中走了不少彎路，很多錢都進了貪官和奸商的荷包，卻換來一堆廢銅爛鐵。最關鍵的是，歐洲列強正打算把非洲當作一整塊肥肉吃下去，他們怎麼可能容許非洲新崛起一個強國，在這裡上躥下跳！

　　1839年，埃及和土耳其再度開戰，埃及直逼伊斯坦堡，眼看要把昔日的西亞頭號霸王打得亡國。這時候，過去圍著鄂圖曼毆打了幾十年的英國、俄國、奧地利和普魯士卻都跳出來支援土耳其，圍攻埃及。阿里的力量就算再大十倍，也無法同時跟這麼多強國對戰。他的遠征軍被截斷了退路，埃及本土也遭到威脅。沒辦法，阿里只得求和，在1840年簽署了《英埃協定》：承認土耳其對埃及有宗主權；削減軍隊；關閉造船廠；放棄亞洲的領土。更嚴重的是，協議還規定外國商品進入埃及只交須繳5%的關稅，外國人有權在埃及從事貿易，禁止對任何物資實行專賣。這使得英國人的經濟、政治力量可以很方便地入侵埃及。一代雄主阿里受此打擊，抑鬱成病，於1849年去世。

　　阿里去世後，埃及後繼統治者更是沒法和英國人對抗。1851年，英國取得修建亞歷山大至開羅鐵路的特權。1869年，蘇伊士運河開通，從此船隻從地中海到印度洋再也不需要繞非洲好望角了。為了開通這條運河，12萬埃及民工付出了生命，1900萬英鎊的投資中埃及政府出資約1500萬，真是砸鍋賣鐵地幹這票買賣。好不容易熬到這條運河要開始營運了，埃及政府財政也支撐不下去了，英國卻趁火打劫，居然用區區400萬英鎊就買走了埃及的股份，控制了這條至關重要的運河。1876年，埃及政府破產，英、法趁機對埃及財政實施「雙重監管」，埃及國家財政

BC
美尼斯統一古埃及

— 0
阿克蘇姆王國建立

— 100

— 200

— 300

— 400
汪達爾王國建立

— 500

— 600

— 700
阿拉伯人佔領北非

— 800
桑海王國建立

— 900

— 1000
穆拉比特王國建立

— 1100

— 1200
古馬利王國建立

— 1300

— 1400
迪亞士發現好望角

— 1500
第一船黑奴運到美洲

— 1600

— 1700

拿破崙的埃及戰役
— 1800
蘇伊士運河開通

— 1900
第一次世界大戰

— 2000

上古時期　　BC

漢

－0

100 —

三國
晉　　　　　200 —

300 —

南北朝　　　400 —

500 —

隋朝　　　　600 —
唐朝

700 —

800 —

五代十國　　900 —
宋

1000 —

1100 —

1200 —

元朝　　　　1300 —
明朝

1400 —

1500 —

清朝　　　　1600 —

1700 —

1800 —

1900 —
中華民國

2000 —

完全被英、法控制，大批歐洲人在埃及官居高位。

目睹外國人的步步逼近，埃及知識份子和愛國軍官們義憤填膺。他們建立了「祖國黨」，推舉農民的兒子阿拉比上校為領袖，提出埃及獨立，反對「歐洲內閣」的口號。英國見狀，嫌埃及國王伊斯梅爾一世（阿里的孫子）不夠聽話，鎮壓不夠堅決，直接出兵廢黜了國王，扶持王子陶菲克繼位。這位王子沒有一點他的曾祖父阿里的雄心，乖乖地給英國人當傀儡，鎮壓「祖國黨」，解散議會，完全是一副奴才嘴臉。

埃及軍民也不客氣，1881年，阿拉比率領陸軍起義，陶菲克也是個欺軟怕硬的人，看老百姓這麼強橫，自己又怕了，趕緊召開國會，通過憲法，取消「雙重監督」制度。可這樣又把英國人得罪了。英國人看這個奴才不管用，遂親自上場。1882年，數萬英軍在海軍艦隊配合下進攻埃及。阿拉比率埃及軍民奮起抵抗，終因實力懸殊，加上內部出了叛徒，血戰後埃及全境淪陷，阿拉比被俘流放。至此，埃及完全淪為英國的殖民地，雖然名義上還是由「總督」統治。

在非洲各國中，埃及不僅歷史最悠久，也是實力最強大的國家。連埃及都落入英國魔掌，其餘的國家就更無法抵抗即將到來的侵略與掠奪了。

蘇丹馬赫迪王國

埃及阿里王朝多次入侵南面的蘇丹，最終將其佔領。隨之而來的是埃及和歐洲人對蘇丹人的屠殺和掠奪。忍無可忍的蘇丹穆罕默德・艾哈邁德在1881年發動起義，宣布自己就是馬赫迪（救世主），起義軍達到15萬人。此時，埃及已經淪為英國的附庸，英國支持埃及出兵鎮壓，多次被馬赫迪打敗。1883年，馬赫迪全殲前來討伐的英國、埃及聯軍1.2萬人。1884年，馬赫迪攻佔蘇丹首都喀土木，擊斃蘇丹總督戈登（即鎮壓太平天國的「洋槍隊」的首領）。此後，馬赫迪在蘇丹建立了一個中央集權的國

家。然而馬赫迪1885年去世後，這個國家開始走下坡。內部階級分化，外部與信奉基督教的衣索比亞常年大戰。英國、埃及趁機出兵，經過3年血戰，蘇丹馬赫迪王國於1899年滅亡了。此後蘇丹在「英埃共管」的名義下成為英國殖民地。

BC
美尼斯統一古埃及

— 0
阿克蘇姆王國建立

— 100

— 200

— 300

— 400
汪達爾王國建立

— 500

— 600

— 700
阿拉伯人佔領北非

— 800 桑海王國建立

— 900

— 1000
穆拉比特王國建立

— 1100

— 1200
古馬利王國建立

— 1300

— 1400
迪亞士發現好望角

— 1500
第一船黑奴運到美洲

— 1600

— 1700

拿破崙的埃及戰役
— 1800

蘇伊士運河開通

— 1900
第一次世界大戰

— 2000

上古時期　　BC

漢

三國
晉

南北朝

隋朝
唐朝

五代十國
宋

元朝
明朝

清朝

中華民國

—0

100 —

200 —

300 —

400 —

500 —

600 —

700 —

800 —

900 —

1000 —

1100 —

1200 —

1300 —

1400 —

1500 —

1600 —

1700 —

1800 —

1900 —

2000 —

入侵者！英吉利和法蘭西

　　歐洲列強往非洲內陸伸手，最初是想「不戰而屈人之兵」，方法是威逼利誘、連哄帶騙，讓非洲的國王和酋長們和他們簽署「保護條約」。可憐的酋長們原本以為，這是歐洲大國支援他們對抗鄰國，以及對抗歐洲其他大國的入侵。可是等條約簽下來，才發現解釋權都在洋鬼子手裡。對於那些發現上當後不肯乖乖就範的，或者警惕心強從一開始就不肯簽約的國王，歐洲「紳士們」不會客氣，直接揍！

　　大英帝國在18世紀已然成為「日不落帝國」，爭奪非洲豈能落於人後！19世紀初，英國開始在西非黃金海岸（今迦納）下手。那時候，黃金海岸的土著強國是阿散蒂王國，對英國人很不感冒。而英國主要精力在對付拿破崙，他們對非洲主要採用「以非制非」策略，煽動當地的方蒂、瓦梭等部族國家對抗阿散蒂王國，以便坐收漁利。結果這些部族國家都擋不住阿散蒂王國，英國人派出的少數軍隊也被打得潰不成軍。

　　等到英國人打敗了拿破崙，才騰出手來收拾阿散蒂。阿散蒂王國毫不屈服，繼續針鋒相對。雙方的戰爭依然打得很激烈，阿散蒂軍隊多次重創英軍及其非洲附庸軍，但兩國的實力相差太大，戰局對阿散蒂王國越來越不利。19世紀70年代，阿散蒂人的首都被攻佔，被迫割地賠款，撤離沿海，而且同意英國在其國內自由貿易。黃金海岸的沿海地區成為英國殖民地。

　　阿散蒂王國乖乖地給英國當半殖民地還不夠，1895年，英國人發現法國和德國在西非活動頻繁，為了顯示自己的存在感，英國又把早已

屈服的阿散蒂王國拎出來當靶子，出動數千英軍直撲阿散蒂王國，佔領其首都和大半領土，還通緝阿散蒂國王及其王室成員。這下可把阿散蒂人惹火了。忍無可忍，則無須再忍！1900年，阿散蒂人發動全國起義。他們避開英軍的優勢武力，先用游擊戰和伏擊戰殺傷小股英軍，隨後調集大批軍民，修築柵欄，封鎖道路，把幾百個英軍團團圍困在庫馬西城的堡壘中。英軍被圍幾個月，把樹葉、草根、老鼠都吃得一乾二淨。然而，日不落帝國就是日不落帝國，英國從獅子山和奈及利亞調來援軍，終於把阿散蒂人的起義鎮壓下去。阿散蒂王國從此徹底成為英國殖民地，國王、王室和大臣都被流放。

　　法國人對非洲的入侵更加生猛。早在18世紀，北非的阿爾及利亞（名義上是鄂圖曼屬地，實際是獨立國家）就向法國出口大量糧食、油料，還曾讓拿破崙的軍隊賒帳供應過軍糧。等到拿破崙倒台，波旁王朝復辟，卻拒絕償還糧債：「拿破崙欠你的錢，你找拿破崙要去。」阿爾及利亞總督達伊非常氣憤，這些糧食還不是吃進你們法國人的肚子嗎！

　　而且法國人還不顧阿爾及利亞的一再要求，在港口非法修建堡壘工事。

　　1827年的一次招待會上，兩國又為這事吵了起來。達伊一時氣憤，用扇子打了法國領事的臉。法國波旁王朝早已處心積慮想要入侵阿爾及利亞，一則想要侵佔土地、獲得資源；二來也可以轉移國內群眾的不滿情緒，拯救搖搖欲墜的王朝。現在這個打臉事件，就成了法國入侵阿爾及利亞的最好藉口。於是，法軍在1830年殺奔阿爾及利亞。7月5日，首都阿爾及爾被攻陷，達伊投降。法國人燒殺搶掠，無惡不作。諷刺的是，就在20天後，巴黎人民爆發七月革命，推翻了波旁王朝。

　　面對法軍入侵，阿爾及利亞人民在隱士阿卜杜·卡迪爾領導下進行了長期的抵抗。法國後繼的七月王朝源源不斷調兵登陸，對當地人進行了慘無人道的屠殺。僅1832年4月6日，便屠殺了1.2萬名部落居民，據法

BC
美尼斯統一古埃及

— 0
阿克蘇姆王國建立

— 100

— 200

— 300

— 400
汪達爾王國建立

— 500

— 600

— 700
阿拉伯人佔領北非

— 800
桑海王國建立

— 900

— 1000
穆拉比特王國建立

— 1100

— 1200
古馬利王國建立

— 1300

— 1400
迪亞士發現好望角

— 1500
第一船黑奴運到美洲

— 1600

— 1700

拿破崙的埃及戰役
— 1800
蘇伊士運河開通

— 1900
第一次世界大戰

— 2000

上古時期　BC

漢

　— 0

100 —

三國　200 —
晉
300 —

南北朝　400 —

500 —

隋朝　600 —
唐朝
700 —

800 —

五代十國　900 —
宋
1000 —

1100 —

1200 —

元朝　1300 —

明朝
1400 —

1500 —

清朝　1600 —

1700 —

1800 —

1900 —
中華民國
2000 —

軍自己記載：「在這次可恥的出征歸來時，騎士們把人頭掛在長槍的一端，有些女人的鐲子還戴在被砍下來的手腕上，耳環還掛在一塊塊的肉上。」到40年代，法軍總兵力達10萬多人，法國侵略軍以損失了數萬之眾為代價，才把卡迪爾逮捕流放。此後，阿爾及利亞人又繼續抵抗了30年，法蘭西七月王朝、第二共和國、第二帝國和第三共和國都經歷過這些柏柏人和阿拉伯人的反抗。直到70年代末，阿爾及利亞人的反抗才漸漸平息。於是，法國人蜂擁而入。

　　在非洲，不僅是白人欺壓黑人，而且白人也欺壓白人。在那裡大家同是白人，歐洲人照樣欺負柏柏人和阿拉伯人。法國佔領軍把本地人的土地和牧場全部沒收，然後分配給來自歐洲的白人。到19世紀末，阿爾及利亞的歐洲人達到百萬，佔據了絕大部分可耕種的土地成為地主，而幾百萬當地人只能淪為他們的佃農。嚴格說來，阿爾及利亞的本地白人比南非的科伊桑人的社會發展程度要高得多，可是在歐洲殖民者眼中，他們也是絲毫不需要被尊重的下等人。

　　法國還在西非的塞內加爾擴張勢力。法國人早在17世紀就在這塊土地上建立了貿易點，此後又把塞內加爾當成進一步入侵非洲的橋頭堡。在60年代，法國政府將塞內加爾完全變成了殖民地，又招募一支由塞內加爾本地人組成的軍隊，對他們進行了嚴格的訓練並提供先進的歐洲武器。在以後，這支黑人軍隊成為法國征服非洲的主力。正因為如此，塞內加爾被稱為「非洲的法國」。依靠這支黑人軍隊，法軍在西非佔領了大片領土，征服多個小王國。

剛果！國王的野心

19世紀70年代，英、法兩大強國在西非、北非大片圈地，他們的行徑可把有些人給急壞了，這人就是比利時國王利奧波德二世（1835—1909年）。比利時在歐洲不過是個彈丸小國，建國也才幾十年，可是利奧波德二世野心勃勃，也想辦法要從這塊肥肉上割一塊下來。現在非洲沿海地區早就被各大強國佔據一空了，老大們正從沿海一步一步地往內陸進攻。我們比利時，要是跟在他們後面，只怕連口殘湯剩水都喝不著。利奧波德決定，直接來個中心開花，從非洲中部剜一大塊肉下來！

但以比利時的國力，要是敢公然去非洲搶地盤，別說歐洲列強不會容忍，就連本國的議會和老百姓只怕也會覺得國王陛下瘋了。為了這個，利奧波德僱用了一批專家，努力欺瞞老百姓，說只要「進入」非洲，就能獲得大量的商機和原物料，金票大大的有啊！同時，他打著「科學考察」的旗號，在1876年成立了「國際非洲協會」，自任會長，研究向非洲「考察」、殖民的事。他還自掏荷包，從他父親留給他的遺產中，拿出一大筆捐給這個協會。1877年，他又成立了「國際剛果協會」，利奧波德的親信擔任會長，利奧波德提供部分經費。

當時，英裔美籍記者史坦利是非洲探險的明星人物。他正在中非內陸探險，消息不斷傳到歐洲。利奧波德二世覺得史坦利是征服非洲的頭號猛將，這個人才必須掌握！於是，等史坦利剛結束探險剛回到歐洲，利奧波德立刻派人迎接他，並與之商量：「史坦利啊，你別獨自冒險了，跟我們陛下合作吧。」經過一番討價還價，史坦利簽了五年賣身協

BC
美尼斯統一古埃及

— 0
阿克蘇姆王國建立

— 100

— 200

— 300

— 400
汪達爾王國建立

— 500

— 600

— 700
阿拉伯人佔領北非

— 800
桑海王國建立

— 900

— 1000
穆拉比特王國建立

— 1100

— 1200
古馬利王國建立

— 1300

— 1400
迪亞士發現好望角
— 1500
第一船黑奴運到美洲

— 1600

— 1700

拿破崙的埃及戰役
— 1800

蘇伊士運河開通
— 1900
第一次世界大戰

— 2000

上古時期　BC

漢

— 0

100 —

三國
晉　　200 —

300 —

南北朝　400 —

500 —

隋朝
唐朝　600 —

700 —

800 —

五代十國　900 —

宋　　1000 —

1100 —

1200 —

元朝　1300 —

明朝　1400 —

1500 —

1600 —

清朝　1700 —

1800 —

1900 —

中華民國
2000 —

議。1879年，史坦利率領一支探險隊從剛果河入海口出發，逆流而上，對剛果盆地進行了5年的考察。他所到之處，採取威逼利誘的手段，騙得部落酋長和國王與他簽訂了幾百個協議，建立了幾十個商貿據點。根據這些「保護」條約，剛果地區的大片領土被「轉讓」給了「國際剛果協會」。非洲內陸最富饒的土地進了利奧波德的口袋。

利奧波德看到這些成果，臉都笑爛了。正在得意時，卻不料歐洲列強紛紛撲了上來，法國佔了剛果北面，英國和葡萄牙勾結搶奪剛果河口，都要跟利奧波德搶肉吃。利奧波德嚇壞了：「你們這些強國太不講理，怎麼能這樣欺負我們弱國呢？我們從非洲土著那裡占點便宜容易嗎，你們還要搶！」他派人到各國活動，又哭又鬧，力圖保住自己在剛果的利益。

由於利奧波德的上躥下跳，促使歐洲列強覺察到，搶奪非洲已經成了嚴重國際問題，弄不好的話，自己人打起來就不好了。為了更好地分贓，德國首相俾斯麥在1884年召開了柏林會議。利奧波德積極奔走，合縱連橫，見人說人話，見鬼說鬼話。他對美國人說：「我要在中非建立一個自由文明受保護的黑人國家，這就和你們美國黑人建立的賴比瑞亞一樣，是人道主義的典範啊。」他對德國人說：「老大，剛果這塊地方讓法國拿去，德、法世仇，對你們沒有好處。只要您支持我，以後讓你們在剛果自由貿易！」他又討好法國說：「我們倆是好朋友。我是絕不會讓出剛果地盤的，但如果全世界都逼我讓出，那我寧可讓給你們法國。」最後，他公然威脅說：「諸位老大，讓我佔了剛果，對大家都有好處。要是你們一定逼我吐出來，好，我就完全吐出來，讓你們英、法、德大家去搶，誰拳頭大誰說了算！你們仔細想想，誰又真的覺得自己一定能占到便宜？」

當時，歐洲列強正在逐漸進入帝國主義，彼此爭奪非常激烈，利奧波德這麼一說，幾大強國也覺得剛果與其讓敵對國家佔領，或者大家為

此再直接戰一場，還真不如給了利奧波德呢。最後，各大強國承認剛果是「國際剛果協會」建立的國家。剛果河以西、以北歸法國（今剛果共和國，簡稱剛果，曾簡稱剛果[布]），河口南岸地區歸葡萄牙（即今安哥拉），其他地方是利奧波德二世擔任元首的「剛果自由邦」（即今剛果民主共和國，簡稱剛果[金]，曾簡稱薩伊）。各國在剛果河地區自由貿易、自由通航。

1885年，比利時國會授予利奧波德二世「剛果自由邦國王」的稱號。此後，利奧波德二世繼續擴張，他打著「反對奴隸制」的旗號，攻擊阿拉伯奴隸販子，搶奪他們的地盤；他幫助英國鎮壓蘇丹馬赫迪起義，從而獲得大片土地作為酬勞；他還想趁機佔領蘇丹南部地區。需要強調的是，這時候的「剛果自由邦」並不是比利時的殖民地，而是利奧波德二世的私人財產——協會是以他的私人名義建立的，經費也是他私人掏的荷包，比利時國家政府對這塊比自己國家領土大70倍的中非地盤，既不享受權利，也不承擔義務。利奧波德二世在比利時必須服從議會和憲法的規定，權力其實有限。但在剛果，他就是上帝，他就是主宰，他可以為所欲為，對黑人生殺予奪。對一個君主來說，這簡直樂翻天了。

利奧波德二世在「剛果自由邦」大搞獨裁。他規定，所有大臣都由他任命，對他負責。他宣布，剛果的資源都歸他一人所有，所有「無主土地」（就是除了黑人正在耕種的土地，其餘的森林、牧場、狩獵、休耕的土地等）都歸國家所有，然後「國家」再把土地賣給特許公司。為了鎮壓反抗，利奧波德從當地人中招募了一支軍隊。他對當地人進行殘酷地壓榨，逼迫他們繳納苛捐雜稅，若是稍有怠慢，就會遭到酷刑和殘殺。他的士兵肆意屠害民眾，甚至直接洗劫村鎮。為了修鐵路，原住民被抓去做苦力，成批死於疾病、饑餓、勞累和毒打之下。

利奧波德二世統治剛果不過20年，當地人口就減少了一半。所謂

BC
美尼斯統一古埃及

─0
阿克蘇姆王國建立

─100

─200

─300

─400
汪達爾王國建立

─500

─600

─700
阿拉伯人佔領北非

─800 桑海王國建立

─900

─1000
穆拉比特王國建立

─1100

─1200
古馬利王國建立

─1300

─1400
迪亞士發現好望角
─1500
第一船黑奴運到美洲

─1600

─1700
拿破崙的埃及戰役
─1800
蘇伊士運河開通
─1900
第一次世界大戰

─2000

上古時期　BC

漢

　　— 0

100 —

三國
晉　　200 —

300 —

南北朝　400 —

500 —

隋朝　600 —
唐朝

700 —

800 —

五代十國　900 —

宋

1000 —

1100 —

1200 —

元朝　1300 —

明朝

1400 —

1500 —

清朝　1600 —

1700 —

1800 —

1900 —

中華民國

2000 —

「剛果自由邦」實際是國王及其幫兇的自由，對剛果人來說卻是生不如死的地獄。就這樣，這位國王陛下還很得意，覺得自己是人生贏家。他在比利時首都布魯塞爾郊外修建了一座「非洲宮」，誇耀自己的「豐功偉績」。

利奧波德二世在剛果幹的勾當天怒人怨，陸續被媒體報導後，連歐洲列強都看不下去了。尤其是那時候以世界老大自居的英國，當即向比利時發出照會：「你家國王在剛果做的那些事情，吃相太難看了，簡直丟我們白人的臉！」於是大家一起怒吼：「利奧波德，快下台！」利奧波德呢，他一面哭哭啼啼訴苦「剛果是我一個人辛辛苦苦把棺材本都賠出去才建設好的，你們不能這樣欺負人」，一面抓緊時間，在下台前把剛果的大批土地租讓給歐洲的公司，能撈多少算多少。1908年，比利時政府接管了被糟蹋得慘不忍睹的剛果，剛果轉為比利時殖民地。次年，利奧波德二世一命歸西。這位國王對剛果的殘酷壓榨，是19世紀末歐洲列強掠奪非洲的縮影。

賴比瑞亞和獅子山

18世紀末廢奴運動興起後，一些白人覺得，解放美洲黑奴的最好辦法，是把他們送回非洲故鄉去。1787年英國釋放了400名黑奴，劃出獅子山作為他們的定居地。此後，加拿大、荷蘭、法國等地的自由黑人也紛紛前來。1808年，英國將該地區作為殖民地接手過來。此後，英國海軍將截獲走私黑奴船隻裡的黑奴也釋放到這裡，因此這裡的黑人比較英國化。稍後，美國的廢奴組織也把一些獲得自由的美國黑人送到西非，並用武力從當地酋長手中搶下土地，在1847年建立了賴比瑞亞。由於受到美國支持，該國在19世紀末的瓜分狂潮中保持了獨立。但實際上，賴比瑞亞是1%的美國黑人欺壓99%的本地黑人，算是美國的殖民地。

狂潮！帝國的宰割

　　1870年代時，歐洲人儘管已開始對非洲內陸入侵，但名義上還是承認當地君主們的統治。除了英國人和布林人在南非、法國人在阿爾及利亞之外，歐洲人只在沿海佔有狹長地帶和小塊領土。但在這之後，隨著歐洲各國競爭加劇，大家對非洲這塊肥肉不能再細嚼慢嚥了。連利奧波德二世這種小邦國王都想挖下一大塊剛果，其他強國還能客氣嗎？趕緊圈，圈下來就是自己的，晚了那就什麼都沒了！

　　於是，法國和英國在非洲西部展開爭奪。埃及阿里王朝已經成為英國的傀儡（之後，埃及在1914年正式成為英國的保護國），但法國卻有蘇伊士運河的股票，兩國也是爭個不休。英、法、義還在索馬利亞搶佔保護地。法國繼阿爾及利亞之後，又在北非上下其手，從鄂圖曼帝國手中搶佔了突尼西亞，並和英國、美國、法國、義大利搶奪摩洛哥。再加上英、法在馬達加斯加的爭奪，和英國、法國、葡萄牙、利奧波德二世的剛果之爭，整個非洲大陸已被佔領了25%。歐洲各國狼嚎犬吠、張牙舞爪。

　　目睹這種情況，一個大漢微笑著站了出來：「大家別急，我們開個會商量一下，和平解決嘛。」這個大漢就是德國的鐵血宰相俾斯麥。他主持這個會議有兩個目的：首先是利用非洲這塊地，挑動英國和法國繼續抗爭，從而分散世仇法國的精力，保證德國在歐洲大陸的優勢；同時，也要利用這個機會，為後起之秀的德國謀求「陽光下的地盤」。

　　1884—1885年會議在柏林召開，即著名的「柏林會議」。共有15個

BC
美尼斯統一古埃及

— 0
阿克蘇姆王國建立

— 100

— 200

— 300

— 400
汪達爾王國建立

— 500

— 600

— 700
阿拉伯人佔領北非

— 800
桑海王國建立

— 900

— 1000
穆拉比特王國建立

— 1100

— 1200
古馬利王國建立

— 1300

— 1400

迪亞士發現好望角
— 1500
第一船黑奴運到美洲

— 1600

— 1700

拿破崙的埃及戰役
— 1800

蘇伊士運河開通

— 1900
第一次世界大戰

— 2000

上古時期　BC

漢

― 0

100 ―

三國　200 ―
晉　300 ―

南北朝　400 ―

500 ―

隋朝　600 ―
唐朝

700 ―

800 ―

五代十國　900 ―

宋　1000 ―

1100 ―

1200 ―

元朝　1300 ―

明朝　1400 ―

1500 ―

1600 ―

清朝

1700 ―

1800 ―

1900 ―

中華民國

2000 ―

國家參加，包括歐洲六強英、法、德、奧、俄、義，美洲霸王美國，還有日薄西山的西班牙、葡萄牙、荷蘭、鄂圖曼土耳其，以及歐洲小國丹麥、瑞典、挪威、比利時。

經過幾個月的討價還價，最終簽訂了《總議定書》。大家把剛果河地區分給法國；葡萄牙和利奧波德二世，確認剛果地區自由貿易和通航。此外，還確認了進一步瓜分非洲的原則：一個歐洲國家要是新佔領非洲的土地，必須第一時間通知與會各國，這樣的佔領才有效。

會議結束之後，歐洲各國振奮精神，忘我地投入到對非洲其餘75%土地的爭奪中去。德國宰相俾斯麥等到條約一簽字馬上通知各國：東非地區被我們德意志佔領了！原來德國人已經騙當地的酋長們簽署了保護條約。英國人大為不滿，跳出來道：「東非明明是我先到的，你想獨吞啊？」兩家吵了一陣，最後簽約瓜分。德國佔了坦干伊加、盧安達和蒲隆地，英國占有肯亞、烏干達和尚吉巴，法國則佔了馬達加斯加。到1896年，東非地區被瓜分完畢。

葡萄牙先前已經「佔領」了東非地區的莫三比克和西非地區的安哥拉，現在得到承認，又用了20多年逐漸鎮壓當地人反抗後征服全境。

在非洲東北部，法國、英國和義大利先後在索馬利亞佔領了自己的殖民地。英、法兩國又為了爭奪蘇丹南部而劍拔弩張，差點擦槍走火。後來法國敵不過英國，只得承認英國佔有蘇丹南部和白尼羅河流域。作為回報，英國支持法國佔領了加彭、法屬剛果和烏班吉沙立作為「法屬赤道非洲」殖民地。在西非，法國利用塞內加爾黑人軍隊，短短幾年間佔領了達荷美（今貝南）、馬利、幾內亞、尼日、上伏塔、茅利塔尼亞全境，以及象牙海岸內地和查德的一部分。英國則佔領了甘比亞、奈及利亞內地和獅子山、迦納。德國佔領了多哥、喀麥隆，西班牙佔領了里奧德奧羅（今西撒哈拉南部）和赤道幾內亞。葡萄牙佔有葡屬幾內亞（今幾內亞比索）。此外，英國夥同布林人佔領了南非等地，德國人則

佔了納米比亞（西南非洲）。

北非的幾個國家也逃不掉。經過一番爭奪，摩洛哥成了法國的保護國。鄂圖曼土耳其名義上的幾塊屬地——埃及被英國拿去了，阿爾及利亞和突尼西亞先後被法國佔領了。到了1911年，因為被衣索比亞打敗而一肚子怨氣的義大利找上門來，發動義土戰爭打敗土耳其，把利比亞也給奪走了。

瓜分前的非洲有不少本土的王國，他們不甘心乖乖地接受他國的奴役，也進行了頑強的反抗。但是歐洲列強的軍隊在裝備和訓練方面的優勢與他們相比差距太大了，尤其在19世紀後期，軍事技術有了飛躍發展。過去，黑人在叢林裡用弓箭還能和滑膛槍打個游擊戰，可是遇上後膛來福槍和馬克沁機槍，那就完全是只有被屠殺的命運了。就如英國一首諷刺詩裡面寫的：「無論發生什麼事，我們有馬克沁機槍，而他們沒有。」

另一方面，非洲人並不團結。國家之間有衝突，一個國家內部的統治者和老百姓之間也有問題。有的統治者絲毫不懂唇亡齒寒的道理，為了眼前的蠅頭小利，主動引狼入室，勾結歐洲人攻打自己的鄰國，結果被一起滅了。甚至兩個同樣反抗入侵的王國，彼此之間也會征戰不休。這種四分五裂的狀態，使得他們被歐洲人各個擊破，最終都當了亡國奴。

至此，整個非洲大陸，除了賴比瑞亞和衣索比亞兩個國家外，其餘96%的領土，全部成了歐洲列強的殖民地或者保護地。這裡面，法國佔的面積最大（1039萬平方公里），人口第二多（3850萬）；英國佔的面積第二大（902萬平方公里），人口最多（5166萬），而且包括最富有的兩個國家——迦納和奈及利亞。其餘的德國、義大利、比利時、葡萄牙各國佔了200多萬平方公里，西班牙佔了33萬平方公里。

值得一提的是，歐洲列強把非洲分割成了幾十塊，但這幾十塊的劃

BC
美尼斯統一古埃及

— 0
阿克蘇姆王國建立

— 100

— 200

— 300

— 400
汪達爾王國建立

— 500

— 600

— 700
阿拉伯人佔領北非

— 800
桑海王國建立

— 900

— 1000
穆拉比特王國建立

— 1100

— 1200
古馬利王國建立

— 1300

— 1400

迪亞士發現好望角
— 1500
第一船黑奴運到美洲

— 1600

— 1700

拿破崙的埃及戰役
— 1800

蘇伊士運河開通
— 1900
第一次世界大戰

— 2000

上古時期　BC

漢

　　　0

100

三國
晉　　　200

300

南北朝　400

500

隋朝　　600
唐朝

700

800

五代十國　900
宋

1000

1100

1200
元朝

1300
明朝

1400

1500

清朝　1600

1700

1800

1900
中華民國

2000

分，很少考慮非洲原本的各王國、各部族本身的控制區域，而是按照各國入侵的勢力分界線，有時候甚至直接按經緯線劃分。於是，大家可以看到今天的非洲地圖上有很多橫平豎直的國境線。這造成殖民地區域內部族繁多，而原本的一些古老國家則被拆散了。比如剛果王國被拆成安哥拉（葡萄牙佔）、法屬剛果和剛果自由邦（比屬剛果），索馬利亞也被英、法、義三分。在英屬奈及利亞有250多個民族，比屬剛果領地內有3000多個酋長。還有很多人種、信仰都不同的部族國家被強行拼湊在一起。這些都給日後獨立後的非洲帶來了數不盡的煩惱。

征服非洲之戰

法國19世紀末入侵西非內陸時，土庫勒王國和曼丁卡王國都是當地強國，且他們彼此是爭奪西非霸權的對手，因而在法國的塞內加爾軍隊的逐一打擊下崩潰。在奈及利亞地區，非洲部族為一盤散沙，遭到英國的黑人僱傭兵進攻時潰不成軍。索科托帝國也是邦國林立，從而被英軍一一征服。豪薩的騎兵遭到了英軍來福槍和機關槍方陣的掃射屠殺。

在剛果東部，黑人因為頻繁遭到劫掠，對東邊沿海的阿拉伯人（斯瓦希里人）非常憎恨，比利時官員趁機招募他們當兵，將反抗利奧波德的阿拉伯人擊敗。葡萄牙征服安哥拉時，也利用當地民族衝突，招募非洲專事搶劫的部族，由葡萄牙的刑事罪犯擔任指揮官。葡萄牙人在莫三比克，德國人在西南非洲，都是利用了當地部族之間的衝突，拉攏一派打另一派，然後將兩派全部吃掉。唯一打得激烈的是在利比亞。義大利面對總數3萬的土耳其軍隊和本地部隊，先後出動了10萬大軍，打了整整一年，傷亡了近萬人。此戰中義大利使用了裝甲車和飛機投擲炸彈，開創了世界軍事史的記錄。

堅毅！衣索比亞

　　經過巧取豪奪，到20世紀初，非洲大陸上只剩下兩個國家還保持獨立：一個是靠美國罩著的賴比瑞亞，另一個則是世界上第一個基督教國家衣索比亞（阿比西尼亞）。衣索比亞何以能在帝國環繞下保持獨立呢？當然不是靠歷史悠久，靠的是自己一刀一槍打出來的。

　　衣索比亞長期諸侯割據，政變不斷，加之南方驍勇的奧莫洛人入侵，整個國家四分五裂，貴族殘酷壓榨百姓，苛捐雜稅繁多，民不聊生。這種好欺負的狀態，歐洲列強自然不會放過。英國人首先下手，取得了自由貿易的權利。這麼下去，衣索比亞很快就要和其他非洲國家一樣，淪為被獨佔或被瓜分的對象了。

　　所幸，這時衣索比亞出了一個偉人，叫作卡薩（1818—1868年）。他本是西部省份奎拉的貴族子弟，自幼喪父，青年時因叔父在諸侯混戰中兵敗，導致母子倆流離失所。卡薩無奈之下，率領數百貧民揭竿而起，嘯聚山林。附近貧民紛紛來投，他很快聚集了一支大軍，進而成為衣索比亞的一鎮諸侯。

　　因為常年和埃及軍隊打仗，卡薩積累了豐富的經驗，對國際形勢也有比較清楚的認知。他改革稅制，同時學習歐洲軍隊的訓練方法，購買槍炮，建立了一支精銳善戰的軍隊。依靠這支軍隊，卡薩南征北戰，征服了各地諸侯，推翻了名義上的岡達爾王朝。1855年，卡薩自稱皇帝特沃德羅斯二世，掃平四方，統一了衣索比亞。

　　之後，這位皇帝建立了中央集權制度，用朝廷任命的官員取代封建

BC
美尼斯統一古埃及

— 0
阿克蘇姆王國建立

— 100

— 200

— 300

— 400
汪達爾王國建立

— 500

— 600

— 700
阿拉伯人佔領北非

— 800
桑海王國建立

— 900

— 1000

穆拉比特王國建立
— 1100

— 1200
古馬利王國建立

— 1300

— 1400

迪亞士發現好望角
— 1500
第一船黑奴運到美洲

— 1600

— 1700

拿破崙的埃及戰役
— 1800

蘇伊士運河開通
— 1900
第一次世界大戰

— 2000

上古時期　BC

漢

— 0

100 —

三國
晉　200 —

300 —

南北朝　400 —

500 —

隋朝　600 —
唐朝

700 —

800 —

五代十國　900 —
宋
1000 —

1100 —

1200 —

元朝　1300 —
明朝
1400 —

1500 —

1600 —
清朝
1700 —

1800 —

1900 —
中華民國
2000 —

諸侯，把原本的封建軍隊改為由皇帝率領的國家軍隊。軍隊不是靠地方供養，而是從國庫領取薪水。同時聘請德國教官訓練軍隊，自己製造火槍和大炮。他還削弱封建貴族的勢力，限制教會的特權。一切目的，是想靠集中權力，打造一個強大獨立的衣索比亞。

　　歐洲列強紛紛派人來接觸，看這位皇帝到底有幾斤幾兩。特沃德羅斯二世看清他們的意圖。他對企圖前來傳教的法國領事說：「你們歐洲人的伎倆，我們清楚得很。無非先派傳教士來，跟著傳教士的就是領事，跟著領事的就是軍隊，我們不會上你們的當。你們乾脆直接派軍隊來吧。」他既然是這個態度，歐洲列強當然不爽。大家紛紛表示，相比這個不知趣的皇帝，還是群雄割據的衣索比亞更可愛些。於是列強暗中煽動諸侯對皇帝的不滿，並挑撥宗教教徒間的衝突。在1867年，藉著一次外交糾紛，英國派出3萬大軍（大部分是印度兵），殺奔衣索比亞而來。

　　而這時候，特沃德羅斯二世卻是眾叛親離。原因很簡單。他進行的那些改革，都是在動封建貴族和教會的乳酪。奪人錢財等於殺父奪妻，貴族和教會憑什麼還要幫他！加之特沃德羅斯二世在統一國家和鎮壓叛亂的過程中少不得殺人劫糧，這些仇恨短時間也無法化解。因此，等到英國人衝殺過來時，各地貴族紛紛當了帶路黨，特沃德羅斯只能糾集四、五千人進行抵抗。馬格達拉一戰，衣索比亞軍大敗，特沃德羅斯二世陷入窮途末路，只得向英國求和。英軍司令內皮爾宣稱，求和可以，你要向英國女王稱臣。特沃德羅斯二世回答：「我是一個軍人，不畏強權，絕不會投降。」他先釋放了被扣押的英國人質，又宣布解除士兵們對他的效忠。最後，這位皇帝在英軍的炮火下拔槍自盡。在他的遺書中寫道：「衣索比亞人民！當我這上帝的使者不能再鼓勵你們前進時，你們會在敵人面前屈膝嗎？」

　　特沃德羅斯二世下場挺淒慘，但他以死亡為代價，把衣索比亞往

統一民族國家的方向狠狠地推了一把。他英勇作戰，為國家和民族流盡最後一滴血，無愧為一位偉大的皇帝。儘管他在世時遭到貴族和教會的憎恨，但他的鮮血卻將激勵衣索比亞人民繼續抗爭，維護國家的獨立。

特沃德羅斯二世死後，衣索比亞諸侯們紛紛跳出來爭位，經過幾年混戰，約翰尼斯四世（1831—1889年）奪得皇位，但他的地位也不穩定。內部，約翰尼斯四世與他的親家孟尼利克爭權奪利；外部，英國挑唆衣索比亞與埃及阿里王朝和蘇丹馬赫迪王朝之間不斷交戰。還有新崛起的「最弱帝國主義」義大利，趁著英國被蘇丹馬赫迪起義牽制精力、法國在普法戰爭兵敗的傷口未愈的機會，也把爪子伸到衣索比亞。面對四面樹起的大敵，約翰尼斯大殺四方，1876年擊敗埃及人，1887年擊退義大利軍隊，1888年擊敗親家孟尼利克，1889年又擊敗了蘇丹馬赫迪軍。然而他自己也在這一次戰役中受了重傷，不治身亡。

接下來繼承皇位的便是約翰尼斯的親家兼死對頭孟尼利克（1844—1913），史稱孟尼利克二世。這位孟尼利克二世是個難得的人傑。他幼年曾被特沃德羅斯二世俘虜，在宮廷中長大，頗受特沃德羅斯二世薰陶，決心繼承其遺志，建立強大的民族國家。

在孟尼利克和先帝約翰尼斯爭奪權位時，義大利支持了他，因此，孟尼利克最初把義大利人看作盟友，簽署了《烏西阿利條約》，把北部之前被義大利佔領的沿海土地，劃歸為義大利的殖民地「厄利垂亞」，降低徵收義大利商品的過境關稅等等。然而在簽約過程中，義大利人玩弄了一些低級手段。比如，在衣索比亞語言的條約文本上，寫的是「衣索比亞外交可以透過義大利」，在義大利文本上卻是寫的「必須透過義大利」，如此等於把衣索比亞變成了義大利的「保護國」。再比如，義大利實際上佔領的厄利垂亞，比條約中規定的領土範圍要大了許多。最後，義大利還公然向國際社會宣布，衣索比亞就是我的「保護國」，它的外交我說了算！

BC
美尼斯統一古埃及
— 0
阿克蘇姆王國建立
— 100
— 200
— 300
— 400
汪達爾王國建立
— 500
— 600
— 700
阿拉伯人佔領北非
— 800
桑海王國建立
— 900
— 1000
穆拉比特王國建立
— 1100
— 1200
古馬利王國建立
— 1300
— 1400
迪亞士發現好望角
— 1500
第一船黑奴運到美洲
— 1600
— 1700
拿破崙的埃及戰役
— 1800
蘇伊士運河開通
— 1900
第一次世界大戰
— 2000

上古時期　BC

漢

— 0

100 —

三國
晉　　　 200 —

300 —

400 —
南北朝

500 —

隋朝　　 600 —
唐朝

700 —

800 —

五代十國　900 —
宋
1000 —

1100 —

1200 —

元朝　　1300 —
明朝
1400 —

1500 —

1600 —
清朝
1700 —

1800 —

1900 —
中華民國
2000 —

孟尼利克發現義大利人居然是這麼狡猾，氣得七竅生煙。他向歐洲各國寫信和派遣使者，重申：「衣索比亞是一個獨立國家，不是義大利的附庸。條約的義大利文版本，是義大利人語文水準太差，寫錯了。」他要求義大利把條文的錯誤改過來。義大利呢，自以為衣索比亞是已經被叼進嘴裡的肥肉，哪裡肯吐出來！孟尼利克就宣布，這個《烏西阿利條約》存在欺詐，我們不認，作廢！孟尼利克深知，這條約一作廢，義大利必然要大兵壓境。因此他在外交抗爭的同時，也積極備戰。首先是消弱國內封建割據勢力，免得打起來再像特沃德羅斯二世一樣處處都是帶路黨。為此，他用了兩種方式，對於不聽話的諸侯武力教訓；對於有誠意的則好意安撫。他更向諸侯、官兵和全國百姓曉之以民族大義，說明義大利人早晚要打過來，朕需要父老鄉親們支援，一起和義大利人拚了！衣索比亞人的民族激情，先前已經被特沃德羅斯二世薰陶了一次，如今被孟尼利克正式點燃了。各地諸侯紛紛表示效忠皇帝，保家衛國，至死不渝。包括先前和義大利人眉來眼去的也都改邪歸正。老百姓有錢出錢，有力出力，捐贈了200萬銀元的軍費。孟尼利克又利用出售象牙、金銀、麝香等，進口了10萬支新式步槍、大批子彈和幾十門新式火炮，建立了一支裝備水準接近歐洲國家武器水準的大軍。一切準備就緒，就等著義大利軍隊來見個高低了。

果然，義大利人聽說孟尼利克廢除條約，大怒：「有沒有搞錯，我們是帝國主義列強，你們是落後國家！落後國家敢撕毀帝國主義列強的條約，這還有沒有規矩啊！」1895年初，義大利出動2萬大軍進攻衣索比亞。義軍司令巴拉迪飛揚跋扈，認為孟尼利克只是個野蠻人，宣稱要將孟尼利克「裝在籠子裡運回羅馬」。義軍氣勢洶洶，多次擊敗衣索比亞諸侯軍，攻克了一些城市。面對強敵，孟尼利克發表《告人民詔書》，號召全國人民起來抗爭。12月，馬康南公爵在阿拉基首次擊敗義軍。

此後，孟尼利克率領的埃軍10餘萬主力部隊，與義大利軍主力部

隊在阿杜瓦地區對峙。孟尼利克深知義大利軍隊訓練好，且擁有炮火優勢，埃軍要是貿然進攻，傷亡太大。他想等義大利軍隊來進攻，然後迎頭痛擊。可是義大利司令巴拉迪也不是傻瓜，他見識了衣索比亞軍的厲害，決定也按兵不動，以逸待勞等埃軍來炮口前面送死。雙方就這麼待下去，士兵們每天吃喝拉撒，就是不打仗。孟尼利克10多萬大軍耗糧如流水，眼看後勤都要跟不上了。他急得派人佯攻義大利沿海港口，又派人散佈流言，說臨近聖母瑪利亞節，埃軍官兵都朝聖去了，營中空虛，千方百計想勾引義軍進攻。

2月29日，義軍依然沒有動靜。孟尼利克在營中鬱悶得緊，準備下令撤退了。忽然，一個兵跌跌撞撞衝到營帳裡高叫：「陛下，陛下……義大利人打過來了！」孟尼利克頓時激動得淚流滿面。原來，義大利人的補給也早就見底了，義大利總理又急需一場勝利給國內交代，三番五次逼著軍隊決戰。巴拉迪再也堅持不住，只得出戰。他指揮軍隊趁夜分路出擊，準備先搶佔制高點，再居高臨下痛打埃軍。正當義軍摸黑在山路上亂撞的時候，10萬衣索比亞軍隊如潮水般向他們撲來，將義軍分割包圍，火槍、長矛雨點般招呼過去。在這黑夜之中，先進武器和訓練都打了折扣，拚的就是人多和不怕死。經過慘烈的血戰，到3月1日午後，義大利軍全線崩潰，損失一萬多人，其中幾千人被俘，司令也一命歸西。這就是赫赫有名的阿杜瓦戰役。

阿杜瓦戰役衣索比亞軍大勝的消息傳來，全歐洲的眼鏡跌落了一地。義大利兵敗求和，被迫承認衣索比亞獨立，廢除《烏西阿利條約》，還賠款1000萬里拉。這下子，「帝國主義」的臉都給丟盡了，義大利總理和內閣集體辭職，老百姓遊行罵街。歐洲各國一看衣索比亞這麼能打，趕緊紛紛前來建立外交關係。孟尼利克揚眉吐氣，仰天長嘯：「特沃德羅斯大伯，約翰尼斯親家，你們看到了嗎？我們衣索比亞人站起來了！」

美尼斯統一古埃及

— 0
阿克蘇姆王國建立

— 100

— 200

— 300

— 400
汪達爾王國建立

— 500

— 600

— 700
阿拉伯人佔領北非

— 800
桑海王國建立

— 900

— 1000
穆拉比特王國建立

— 1100

— 1200
古馬利王國建立

— 1300

— 1400

迪亞士發現好望角
— 1500
第一船黑奴運到美洲

— 1600

— 1700

拿破崙的埃及戰役
— 1800

蘇伊士運河開通
— 1900
第一次世界大戰

— 2000

在歐洲列強瓜分非洲的狂潮中，衣索比亞的勝利，保留了唯一一點光芒，也使得非洲其他各地的民眾歡欣鼓舞，衣索比亞成為非洲人心目中的聖地。孟尼利克不但捍衛了國家獨立，而且南征北戰，掃平叛亂，使衣索比亞領土擴大一倍。他對內改革稅制，鑄造貨幣，修建公路鐵路，建設電話、電報，設立銀行、醫院、學校，還派遣了第一批赴歐留學生。孟尼利克無愧是那個時代最偉大的非洲人之一。儘管此後衣索比亞依然受到西方勢力的干涉，但它的獨立一直保持到20世紀30年代。

漢

－0

100 －

三國
晉　　200 －

300 －

南北朝　400 －

500 －

隋朝　600 －
唐朝

700 －

800 －

五代十國　900 －

宋　　1000 －

1100 －

1200 －

元朝　1300 －

明朝　1400 －

1500 －

清朝　1600 －

1700 －

1800 －

中華民國　1900 －

2000 －

浴血！祖魯和布林

　　整個19世紀，歐洲人和非洲人之間的征服與反征服、殖民與反殖民的戰爭，讓非洲大陸處處狼煙。而其中持續最久的血戰，發生在非洲南部。在這裡，不光非洲人和非洲人對砍，歐洲人和非洲人對砍，而且歐洲人之間也殺得天翻地覆，甚至在很大程度上改變了世界格局。

　　前面說到，南非的白人殖民者——布林人，在18世紀已經征服了南部的科伊桑人。他們子孫繁衍，人口越來越多，擴張的矛頭又指向了東邊的薩科部族。從18世紀末開始，布林人和薩科人掄著板磚對砸了好幾次。薩科人雖然也是黑人，他們可比科伊桑人要厲害，不但武器要先進些，而且人數更多，也更團結。這回，布林人的民團吃了虧，被薩科人的弓箭射得哇哇叫，丟下牧場和牲口向西逃命。

　　到了1806年，荷蘭被拿破崙吞併，英國就毫不客氣地把南非這塊殖民地笑納了。英國對殖民地的統治管理，可比荷蘭要高效多了。英國政府官員和傳教士紛紛前來，還帶來了一支軍隊。這回，東邊的薩科人倒大楣了。這些人和布林人的民團還能抗衡，但碰上正規英軍那是一點辦法也沒有。30年中，英軍幾次打敗薩科人，把南非殖民地的邊界朝東邊推進了100多公里。

　　但是，以荷蘭、德國、法國移民後裔為主的布林人，對於這個厲害的新老大一點也不滿意。以前在南非這塊地盤天高皇帝遠，布林人就是土霸王，想怎樣就怎樣。現在頭上掉下一個英國總督、一群英國官員和傳教士，這算什麼啊！尤其那些英國人道貌岸然，一邊對我們收稅，一

BC
美尼斯統一古埃及

— 0
阿克蘇姆王國建立

— 100

— 200

— 300

— 400
汪達爾王國建立

— 500

— 600

— 700
阿拉伯人佔領北非

— 800
桑海王國建立

— 900

— 1000
穆拉比特王國建立

— 1100

— 1200
古馬利王國建立

— 1300

— 1400
迪亞士發現好望角

— 1500
第一船黑奴運到美洲

— 1600

— 1700

拿破崙的埃及戰役
— 1800

蘇伊士運河開通

— 1900
第一次世界大戰

— 2000

上古時期　BC

漢

　　　― 0

　　100 ―

三國　　200 ―

晉　　300 ―

南北朝　400 ―

　　500 ―

隋朝　600 ―

唐朝

　　700 ―

　　800 ―

五代十國　900 ―

宋　　1000 ―

　　1100 ―

　　1200 ―

元朝　1300 ―

明朝

　　1400 ―

　　1500 ―

　　1600 ―

清朝

　　1700 ―

　　1800 ―

　　1900 ―

中華民國

　　2000 ―

邊居然還要裝模作樣講法律，說什麼不許搞奴隸制，不許虐待科伊桑雇工。我呸，你們這下子裝什麼道德君子啊！而且連官方語言都從荷蘭語變成了英語，這日子沒法過了！

　　此地不留爺，自有留爺處！很多布林人決定離家出走。19世紀30年代末，幾千家布林人從開普地區出發，趕著牲口群，拉著大篷車一路北行。這一路北上，當然免不了和新地方的當地人打個仗什麼的。布林人仗著火槍，對付這些部族是手到擒來。尤其是黑人們自己也不團結，被布林人分化再擊敗的這種把戲也一再上演。後來，布林人正在不亦樂乎的時候，不防迎頭撞上了一個南非強國——祖魯王國。

　　在19世紀初，布林人正在和英國人磨合的時候，在南非內陸地區，黑人兄弟們自己打了幾十年的內戰。經過內戰，摧毀了原有的國家，建立起幾個新的王國。其中最強大的一個便是祖魯王國。祖魯王恰卡改革軍隊戰術，征服了幾百個小部族，擁有數十萬人口和數萬軍隊。

　　1828年，在王室內訌中，恰卡喪命，其弟丁戈奪位。這時候，布林人的遠征隊伍已經踢到家門口了。丁戈聽聞布林人在各處的所作所為，根本不信這些白人會與自己和平共處。於是他在1838年先下手為強，將布林人先鋒數百人殺得一乾二淨。布林人自然不會和他客氣。12月中旬，布林人500民團攜帶兩門小炮，與祖魯軍隊在恩康姆河畔相遇。布林人幾十輛牛車首尾相接，擺成一個環形的車城，民團躲在車城後面開槍放炮。手持盾牌和短矛的祖魯軍以密集陣形向車城發動衝鋒，卻在布林人的火力下不斷倒下，即使衝到車城前也無法突破。最終，祖魯軍死傷3000人，鮮血染紅了恩康姆河，這條河流從此改名「血河」。此後，北上的布林人建立了一堆「共和國」，但對祖魯王國也不敢輕易招惹，雙方勉強相安無事。

　　這樣，南邊是英國人統治的殖民地，北邊是布林人的共和國和祖魯王國等本地黑人國家，三方在南非地區形成暫時的穩定局面。其間，英

國曾試圖吞併布林人的國家，後來又承認了他們的獨立。反正，我們大英帝國主要目的是佔據好望角這塊航海要地，內陸嘛，你們這些荷蘭人想要佔，就讓你們逍遙吧，正好也幫我們擋擋黑人。

這種寧靜沒持續多久。1868年，金伯利地區發現了鑽石礦，其中一顆「南非之星」重達80多克拉！於是乎，成千上萬的淘金者從世界各地瘋狂趕往南非。布林人的共和國頓時門庭若市。南非的沉寂被打破了。

英國殖民總督併吞了金伯利鑽石礦區，還不知足。由於礦區的發掘，南非內陸地區的經濟一下子繁榮起來，人口暴增（主要是歐洲和美洲來的礦老闆和礦工及其配套服務行業）。這樣一來，那可不能把內陸當荒地一樣對待了。英國人開始琢磨，要把南部非洲的這些大大小小的邦國，不管是黑人的王國還是布林人的共和國，統統合併到我們大英帝國旗下，那才像樣啊。但是黑人和布林人可不願意這麼乖乖就範。於是戰爭爆發了。

首先爆發的是祖魯戰爭。當時的祖魯是個半奴隸制國家，自有許多落後習俗。英國方面抓住幾位婦女因逃婚而被殺害的事件當藉口，要求祖魯王國解散軍隊、服從英王、接受英國代表的監督。這條件分明就是要我屈膝投降嘛！祖魯國王塞奇瓦約勃然大怒，斷然拒絕。1879年初，1.6萬英軍（一半多是土著士兵）分四路入侵祖魯。祖魯王也不含糊，調集2萬主力突襲其中一路英軍，將其擊潰，英軍陣亡1300多人。後來連法國皇帝拿破崙三世的兒子路易（史稱拿破崙四世）也被祖魯人打死了。不過，英國的後續力量畢竟比祖魯人強得多，繼續增兵，步步進逼。7月4日兩軍展開決戰。英軍兵力5000人（包括1000名土著），擁有12門火炮，祖魯兵力為2萬。祖魯軍奮不顧身地向著英軍方陣突進，然而這次重複上演了血河之戰。在英軍密集的火力下，祖魯戰士不斷倒下，最終潰散。此後，祖魯國王被俘；英國人把祖魯分成10多個小邦，並在1887年正式吞併為殖民地，威震南非的黑人強國就此消失。其他黑人國家，也

BC
美尼斯統一古埃及
— 0
阿克蘇姆王國建立
— 100
— 200
— 300
— 400
汪達爾王國建立
— 500
— 600
— 700
阿拉伯人佔領北非
— 800
桑海王國建立
— 900
— 1000
穆拉比特王國建立
— 1100
— 1200
古馬利王國建立
— 1300
— 1400
迪亞士發現好望角
— 1500
第一船黑奴運到美洲
— 1600
— 1700
拿破崙的埃及戰役
— 1800
蘇伊士運河開通
— 1900
第一次世界大戰
— 2000

被英國或打或拉，漸漸納入體制內。

　　祖魯人被打垮了，英國和布林人的衝突就激烈起來。早在1877年，布林人的川斯瓦共和國因為財政困難，加之受到黑人王國威脅，人心惶惶。英國人趁機威逼利誘，把川斯瓦給合併了。可是合併幾年，英國人沒給布林人好日子過，大批英國資本家搶佔川斯瓦資源，還逼著布林人繳納過去的欠稅。布林人一看英國人這麼可恨，他們就在1880年造反，要求恢復獨立，英國殖民當局趕緊調兵鎮壓。第一次布林戰爭爆發了，一前一後兩撥歐洲殖民者開始對砍。

　　要知道，布林人是海上馬車夫——荷蘭的後裔，又在南非本地當了幾百年的牧民，和黑人在叢林裡不知道打了多少仗，個個槍法騎術嫻熟。英國兵人生地不熟，哪裡是他們的對手！叢林裡，土地是褐色的，樹葉是綠色的，只有英國兵是紅色的，布林人游擊隊一瞄一個準。1880年12月，英軍遭遇布林人伏擊，247人中死了77個，受傷157個，布林人只傷亡6人。增援的英軍千餘人又在邊境峽谷被伏擊，93人被擊斃，133人受傷，54人被俘，司令也掛了，布林人同樣只傷亡6人。這兩仗下來，英國人知道布林人不好惹，只得同意川斯瓦共和國獨立，但必須承認英國女王是宗主，而且外交掌握在英國手中。對布林人來說，只要經濟上不受你英國人的氣，其他事情就無所謂了。於是這一次戰爭，以布林人勝利而告終。

　　老天爺存心不讓南非消停，等到1886年，川斯瓦共和國境內發現大批黃金！這下全球人民的眼珠子都瞪大了，歐洲的礦老闆流著口水往川斯瓦跑，約翰尼斯堡幾年內就發展成為南部非洲最大的城市。布爾人自己不用採礦，你歐洲老闆要來採礦，得給我交重稅！還有，你開礦得用大量水吧，這水也得收錢。你還別嫌貴，有本事別用水啊！這麼一來，川斯瓦一躍成為超級土豪，用收的錢又組建了強大的軍隊，攻打周圍不聽話的黑人酋長，擴大領土。

布林人坐地收錢，肥得流油，難免引人羨慕嫉妒。英國南非總督摩西爾・羅德斯是個狂熱的帝國主義者，一心想把大英帝國的旗幟插遍每個地方。他又是礦業大老闆，眼睜睜看著利潤流到布林人的口袋裡，就像有人用刀捅他一樣心疼。他決定搞垮這個土豪共和國，於是在1895年底聯絡在川斯瓦的大批英國人，又派了500名警察準備裡應外合，武力推翻川斯瓦。結果陰謀被布林人政府發現，員警部隊死的死、被俘的被俘，本地反動組織也被破獲。這次事件爆發，全球譁然。德國皇帝威廉二世正想和英國爭奪全球霸權，一看這幫布林人這麼有能耐，興高采烈地拍了個電報去祝賀他們。可是這樣一來，英國豁出命去也得把川斯瓦給幹掉，不然讓這金礦落到德國手中，那英國就更危險了。此後幾年，雙方唇槍舌劍，互不相讓，戰爭烏雲密佈。歐洲主流輿論支持布林人，荷蘭和比利時捐贈了醫療設備，歐美上千志願者到布林參戰。同為布林人的奧蘭治自由邦也與兄弟國家站在一起。越是如此，英軍越是騎虎難下，就算為了面子也必須出戰。1899年10月，布林人的兩個共和國向英國宣戰，第二次布林戰爭正式爆發。

戰爭初期，布林人表現得同上次一樣神勇。他們以攻為守，一面用伏擊戰、游擊戰打擊進犯英軍主力；一面主動進攻英國的根據地開普地區，並煽動當地布林人暴動。英軍在布林人的戰術下進退兩難，傷亡慘重。在12月15日的科倫索戰役中，布林軍3500人擊敗22000英軍，英軍損失1400人，布林人僅損失38人。

然而，英國畢竟國力強盛，在這樣既關係面子又關係裡子的關鍵戰爭中絕不會留餘力。英軍源源不斷地從世界各地向南非彙集，到1900年3月軍兵已經增至20多萬，而布林人人口有限，全民皆兵也不過幾萬之眾。依靠兵力優勢，英軍與布林人處處激戰，逐漸消耗布林人的兵力。

3月13日，英軍攻佔奧蘭治首都，6月5日佔領川斯瓦首都。但布林人繼續頑強抵抗，化整為零襲擊英軍漫長的補給線，見到補給就搶，見

美尼斯統一古埃及

阿克蘇姆王國建立

汪達爾王國建立

阿拉伯人佔領北非

桑海王國建立

穆拉比特王國建立

古馬利王國建立

迪亞士發現好望角

第一船黑奴運到美洲

拿破崙的埃及戰役

蘇伊士運河開通
第一次世界大戰

上古時期　BC

漢

—　0

100 —

三國
晉

200 —

300 —

南北朝

400 —

500 —

隋朝
唐朝

600 —

700 —

800 —

五代十國
宋

900 —

1000 —

1100 —

1200 —

元朝

1300 —

明朝

1400 —

1500 —

1600 —

清朝

1700 —

1800 —

1900 —

中華民國

2000 —

到小股英軍就滅，見到大隊就躲。連英國早已統治的開普地區也在布林人游擊隊的襲擊下風聲鶴唳，被迫宣布戒嚴。後來的英國首相溫斯頓・丘吉爾也在布林戰爭中被俘過，還差點被布林人槍斃。

英軍司令見狀，大怒：「你要玩，我就陪你玩個痛快！」他們採用了三條毒計。第一是修了6000多公里長的鐵絲網，把布林人地區分割成若干個區域，阻擋布林人騎兵的游擊。鐵絲網內修了8000多個碉堡，駐守幾萬士兵，有人靠近格殺勿論。其次是焦土政策，凡是發現有人敢幫助游擊隊員，其周圍10英里的農場房屋全部燒掉。其三是屠殺和集中營。在殖民地的布林人只要敢反對英軍，抓住立刻槍斃。英軍還抓了10多萬布林人老幼婦孺，全部關進集中營，以此來脅迫布林人投降。在集中營裡，因為營養不良、疾病流行、缺乏醫護，共有2.8萬人死亡，其中有2.2萬名兒童。在英國軍隊慘無人道的打擊下，布林人終於堅持不住，在1902年放下武器。三年血戰中，英軍總共調集了45萬軍隊，戰死2萬多人。而布林人及外國志願者約8萬，戰死數千，其餘被俘、投降或流亡。英國確實是用龐大的國力把布林人活活消耗殆盡。英國方面提出的和談條件，除了確認布林人是英王臣民外，也稱得上是「和諧」：不但對布林人不加處罰，不要賠款，還由英國出錢補償布林人的戰爭損失。之後，雙方不打不相識，共同攜手來欺負黑人了。1910年，南非的英國殖民地開普和納塔爾，及兩個布林人共和國一起成立了「南非聯邦」。惡搞的是，在這個聯邦裡，由於布林人（後稱阿非利卡人）的數量多於英裔白人，結果他們在選舉中獲勝，聯邦元首換成了布林人。當然，上頭的老大還是英王。

第六章：烽火連天——世界大戰時期

（20世紀上半葉）

　　列強間的狗咬狗，終於催生了第一次世界大戰，非洲同樣被捲入其中。戰火、勞役、饑荒、疫病，同樣奪去百萬人的生命。戰火殺傷了非洲民族，也警醒了非洲民族。在滿目瘡痍的故土上，一股新的衝動正在醞釀。

1. 摩洛哥	11. 獅子山	21. 查德	31. 烏干達	41. 肯亞
2. 西撒哈拉	12. 賴比瑞亞	22. 埃及	32. 盧安達	42. 南非
3. 突尼西亞	13. 象牙海岸	23. 喀麥隆	33. 蒲隆地	43. 賴索托
4. 阿爾及利亞	14. 布吉納法索	24. 中非共和國	34. 衣索比亞	44. 史瓦濟蘭
5. 矛利塔尼亞	15. 尼日	25. 蘇丹	35. 納米比亞	45. 莫三比克
6. 塞內加爾	16. 利比亞	26. 赤道幾內亞	36. 波扎那	46. 索馬利亞
7. 馬利	17. 迦納	27. 加彭	37. 尚比亞	47. 馬達加斯加
8. 甘比亞	18. 多哥	28. 剛果民主共和國	38. 辛巴威	48. 模里西斯
9. 幾內亞比索	19. 貝南	29. 安哥拉	39. 馬拉威	49. 塞席爾
10. 幾內亞	20. 奈及利亞	30. 剛果共和國	40. 坦尚尼亞	

奇蹟！一個人的戰爭

　　20世紀初，歐洲列強基本上把非洲大陸瓜分殆盡。非洲人也不甘心就這麼受奴役，不管是北非的阿拉伯人、柏柏人還是南部的黑人，都不斷揭竿而起，和殖民軍玩命。有的地方斷斷續續抵抗到20世紀30年代。到了1914年，一場大規模戰爭席捲而來，這就是第一次世界大戰。同盟國和協約國兩大集團對峙廝殺，世界八大帝國主義國家（英、法、德、俄、美、日、奧、義）悉數捲入其中。

　　這些巨無霸對戰，主要戰場在歐洲，非洲受到的波及較少。這也難怪，從德國本土到非洲大陸千里迢迢，既不方便調兵，也不方便提供彈藥，而且又有英國的海軍阻攔。真要在非洲開打，那就是自己找麻煩。所以德國從一開始，就沒打算在非洲投入什麼兵力。

　　敵人的劣勢就是我們的優勢。德國不敢在非洲打，英國、法國就偏要在非洲打。他們欺負德國沒兵過來，在非洲大肆搶佔德國的殖民地。非洲的各國殖民地本來就是犬牙交錯，相互包圍分割，英軍、法軍還有英國的附庸南非軍隊殺氣騰騰，德國殖民地的那點兵連給人塞牙縫都不夠，多哥、西南非洲、喀麥隆等很快被佔領了。唯有在德屬東非（今天坦尚尼亞陸地部分、盧安達、蒲隆地等地），協約國卻遭遇了最強的對手，一直苦戰了4年。

　　這位對手就是駐東非的德國警備軍司令保羅・馮・萊托-福爾貝克（1870—1964年）。他出身於軍人世家，曾參加過八國聯軍侵華戰爭，鎮壓過非洲土著起義，可謂是身經百戰。歐戰爆發後，上司告訴他：

BC
美尼斯統一古埃及

— 0
阿克蘇姆王國建立

— 100

— 200

— 300

— 400
汪達爾王國建立

— 500

— 600

— 700
阿拉伯人佔領北非

— 800
桑海王國建立

— 900

— 1000
穆拉比特王國建立

— 1100

— 1200
古馬利王國建立

— 1300

— 1400
迪亞士發現好望角

— 1500
第一船黑奴運到美洲

— 1600

— 1700

拿破崙的埃及戰役
— 1800

蘇伊士運河開通

— 1900
第一次世界大戰

— 2000

上古時期　BC

漢

　— 0

100 —

三國
晉

200 —

300 —

南北朝

400 —

500 —

隋朝
唐朝

600 —

700 —

800 —

五代十國

900 —

宋

1000 —

1100 —

1200 —

元朝

1300 —

明朝

1400 —

1500 —

清朝

1600 —

1700 —

1800 —

1900 —

中華民國

2000 —

「兄弟啊，我們德國要在歐洲和英、法兩國決一雌雄，非洲這塊可顧不上囉。要不你撤回來吧。」福爾貝克道：「老大，我知道歐洲重要。正因為如此，我要在非洲儘量給英、法兩國製造一點麻煩。我能多拖住他們一個兵，我們德國在歐洲不就少了一個敵人嗎？您看我的吧。」上司道：「甚好。不過我們無法給你什麼資源，兄弟你好自為之吧。」

其實，福爾貝克一年前就在準備戰爭。他一方面巡查東非地區的山川河流，熟悉地形，確保打起仗來知己知彼。另一方面，他竭盡全力整頓了一支殖民地軍隊，一共2000多人，其中白人只有十分之一，其他都是本地黑人。這支軍隊裝備很一般，步槍和炮都比較舊，但卻是經過福爾貝克嚴格訓練的。尤其難得的是，福爾貝克在軍隊裡面降低了種族歧視程度，把黑人、白人混合編制，甚至黑人軍官只要表現出色，也能指揮白人。對於受夠了歐洲人歧視的黑人來說，這種尊重本身就是巨大鼓勵。「黑種人」都把福爾貝克看作自己人，對他非常愛戴。靠這一點，東非德軍士氣高昂。

福爾貝克深知憑自己這點兵力，要在非洲大陸和英軍玩命，那是不夠看的。但自己也有優勢，就是熟悉地形，機動力強。在茫茫非洲，這一點很有用。他定下了一條原則：絕不和英國主力決戰，而是揚長避短，以游擊戰擾襲敵人。你英軍大隊來了我就躲，你不來我就打你的補給線，打你的薄弱環節，打你的殖民地。反正非洲廣闊得很，看你英國人能調多少兵來陪我玩！

開戰之初，福爾貝克便展開襲擊。他炸了一輛英國運兵的火車，繳獲了大批新式步槍和子彈，又衝進英國殖民地，大肆破壞鐵路和通信系統。這麼一鬧騰，英國人果然被震驚了。殖民地政府連呼「德國人打過來了，國王陛下救命！」英國趕緊從印度調了兩個旅8000人來（其中有幾百名英國人）。福爾貝克得知消息後，趕緊先打垮了東非本地英軍1000多人，免得被內外夾攻。這時，滿載英軍的艦船向坦尚尼亞港口坦

加港發起進攻，福爾貝克帶著1000人迅速趕到。英軍擁有比福爾貝克軍多八倍的人數且裝備精良，怎麼打？但福爾貝克胸有成竹。他埋伏在叢林裡，按兵不動。英軍登陸之後，發現沒有任何德軍，以為德軍根本不敢來，於是大模大樣地朝港口和城區前進。就在這時，福爾貝克的手下忽然從前後兩面猛烈開火，把敵軍夾在火線中間。印度兵人數雖多，卻早已在長距離海運上被顛得七葷八素，只剩下了一口氣。如今遭到兩面夾擊，哪裡還能支撐，紛紛丟下武器掉頭逃跑，結果被德軍包圍在沙灘上，成了一群待宰的羔羊。眼看末日來臨，福爾貝克卻給出一條出路：英軍可以全部上船撤走，但武器和補給要全部留下。英軍指揮官為了部下性命接受了這一條件，帶著印度兵們匆忙逃走了。此戰，德軍以不到100人的傷亡擊潰了強敵，更繳獲了大批武器、彈藥和給養，足夠用幾年的。

　　此後，福爾貝克繼續用游擊戰對付英軍。他頻頻派遣十幾人的精悍小分隊滲透到英國殖民地，炸鐵路、劫火車……英國殖民軍面對這些游擊隊防不勝防，派去的護路軍隊就有近萬人。為了消滅這支可惡的德國黑人游擊隊，英軍大舉徵兵：東邊來的印度兵，西邊來的西非土著部隊，南邊來的南非部隊……武器彈藥則是英國本土供應。大軍雲集東非，要把德國人一網打盡。而福爾貝克呢，他得不到德國多少支持，就自力更生，招募的兵都是坦尚尼亞本地黑人，武器彈藥呢，手中有什麼就湊合著用，其餘就主要靠繳獲英軍的補充，真是「沒有槍，沒有炮，敵人給我們造」。雖然他的兵力連敵人十分之一都不到，但他隊伍裡的本地土著，顯然更適應當地的氣候，更熟悉地形，而且補充起來也方便。打了一年多，英軍拿福爾貝克沒轍，就從南非把布林人將軍斯姆茨調來。斯姆茨當年在布林戰爭中也是叫英國人吃盡苦頭的，他對於游擊戰自有見解。這位猛將上任後，果然大有起色，以優勢兵力步步緊逼，在1916年8月攻佔了德屬東非的核心地區。面對來勢洶洶之敵，福爾貝克

BC
美尼斯統一古埃及

— 0
阿克蘇姆王國建立

— 100

— 200

— 300

— 400
汪達爾王國建立

— 500

— 600

— 700
阿拉伯人佔領北非

— 800
桑海王國建立

— 900

— 1000
穆拉比特王國建立

— 1100

— 1200
古馬利王國建立

— 1300

— 1400
迪亞士發現好望角

— 1500
第一船黑奴運到美洲

— 1600

— 1700
拿破崙的埃及戰役
— 1800
蘇伊士運河開通

— 1900
第一次世界大戰

— 2000

上古時期　BC

漢

— 0

100 —

三國

晉

200 —

300 —

南北朝

400 —

500 —

隋朝

唐朝

600 —

700 —

800 —

五代十國

宋

900 —

1000 —

1100 —

1200 —

元朝

1300 —

明朝

1400 —

1500 —

清朝

1600 —

1700 —

1800 —

1900 —

中華民國

2000 —

堅持「你打你的，我打我的」，不去和英軍主力碰撞，而是步步後退，所到之處堅壁清野。大隊英軍人生地不熟，隨著步步深入坦尚尼亞，很快就斷了糧。待到英軍因為饑餓和疾病元氣大傷時，德軍再乘隙繞到英軍背後，反過來佔了英軍的根據地。

到1917年，英國人策動全面圍剿。除了附近殖民地的英軍之外，剛果的比利時軍隊和莫三比克的葡萄牙軍隊也參加進來，從四面八方圍攻德屬東非。面對潮水般的協約國軍隊，福爾貝克有條不紊，將部隊化整為零，在叢林中穿來穿去，多次跳出協約國軍隊的包圍圈，然後在他們屁股後面踢一腳。不過這種戰術也有個問題，彈藥補給漸漸跟不上了。德軍連番苦戰，也損失了不少兵力。到1917年底，整個東非都被協約國軍隊佔領，他們正要鬆一口氣，可是福爾貝克呢，難道死在叢林了？這時傳來消息：福爾貝克又跳出包圍圈，居然千里躍進，把葡萄牙的莫三比克佔了，從那裡繳獲了大批軍用物資……

就這樣，福爾貝克神出鬼沒地在非洲大地作戰，牽制了10多萬敵軍（當然，多數也是黑人）。直到1918年11月11日德國投降時，他還在打游擊。戰爭結束後，福爾貝克才昂著頭去向英軍投降。這時候，他的手下還有近3000人，包括100多名白人，手中的裝備全是協約國製造的。當他離開非洲時，唯一的要求是讓英國方面為他的黑人士兵們安排工作。黑人士兵們含著淚送別了這位德國長官。在戰敗的德國，福爾貝克受到了勝利者般的歡迎。1998年英國《焦點》雜誌評選「世界十大軍事統帥」，福爾貝克居然入選，與威靈頓公爵、納爾遜、拿破崙等齊名。

他領導的游擊戰爭，不但是非洲最激烈的戰役，也是世界上最成功的游擊戰之一。不過，福爾貝克的戰爭給東非人帶來的傷害也不小。德國和協約國在坦尚尼亞一帶拉鋸了四年，雙方都隨意地在當地徵糧食、拉壯丁。協約國方面的十幾萬白人、印度人和西非土著把東非搞得七零八落。而福爾貝克為了對付英軍，搞堅壁清野、焦土政策，以及在英、

葡殖民地燒殺搶掠，造成的破壞也不在少數。在戰爭期間，有上百萬肯亞人和坦尚尼亞人被抓壯丁擔任勞工，10萬人累死、病死，死於戰火的英軍黑人就有3萬多人。

非洲的其他地方在四年大戰中，也被歐洲列強給糟蹋得夠嗆。英軍從埃及出發，搶奪鄂圖曼土耳其的西亞地區。這個過程中吃喝拉撒都靠埃及，埃及的糧食、棉花、駱駝和壯丁被源源不斷地填入英國的戰爭機器中去。南非人被編入英軍作戰，而法國更是從西非、北非招募了幾十萬人參加歐戰。塞內加爾黑人在19世紀幫著法國人打西非的黑人弟兄，那是威風凜凜，所向披靡。可是這回到了歐洲西線，冒著德軍的機槍炮火衝鋒，吃盡了苦頭，很多人甚至因為不適應氣候，被活活凍死了。在「一戰」硝煙中，非洲人受的苦一點也不少。

德國屬地的起義

1904—1907年，德國殖民者在西南非洲殘酷地掠奪黑人，引發了赫雷羅人和納馬人的起義。德軍給予殘酷鎮壓，對赫雷羅人發佈「絕殺令」，將8萬赫雷羅人殺得只剩2萬。1905—1907年，東非地區發生馬及馬及起義，德軍槍殺了2萬多人，5萬人死於饑荒。起義雖被鎮壓，卻也迫使德國殖民者採用較為柔和的政策，減少對黑人的壓榨，用教會學校作為懷柔工具進行柔化殖民。

BC
美尼斯統一古埃及

— 0
阿克蘇姆王國建立

— 100

— 200

— 300

— 400
汪達爾王國建立

— 500

— 600

— 700
阿拉伯人佔領北非

— 800
桑海王國建立

— 900

— 1000
穆拉比特王國建立

— 1100

— 1200
古馬利王國建立

— 1300

— 1400

迪亞士發現好望角
— 1500
第一船黑奴運到美洲

— 1600

— 1700

拿破崙的埃及戰役
— 1800

蘇伊士運河開通
— 1900
第一次世界大戰

— 2000

奴役！殖民地與宗主國

上古時期　BC

漢

—0

100—

三國
晉　200—

300—

南北朝　400—

500—

隋朝
唐朝　600—

700—

800—

五代十國　900—

宋
1000—

1100—

1200—

元朝　1300—

明朝　1400—

1500—

1600—

清朝
1700—

1800—

1900—

中華民國
2000—

　　20世紀初歐洲七國瓜分非洲，除了德國是同盟國，西班牙中立之外，其餘英、法、義、比、葡都是協約國。打倒了德國，協約國幾個自然得把德國的非洲殖民地也分一分。於是乎，西部的多哥和喀麥隆由英、法共同佔有，東部的坦干伊加由英國佔領，盧安達和蒲隆地由比利時佔領，南部的納米比亞（西南非洲）由英國的自治領南非佔領。名義上這不是「佔領」，而是以新成立的「國際聯盟」名義來進行「託管」。

　　打贏了世界大戰，勝利者可以好好享受非洲地盤了。在這些新、老殖民地裡，歐洲列強展開了對非洲的種種掠奪。不少歐洲移民被送到非洲，開荒種地。為了讓這些水土不服的歐洲人更加積極，殖民政府採用各種方法支援他們。歐洲移民一到非洲，就可以分得比較好的肥沃土地，還能得到政府的農業補貼。在阿爾及利亞，法國移民佔有了絕大部分耕地，而原先的阿拉伯人和柏柏人只能去耕種那些邊緣土地，或者淪為法國人的雇工。在肯亞，白人移民同樣佔有了最好的土地，而且不許黑人種植最賺錢的咖啡。

　　20世紀初，非洲出產的很多經濟作物已經行銷歐美，比如咖啡、可可、棉花等，在市場上頗受歡迎。但對非洲當地人來說，這事情沒有好處。因為他們就算種了這些作物，收購價格也是歐洲的商人和官員說了算，黑人只能拿到很微薄的一點收入，連填飽肚子都難。那麼，這收入太低了，我不種經濟作物，種糧食自己吃可以吧？做夢。殖民地政府會

要求你繳租稅，而且必須用現金。就是說，你為了賺到錢繳稅，必須種經濟作物，然後低價賣給歐洲商人或政府。這種模式造成非洲很多地方糧食生產嚴重不夠。一旦遭遇饑荒，外面的糧食運不進來，就會餓死很多人。1931年在尼日發生了大饑荒，很多村寨都餓死了一半的人。

在礦藏豐富的地方，黑人們被招募來採礦。薪資低得出奇，礦工流血流汗地拚命，只能養活自己，老婆還得在家種地才能有飯吃。對這些血汗錢，殖民地政府還要高額徵稅。當時一個黑人男子每年要繳納1英鎊的人頭稅，相當於在礦井工作一個月或者在農場勞動兩個月的薪資。依靠這種稅務制度，殖民者迫使黑人們必須老老實實工作。英、法還稍微好一點，葡萄牙的農場和種植園的黑人工人根本和奴隸沒什麼區別，而且來了就別想走了。在「獨立」的賴比瑞亞，美國黑人組成的政府與美國費爾斯通橡膠公司勾結，在賴比瑞亞開橡膠種植園，逼著當地的土著酋長為他們招募工人。要是勞工不肯去，軍隊就直接衝進村子裡抓人、搶東西。

在統治方式上，非洲兩大殖民巨頭英國和法國各有不同。英國是採用「間接統治」，就是把原先部族酋長當作「維持會」，保留他們的一些權力，讓他們繼續管理部族。英國殖民當局要收稅、抓壯丁，也都透過酋長們去執行。這種方式首先可以節省不少時間和精力，因為小事都讓酋長直接處理了，大事政府再出面。其次，這樣還可以把酋長當作殖民政府的擋箭牌、替罪羊，土著們忍無可忍了，會先找酋長算帳，然後英國軍隊等他們發洩得差不多了再出來「主持公道」。

而法國呢，採用的是「同化」法，就是原則上把佔領的殖民地當作法國自己的領土，把殖民地的土著也當作法國自己的公民。這種聽起來很美好，有點像古羅馬時代的擴張。問題在於法國的同化標準相當高，必須受過多年教育的黑人才算被同化，而非洲有這種教育經歷的人寥寥無幾。在法屬非洲殖民地幾千萬黑人中，真正被授予了公民權的只有塞

BC
美尼斯統一古埃及

— 0
阿克蘇姆王國建立

— 100

— 200

— 300

— 400
汪達爾王國建立

— 500

— 600

— 700
阿拉伯人佔領北非

— 800
桑海王國建立

— 900

— 1000
穆拉比特王國建立

— 1100

— 1200
古馬利王國建立

— 1300

— 1400
迪亞士發現好望角

— 1500
第一船黑奴運到美洲

— 1600

— 1700

拿破崙的埃及戰役
— 1800
蘇伊士運河開通
— 1900
第一次世界大戰

— 2000

內加爾幾個早期城鎮的幾萬人，其中成功「同化」的才數百人。在法國人的統治下，「酋長」變成了官職，由法國政府從聽話、會說法語的人中間任命，不夠聽話或者任務完成不好的就免職。在老百姓看來，這些「酋長」一般都不尊重傳統文化，口吐法語，只知道幫著法國人徵稅、抓壯丁，還為法軍帶路鎮壓反抗，簡直就是一群「非奸」。

　　除此之外，歐洲殖民者還有意識地劃分非洲土著的「部族」，製造部族對立和衝突。當初非洲之所以迅速被征服，除了軍事技術落後外，一個很大原因就是非洲邦國林立，難於聚合起龐大力量反抗入侵。現在，讓非洲人之間繼續隔閡，也便於歐洲人分而治之。這裡面，盧安達、蒲隆地的「圖西人」和「胡圖人」，便是在德國、比利時殖民政府的強化下，生生成為兩個對立的民族，並在獨立後導致了多次血腥大仇殺。

　　至於教育方面，非洲南部地區先前的教育都是靠家庭父母和部族老人口耳相傳，是很原始的教育方式。後來伊斯蘭教普及後，大家在清真寺裡讀寫經文，學會了讀書寫字。到20世紀20年代，歐洲殖民者也開始開辦學校，教授基本的數學知識、宗教文化和宗主國語言文字等。不過在那個年代，這種教育主要目的是要培養出一小撮「精英」，來幫助宗主國治理殖民地。他們培養出來的這批精英中，確實有不少假洋鬼子，學著歐洲人的派頭，鄙視自己的故土和同胞，一心想著在宗主國的社會裡混個地位。然而，也有一批有識之士，目睹民族的命運，開始更多思考。他們將在未來數十年，給這塊土地帶來變化。

抗爭！起義與獨立

　　歐洲列強對非洲壓榨的同時，也讓非洲人看到了更廣闊的世界。「黑種人」知道了槍炮的厲害，體驗了經濟上、政治上的近代化模式。殖民者推廣伊斯蘭教和基督教，是為了讓土著做順民，然而也有人從中看出了自強、團結與抗爭。再加上第一次世界大戰，數百萬非洲人被徵召入伍或者為軍隊提供後勤，他們接觸了新式武器，參與了軍事行動，也知道白人並不是不可戰勝的。一個英國傳教士以種族主義的口吻抱怨說，歐洲回來那幫非洲兵都是禍害，他們口口聲聲「自己在戰場上殺了多少白人」，「現在對歐洲人遠不像過去那樣尊敬了」。法軍的非洲士兵還有不少加入了法國共產黨，個個卯足了勁要革命。美洲黑人尤其是美國黑人們又掀起了「泛非運動」，希望美洲黑人與非洲黑人團結起來，共同爭取獨立。

　　這麼一來，不甘屈服的非洲人，又掀起了反抗的獨立浪潮。

　　在剛果，西蒙·基班古於1921年建立了一個獨立的基督教會，到處宣傳說比利時人要滾蛋啦。比利時哪裡容得這種「異端邪說」，趕緊把他抓起來，關了30年直到死亡。外面的教徒則繼續打著他的旗號，動不動就抗稅、拒絕勞役，他所創立的理論，被稱為「基班古主義」。

　　在西班牙佔領摩洛哥部分地區時，柏柏人在阿卜杜勒·克里姆領導下，一直在對抗西班牙的征服。1921年7月，起義軍全殲西班牙2萬討伐軍，其司令自殺，副司令投降。1923年，他們建立了「里夫共和國」，擊潰西班牙10萬大軍的圍攻。後來法國看不下去，與西班牙聯手出擊，

BC
美尼斯統一古埃及
— 0
阿克蘇姆王國建立
— 100
— 200
— 300
— 400
汪達爾王國建立
— 500
— 600
— 700
阿拉伯人佔領北非
— 800
桑海王國建立
— 900
— 1000
穆拉比特王國建立
— 1100
— 1200
古馬利王國建立
— 1300
— 1400
迪亞士發現好望角
— 1500
第一船黑奴運到美洲
— 1600
— 1700
拿破崙的埃及戰役
— 1800
蘇伊士運河開通
— 1900
第一次世界大戰
— 2000

調動了40萬大軍及40萬非洲軍圍攻，才於1926年滅掉了里夫共和國，但里夫共和國的餘部的游擊戰又堅持了10年多。

在利比亞，當地人對義大利的反抗一直沒停過。1918年11月，酋長和城市貴族在米蘇拉塔舉行了會議，成立「的黎波里塔尼亞共和國」，並與東部的昔蘭尼加武裝聯合起來，哥倆聯手打義大利人，一時間打得義大利人焦頭爛額。等到義大利法西斯頭目墨索里尼上台後，調集大軍南下鎮壓，他們從空中轟炸平民，把大批利比亞人抓進集中營。1931年，法西斯抓住了利比亞人的領袖「沙漠雄獅」奧馬爾・厄爾-穆克塔爾，把他絞死，這才大致平息了起義。

在矛利塔尼亞、在赤道非洲、在索馬利亞、在烏干達、在獅子山、在安哥拉……非洲人的反抗此起彼伏。當然，基本全部被鎮壓下去了。

埃及在1882年被英國佔領，1914年淪為英國的保護國。「一戰」期間，英國為了打仗，一邊玩了命地搜刮埃及的壯丁、牲畜和糧食，一邊甜言蜜語地哄埃及，說兄弟你再咬咬牙堅持一下，等打敗了德國人，我讓你獨立。就這麼把四年糊弄過去了。等到德國投降，埃及人苦巴巴地等著獨立呢，英國又裝聾作啞，還是把埃及當「保護國」。

這下埃及怒了。一個埃及知識份子扎格盧勒挺身疾呼，希望英國讓埃及獨立。開始，英國不屑一顧：你誰啊，憑什麼代表埃及人，我為什麼要聽你的？扎格盧勒一咬牙：「我就讓你看看我能不能代表吧。」要知道，這位人才是在1882年就參加過抗英戰爭的，還為此坐過政治獄，堪稱是獨立運動的老將。他起草了一份委託書，讓老百姓簽名委託他作為代表。結果，竟然有200多萬人在委託書上簽名。他又建立了「瓦夫德黨」，自任主席，以埃及獨立為綱領。他對公眾大聲疾呼，譴責英國說：埃及過去沒有請求你們英國保護，是你們拿著『戰爭需要』作藉口擅自決定的。這違反埃及的民族意志，沒有任何法律效力。過去的帳都不算了，現在戰爭已經打完了，你們還賴著？我們不需要你們保護！在

他的疾呼下，埃及全國民眾包括高官大臣，紛紛加入了獨立運動的陣營。

英國見這人如此「鬧騰」，大怒：「駐軍是幹什麼用的，還不鎮壓？」1918年3月，英軍逮捕了扎格盧勒。這下可捅了馬蜂窩，開羅的學生走上街頭抗議遊行，英軍又逮捕了1000多名學生。於是整個埃及震動起來，師生罷課，工人罷工，商販罷市，公務員自己給自己放假，成千上萬埃及人衝上街頭和軍警對抗，就連女人們也一樣上街頭。活動迅速席捲整個埃及，從抗議到暴動，從暴動到起義。開羅等城市還建立了人民委員會，甚至成立臨時政府。

這回英國人更是震驚了：「什麼？委員會？這幫人莫不是要勾結俄國的共產黨？」他們調動六萬大軍，配上飛機、重炮、坦克、機槍猛撲過來，對著起義的埃及人一陣襲擊。街頭血流成河，死者上萬。最終，起義被鎮壓下去了。

但是這一場大鬧也讓英國人看到埃及人不好惹。現在畢竟是20世紀了，自己還想保持世界老大的風範呢，總不能把埃及人全殺光吧！還是採取懷柔一點的手段吧。他們釋放了扎格盧勒，開始談判。雙方這一談就是整整三年。英國方面起初想玩花樣，名義上承認埃及是個獨立國，但要把埃及的外交、財政、國防、交通都給英國控制。扎格盧勒心道我又不是傻子，你這和保護國有什麼區別？他寸步不讓，堅決要求埃及實現真正的獨立。

雙方就這樣你來我往地拉鋸。談判過程中，英國詭計百出，一會兒玩弄文字遊戲欺騙扎格盧勒，一會兒又收買瓦夫德黨內的保守派，誘使他們答應條件。後來眼見花招不管用，又原形畢露，把扎格盧勒再次抓起來。任你英國千方百計，扎格盧勒一口咬定，不真正獨立，就不簽字。埃及老百姓接二連三地遊行示威，聲援扎格盧勒。到1921年12月，埃及人又發動了大規模起義。雖然又被英軍鎮壓下去了，但死傷者沒有

BC
美尼斯統一古埃及

— 0
阿克蘇姆王國建立

— 100

— 200

— 300

— 400
汪達爾王國建立

— 500

— 600

— 700
阿拉伯人佔領北非

— 800
桑海王國建立

— 900

— 1000
穆拉比特王國建立

— 1100

— 1200
古馬利王國建立

— 1300

— 1400
迪亞士發現好望角

— 1500
第一船黑奴運到美洲

— 1600

— 1700

— 1800
拿破崙的埃及戰役

— 1900
蘇伊士運河開通
第一次世界大戰

— 2000

上古時期 BC

漢

— 0

100 —

三國

晉 200 —

300 —

南北朝 400 —

500 —

隋朝 600 —

唐朝

700 —

800 —

五代十國 900 —

宋

1000 —

1100 —

1200 —

元朝 1300 —

明朝 1400 —

1500 —

清朝 1600 —

1700 —

1800 —

1900 —

中華民國

2000 —

白白流血，英國人終於明白，埃及人不會再如過去那樣受擺佈了。1922年2月，英國宣布撤銷對埃及的保護，承認埃及為獨立的主權國家。

至此，埃及總算擺脫了英國的殖民統治，建立了君主立憲的「埃及王國」。蘇丹福瓦德擔任國王，扎格盧勒勝利歸來，被選舉為第一屆總理。古老的埃及成為現代非洲的第三個獨立國家。只不過，這種獨立相當拖泥帶水。英國人單方面留下了四大特權（1）英軍可在埃及全境駐紮；（2）英軍守衛蘇伊士運河；（3）英軍保護埃及的獨立，可阻止對埃及的外來侵略和干涉；（4）蘇丹由英國管理。這四條等於埃及仍屬半殖民地。為此，革命群眾們繼續不滿，圍繞這件事的遊行示威暴動沒有斷過。群眾既罵英國人，也罵抗爭不徹底的埃及政府，獨立功臣扎格盧勒呢，他無力從英國人手中搶回這些主權，又不敢豁出去拚，只能黯然下台。到1936年，歐洲戰雲密佈，埃及政府和英國簽訂條約，規定英國終止對埃及的軍事佔領，但在蘇伊士運河區駐軍一萬人（發生戰爭時，人數還可以增加），保持亞歷山大港海軍基地；如遇戰事，埃及須對英國提供各種方便；蘇丹恢復英、埃「共管」。埃及簽了這個條約，就等於把英國的特權固化了。

緊跟著，南非也取得了獨立。如前所述，布林戰爭後雖然南非地區完全落入英國之手，但布林人實力強大，大英帝國也不敢輕慢，把它們從「殖民地」升格為「自治領」，擁有自治權。「一戰」期間，英帝國的幾個自治領，無論澳大利亞、紐西蘭、加拿大、南非，都幫著英軍到處揍人和挨揍，立下汗馬功勞。「一戰」結束，它們就嚷嚷著要更多的自主權，包括凡爾賽會議，這幾個國家都是單獨派代表參加。大英帝國見這個趨勢無法挽回，於是在1926年發表《貝爾福宣言》，承認自治領國家在政治和外交上完全獨立，不過要以英王為國家元首。1931年，英國國會通過《1931西敏寺法》，英國自治領成為與英國完全平等的主權國家。南非也在1934年通過《聯邦地位法》，至此，南非聯邦的主權國

家地位被確定下來，非洲的第四個獨立國家出現了。南非以其豐富的資源、發達的經濟，成為非洲國家隱然的老大。

不過南非內部的種族歧視卻一步步地更加嚴重。政府通過一連串法令，增加黑白隔閡，歧視限制黑人。比如，南非人口80%的黑人只分配7%的土地，為此，很多黑人從原有土地上被趕走；黑人外出必須帶通行證，不然會被抓起來做苦工。原有的少數「精英」黑人在省議會中還有的選舉權，後來也被剝奪了。總之，當非洲在緩慢覺醒時，作為非洲最先進和強大國家的南非，卻在開歷史倒車。

南非黑人對這樣的欺負當然不會逆來順受，他們採取各種方式反抗，如罷工、逃亡等。1912年，黑人教師、職員、牧師、律師和記者等精英建立了第一個全國性的政黨——南非原住民民族議會，後來改稱非洲民族議會。議會成立六年後，在南非科薩族黑人的坦布部族中，大酋長的助手喜得貴子，取名曼德拉。這位黑人小貴族將在半個多世紀後，把「非國大」帶到南非領導者的地位。

泛非運動

1919年，在倫敦召開了第一次泛非代表大會。大會通過決議，要求制定保護原住民權利的國際法令，保證原住民擁有土地的權利，防止外國資本的剝削，廢除奴隸制度和資本奴役，爭取黑人有受教育和參加政府的權利。此後數年又召開了多次會議，著重提出非洲人民在政治上應當享有自治的權利。每一次大會都有不少非洲代表出席。

BC
美尼斯統一古埃及

— 0
阿克蘇姆王國建立

— 100

— 200

— 300

— 400
汪達爾王國建立

— 500

— 600

— 700
阿拉伯人佔領北非

— 800
桑海王國建立

— 900

— 1000
穆拉比特王國建立

— 1100

— 1200
古馬利王國建立

— 1300

— 1400
迪亞士發現好望角

— 1500
第一船黑奴運到美洲

— 1600

— 1700

拿破崙的埃及戰役
— 1800
蘇伊士運河開通

— 1900
第一次世界大戰

— 2000

上古時期　BC

漢

— 0

100 —

200 —

三國

晉

300 —

南北朝

400 —

500 —

隋朝

唐朝

600 —

700 —

800 —

五代十國

900 —

宋

1000 —

1100 —

1200 —

元朝

1300 —

明朝

1400 —

1500 —

清朝

1600 —

1700 —

1800 —

1900 —

中華民國

2000 —

戰鬥吧！非洲聯軍

　　20世紀30年代，法西斯主義者在義大利、德國、日本、西班牙、葡萄牙等多個國家上台，戰爭陰霾再次籠罩全球，非洲又一次被捲入戰火。這次，又輪到衣索比亞中槍了。義大利法西斯元首墨索里尼在征服利比亞之後，決心洗雪40年前的恥辱，建立一個非洲大帝國。從1934年起，義大利就不斷在衣索比亞邊境挑釁。12月5日，一支義大利軍隊衝過邊境，殘殺衣索比亞大批士兵。衣索比亞皇帝海爾‧塞拉西（1892—1975年）趕緊到國際聯盟大會上申訴，希望國聯主持公道。可憐的海爾‧塞拉西似乎忘了，當年孟尼利克二世之所以保持國家獨立，靠的是自己奮戰。只有當你表現出能打的戰鬥力時，國際社會才能幫助你。再加上當時主持國聯的英、法等國，一心想拉攏墨索里尼遏制希特勒，對這種暴行不理不睬。墨索里尼見英、法如此龜縮，心中大喜，在1935年出動大軍，殺奔衣索比亞而來。

　　與40年前的第一次大戰相比，這次衣索比亞和義大利的差距還要更大。義大利出動了坦克、裝甲車、飛機、重炮，而衣索比亞只有舊式步槍及500挺機關槍，但大部分都不能用。而且，如今的義大利在墨索里尼的法西斯黨指揮下，其動員效率比之前有了大幅提高，入侵的義軍很快增兵到50萬（第一次大戰義軍只出動2萬），一定要拿下衣索比亞。面對來勢洶洶的義大利，海爾‧塞拉西奮起迎敵。他打開武器庫，把槍枝彈藥分給民眾，組建了60萬大軍。這些民眾裝備落後，卻靠著一腔熱血和複雜的地形四處狙擊，打得義大利人灰頭土臉，幾個月下來進展緩

慢，氣得墨索里尼臨陣換將。但是雙方畢竟實力懸殊，義大利軍隊仗勢欺人無下限，轟炸村莊、屠殺民眾，甚至施放毒氣，什麼缺德事都幹。經過半年多的血戰，衣索比亞首都被攻陷。墨索里尼得意揚揚，宣布建立「義大利東非帝國」，義大利國王加冕為皇帝。他還計畫安排幾百萬義大利人到衣索比亞殖民，實現昔日羅馬帝國的光榮。最終，海爾‧塞拉西流亡歐洲。在日內瓦，他憤怒地指責英、法：「諸位，義大利明目張膽侵略弱小，你們都不聞不問啊，這國聯不是形同虛設嗎？」英國人很紳士地回答：「皇帝陛下，你這麼說就不對了，我們不是通過決議譴責義大利了嗎？而且還制裁他了啊。」海爾‧塞拉西慘笑道：「譴責？好一個譴責。你們制裁歸制裁，卻不把石油列入禁運物資，你們英、法控制的蘇伊士運河還對義大利軍隊開放，這種制裁有什麼用啊。歷史將會記住你們的決斷！你們在開創一個可怕的先例！」

皇帝陛下這話真說對了。英、法對墨索里尼的姑息養奸，不但沒有「感化」這個法西斯頭目，反而助長其兇焰。不久，墨索里尼和希特勒搞到一起，他們狼狽為奸，利用英、法的懦弱，又先後侵佔了捷克斯洛伐克和阿爾巴尼亞。

1939年，希特勒閃擊波蘭，第二次世界大戰全面爆發。當衣索比亞陷入亡國危難的時候，人民的文化傳統和國家認同感便顯示出了巨大的威力。義大利企圖征服的是一個已經延續了上千年的國家。衣索比亞人民自豪於這種歷史，是不會輕易就範的。他們儘管被英、法拋棄，卻沒有放棄自己手中的武器。他們在全國展開游擊戰，神出鬼沒地打擊義軍。義軍控制的鐵路經常被切斷，重要城鎮也不時被攻佔一下，軍隊這裡被摜倒幾個，那邊被圍殲一隊。在游擊隊的襲擊下，墨索里尼的移民計畫成為泡影，義大利僑民待不了多久就紛紛逃離。義大利佔領衣索比亞的目的是掠奪資源擴大實力，可是現在他們必須在當地維持一支大軍，槍枝彈藥補給還需要從本土運來，這塊地盤就反而成了義大利人的

BC
美尼斯統一古埃及
— 0
阿克蘇姆王國建立
— 100
— 200
— 300
— 400
汪達爾王國建立
— 500
— 600
— 700
阿拉伯人佔領北非
— 800
桑海王國建立
— 900
— 1000
穆拉比特王國建立
— 1100
— 1200
古馬利王國建立
— 1300
— 1400
迪亞士發現好望角
— 1500
第一船黑奴運到美洲
— 1600
— 1700
拿破崙的埃及戰役
— 1800
蘇伊士運河開通
— 1900
第一次世界大戰
— 2000

上古時期　BC

漢

— 0

100 —

三國

晉　200 —

300 —

南北朝　400 —

500 —

隋朝　600 —
唐朝

700 —

800 —

五代十國　900 —

宋　1000 —

1100 —

1200 —

元朝　1300 —
明朝

1400 —

1500 —

1600 —
清朝

1700 —

1800 —

1900 —
中華民國

2000 —

包袱。後來全國游擊隊相互聯絡，建立了統一機構，更是如虎添翼。沒幾年，衣索比亞游擊隊已經擁有40萬大軍。義大利能夠完全控制的，僅僅是全國五分之一面積的大城市和交通線。等到「二戰」正式爆發，衣索比亞抵抗力量迎來轉機。一則，墨索里尼要在歐洲、非洲開戰，必須抽調兵力，他對衣索比亞的控制就要下降。二則，英、法在初期被希特勒、墨索里尼打得落花流水，一個逃回孤島，一個乾脆亡國。它們要對抗德、義，衣索比亞的抵抗軍就成了重要的盟友。

1940年，義大利軍隊從衣索比亞出發，進攻英國的東非殖民地——西邊的蘇丹、東邊的英屬索馬利亞和南邊的肯亞。英國趕緊和海爾·塞拉西結盟，並向衣索比亞的游擊隊提供武器彈藥。這回義大利人的日子不好過了。

東非戰場開打幾個月，義大利連吃敗仗。義軍先是被蘇丹和肯亞的當地部隊擋住，隨後又被人數遠少於自己的英軍打得滿地找牙。衣索比亞戰場也開始反攻。1941年，英軍進入衣索比亞，海爾·塞拉西皇帝也帶著一支人馬返回祖國。在皇帝的號召下，40萬衣索比亞游擊隊人歡馬躍，士氣如虹，向義大利人報仇雪恨。除了英軍和衣索比亞軍隊，還有大批的非洲部隊參加反攻。英國派出了奈及利亞、迦納和獅子山的黑人軍團，比利時派出了剛果部隊，自由法國派了赤道非洲黑人部隊，英國殖民地羅德西亞和尼亞薩蘭建立了志願軍，南非更派出了20萬大軍。各路黑人大軍和非洲白人大軍雲集，義大利慘遭群毆，淪為非洲聯軍發洩怒火的靶子。在衣索比亞游擊隊和非洲聯軍地攻擊下，義大利軍被分割包圍，成了甕中之鱉。沒幾個月，義軍主力被殲，衣索比亞軍民光復了首都，皇帝海爾·塞拉西也恢復了統治。義大利原有的幾塊殖民地也都被英軍佔領，「東非帝國」徹底覆滅，墨索里尼白白損失幾十萬大軍。

奮進！「二戰」的洗禮

第二次世界大戰的非洲，除了東非戰場外，北非戰場要打得更久一些。1940年，義大利從利比亞進攻埃及，雖然一度進入埃及境內，隨後就被英軍打得屁滾尿流，當俘虜的就有13萬。希特勒擔心盟友義大利崩盤，趕緊在1941年初派隆美爾帶著德國「非洲軍」前來增援。隆美爾號稱「沙漠之狐」，善於用兵，德軍也遠比義大利軍精銳得多。隆美爾上任之後，一度打得英軍節節敗退，再度進逼埃及。但因為德軍主力源源不斷地被蘇德戰場的「絞肉機」吸走，隆美爾得不到多少補充，義大利軍隊又太不中用。而英軍在美國的支持下，獲得大量增援。東非戰場獲勝、解放衣索比亞之後，英軍更是沒了後顧之憂。經過近兩年的反覆拉鋸戰之後，德義軍無力再進。1942年10月，英軍蒙哥馬利元帥在阿拉曼戰役中擊敗隆美爾。此後，英軍從東往西一路反攻，德義軍連連後退。同時在西邊，美英軍登陸法國殖民地摩洛哥、阿爾及利亞，向東夾擊德義軍。德義軍隊在兩面夾擊下丟盔棄甲，逐漸全部退縮到突尼西亞一隅。1943年5月，盟軍發起突尼西亞戰役，全殲了北非的德義軍。至此，北非戰役完全結束。隨後盟軍以突尼西亞為跳板，跨過地中海向義大利本土發動了反攻，很快逼得墨索里尼垮台，義大利投降。又過了一年多，德國、日本先後兵敗投降，「二戰」以法西斯陣營的徹底潰敗而告終。

「二戰」期間，非洲為奪取勝利貢獻了大量人力、物力。戰爭初期，歐洲、亞洲被德、義、日佔領了大片領土，非洲的資源和人口幾乎

BC
美尼斯統一古埃及
— 0
阿克蘇姆王國建立
— 100
— 200
— 300
— 400
汪達爾王國建立
— 500
— 600
— 700
阿拉伯人佔領北非
— 800 桑海王國建立
— 900
— 1000
穆拉比特王國建立
— 1100
— 1200
古馬利王國建立
— 1300
— 1400
迪亞士發現好望角
— 1500
第一船黑奴運到美洲
— 1600
— 1700
拿破崙的埃及戰役
— 1800
蘇伊士運河開通
— 1900
第一次世界大戰
— 2000

上古時期　BC

漢

— 0

100 —

三國
晉　　200 —

300 —

南北朝　400 —

500 —

隋朝　　600 —
唐朝

700 —

800 —

五代十國　900 —
宋

1000 —

1100 —

1200 —

元朝　　1300 —

明朝

1400 —

1500 —

清朝　　1600 —

1700 —

1800 —

中華民國　1900 —

2000 —

成了盟軍最重要的補充來源。在這個過程中，非洲的城市、港口得到了進一步建設。可是，非洲人沒有從中得到什麼好處。非洲產的棕櫚油、花生、橡膠、棉花、咖啡、茶葉、可可等各種貨物，隨著戰爭爆發價格大幅上漲，正是大賺一筆的機會，可是殖民政府依然強迫以低價收購，中間的油水全被白人賺取了。相反，非洲人卻要承擔戰爭帶來的物價上漲，以及遭到英、法等國拉壯丁、強徵稅等盤剝。

　　整個「二戰」期間，非洲參加同盟國軍隊的人數超過100多萬人，數十萬人貢獻出生命。除了衣索比亞堅持抵抗義軍外，還有許多非洲國家的人民做出了貢獻，例如在德國進攻法國的時候，法軍中就有8萬西非黑人。他們在德軍閃擊戰下傷亡慘重，很多倖存者當了德軍俘虜，面對著槍口他們依然高呼「法蘭西萬歲！」法國投降後，法國的西非、北非殖民地宣布效忠法國的傀儡政權維琪政府。但查德的總督菲利克斯‧埃布埃（是法屬蓋亞那的美洲黑人）則帶頭宣布效忠戴高樂的自由法國政府，其他法屬赤道非洲殖民地也紛紛效仿，這樣就為自由法國保留了一塊很大的根據地。自由法國政府的首都也搬遷到法屬剛果的首都布拉薩市。等1942年英、美聯軍登陸北非後，法屬北非光復了，法屬西非也緊跟著宣布倒戈向戴高樂政府效忠，幾萬土著軍人加入盟軍。在戴高樂的「自由法國」軍隊裡面，一大半士兵都是西非和赤道非洲的黑人。就是他們高唱著非洲口音的《馬賽曲》，舉著三色旗收復了法國。在戰爭最後階段，法國軍隊裡有30萬阿爾及利亞人；英軍中也有大批土著。在東非，他們擋住了義大利的進攻，解放了衣索比亞，隨後又投入到北非對抗隆美爾的戰爭中，並跨過地中海，遠征歐洲。10多萬肯亞、烏干達、坦干伊加和尚吉巴、南羅德西亞、尼亞薩蘭、黃金海岸、甘比亞、奈及利亞的非洲人參加英軍，在緬甸和馬來西亞打擊日本人。南非作為英聯邦成員，出動幾十萬大軍配合盟軍作戰，犧牲了1萬多人。當然，義大利的北非、東非軍隊裡面也有不少土著士兵，不過義大利的「法西

斯主義」對他們沒什麼好處，因此普遍士氣比較低落。義大利軍隊在非洲幾萬幾萬地當俘虜，一部分是他們的功勞。「二戰」相對「一戰」，戰場跨度更大，戰火更加激烈，傷亡更多，帶給世人的警醒也更深刻。在「一戰」中，「黑人」要嘛在非洲被「白人老爺」帶著當炮灰、當民夫，要嘛在歐洲被逼迫著衝向德軍的機槍和炮火，縱然如此，也讓他們通過戰爭增加了不少自信心。而在「二戰」中，「黑人」不但在非洲抗擊了全副武裝的德義軍隊，還在歐洲大步前進，攻克羅馬、解放巴黎、進軍德意志，親眼看見了不可一世的德軍死傷、投降。他們幫助衣索比亞復國，也在戰爭中思索：大家都是非洲人，衣索比亞遭到歐洲人的入侵，滅亡了，然後努力抗爭，最後復國了。那我們呢？為什麼不能爭取同樣的明天？為了反抗法西斯，英、法加強了在非洲的基礎建設，機場、港口、鐵路不斷修建，城市也得到短暫的繁榮和發展。很多非洲土著擺脫了部族的羈絆，進入城市，目睹了更廣闊的風光，接觸了現代文明。為了反抗法西斯，英、法在戰爭期間必須安撫殖民地的人民，給他們更多的權力。1944年，戴高樂召開了布拉薩會議，會議上戴高樂宣布，將給法屬非洲的殖民地帶來「新政」，恢復傳統酋長的權力，尊重非洲人的傳統，提高他們的政治地位。在1945年的法國制憲議會中，非洲代表的席位從一席增加到九席。

為了反抗法西斯，英、法在招募黑人軍隊時，除了威逼利誘，也用「民主自由」「反對奴役侵略」的口號來鼓動。而這些口號，與英、法一貫對殖民地的做法相比，更在黑人們的頭腦中引起了震盪。同樣，隨著反法西斯戰爭，蘇聯和各國社會主義者的力量空前壯大，社會主義思想也在黑人中開始傳播。歐洲人之前已經培養出的少數黑人精英，也在浩瀚的戰火中摸索著自己的道路，並領導身邊的兄弟們瞭解時政，發出自己的聲音。1945年召開的第五屆泛非大會，其主題就是「結束殖民統治，非洲要獨立！」

BC
美尼斯統一古埃及

—— 0
阿克蘇姆王國建立

—— 100

—— 200

—— 300

—— 400
汪達爾王國建立

—— 500

—— 600

—— 700
阿拉伯人佔領北非

—— 800
桑海王國建立

—— 900

—— 1000
穆拉比特王國建立

—— 1100

—— 1200
古馬利王國建立

—— 1300

—— 1400
迪亞士發現好望角

—— 1500
第一船黑奴運到美洲

—— 1600

—— 1700

拿破崙的埃及戰役

—— 1800
蘇伊士運河開通

—— 1900
第一次世界大戰

—— 2000

上古時期　BC

漢

　　　── 0

　100 ──

三國　200 ──
晉
　300 ──

南北朝　400 ──

　500 ──

隋朝　600 ──
唐朝
　700 ──

　800 ──

五代十國　900 ──
宋
　1000 ──

　1100 ──

　1200 ──

元朝　1300 ──

明朝　1400 ──

　1500 ──

　1600 ──
清朝
　1700 ──

　1800 ──

　1900 ──
中華民國
　2000 ──

　　　古老的非洲，在它傷痕累累、結滿瘡疤的軀體下面，正有一股新的活力在醞釀。

大西洋憲章

　　　1941年8月，美國總統羅斯福和英國首相邱吉爾為了協調反法西斯戰爭，簽署了《大西洋憲章》。其第三條宣稱「美、英尊重所有民族選擇他們願意生活於其下的政府形式之權利；並希望曾經被武力剝奪其主權及自治權的民族，重新獲得主權與自治」。發表之後邱吉爾忽然覺得不妥，趕緊申明說，這條不包括非洲。這下捅了馬蜂窩，非洲的知識份子紛紛寫信痛罵這個出爾反爾的老胖子，並表示「你都發表了，哪有現在來反悔的道理。我們非洲人要按照大西洋憲章的指導思想前進！」

第七章：自由之花——非洲獨立時期

（20世紀中後期）

　　「二戰」摧毀了法西斯的專制，也給了世界人民追求自由的勇氣。要求獨立的浪潮湧起，英、法的殖民帝國如同紙房子一樣接連垮台。到20世紀60年代末，非洲大部分土地已經脫離殖民統治。一片欣欣向榮中，也充斥著陰謀與紛爭、夢想與幻滅。

1. 摩洛哥	11. 獅子山	21. 查德	31. 烏干達	41. 肯亞
2. 西撒哈拉	12. 賴比瑞亞	22. 埃及	32. 盧安達	42. 南非
3. 突尼西亞	13. 象牙海岸	23. 喀麥隆	33. 蒲隆地	43. 賴索托
4. 阿爾及利亞	14. 布吉納法索	24. 中非共和國	34. 衣索比亞	44. 史瓦濟蘭
5. 矛利塔尼亞	15. 尼日	25. 蘇丹	35. 納米比亞	45. 莫三比克
6. 塞內加爾	16. 利比亞	26. 赤道幾內亞	36. 波扎那	46. 索馬利亞
7. 馬利	17. 迦納	27. 加彭	37. 尚比亞	47. 馬達加斯加
8. 甘比亞	18. 多哥	28. 剛果民主共和國	38. 辛巴威	48. 模里西斯
9. 幾內亞比索	19. 貝南	29. 安哥拉	39. 馬拉威	49. 塞席爾
10. 幾內亞	20. 奈及利亞	30. 剛果共和國	40. 坦尚尼亞	

威猛！納瑟板斧

「二戰」結束之後，非洲依然被英、法、葡、比等國佔據，只有衣索比亞、賴比瑞亞、埃及和南非四個獨立國家。畢竟時代不同了，宗主國對殖民地的態度也有所改變。宗主國一方面繼續從殖民地撈錢，一方面也在給殖民地更多的自治權。這裡面，英、法兩個傳統大帝國的做法略有不同。英國國力衰弱，自覺無力維持龐大的全球帝國，準備逐漸培養原先的殖民地建立自己的國家，同時設法保留英國的影響力和權益。比如亞洲的印度、巴基斯坦就在1947年分治了；不過英國覺得非洲比較落後，打算慢慢搞它個幾十年，再讓非洲國家獨立。至於法國，它的思路又有所不同。它準備將殖民地繼續保留在法蘭西框架內，但要給它們更多內部發言權，形成法國的海外省份。然而非洲人經過「二戰」洗禮，獨立自主的激情早已饑渴難耐，容不得你們兩國慢吞吞折騰。非洲國家獨立運動很快便風起雲湧。

「二戰」後最先獨立的非洲國家，是被義大利侵佔的利比亞。義大利法西斯垮台後，英、法佔領了利比亞，並企圖將其由英、法、義三國托管。利比亞人聞訊，一起走上街頭遊行示威，堅決要求獨立。利比亞本土的政治組織紛紛打電話給聯合國陳述心聲，最終聯合國通過了利比亞獨立的決議。1951年，利比亞聯合王國成立，塞努西教團領袖穆罕默德·伊德里斯·塞努西（1890—1983年）擔任國王。這位國王從1912年起和義大利人打了30年，總算是修成正果了。利比亞成為非洲第五個獨立國家。接著，已經獲得獨立的埃及又鬧起來了。前面說過，埃及雖然

BC
美尼斯統一古埃及

— 0
阿克蘇姆王國建立

— 100

— 200

— 300

— 400
汪達爾王國建立

— 500

— 600

— 700
阿拉伯人佔領北非

— 800
桑海王國建立

— 900

— 1000
穆拉比特王國建立

— 1100

— 1200
古馬利王國建立

— 1300

— 1400
迪亞士發現好望角

— 1500
第一船黑奴運到美洲

— 1600

— 1700

拿破崙的埃及戰役
— 1800

蘇伊士運河開通
— 1900
第一次世界大戰

— 2000

上古時期　BC

漢

　— 0

100 —

三國
晉　　200 —

300 —

南北朝　400 —

500 —

隋朝　600 —
唐朝
700 —

800 —

五代十國　900 —
宋
1000 —

1100 —

1200 —

元朝　1300 —

明朝　1400 —

1500 —

1600 —

清朝　1700 —

1800 —

1900 —

中華民國
2000 —

在1922年獲得獨立，但英軍依然駐紮著，蘇伊士運河依然被控制著，等於還是半殖民地。等到「二戰」打完，埃及人要求徹底獨立，英軍撤出埃及。但當時的埃及國王乃是著名的花花公子法魯克一世（1920—1965年），他和英國人勾結，出賣國權，鎮壓民眾。1948年以色列和阿拉伯國家爆發第一次中東戰爭，埃及出兵支援阿拉伯兄弟，但其後台老闆英國卻支持以色列，導致埃軍在前線打得很糟糕，這也算是雪上加霜了。執政的瓦夫德黨再次要求英軍撤出埃及，結果法魯克一世直接把瓦夫德黨內閣解散，又出動軍警鎮壓「鬧事」的群眾。

這下子，埃及人終於忍無可忍。1952年，一位叫賈邁勒‧阿卜杜勒‧納瑟（1918—1970年）的青年軍官，率領「自由軍官團」發動政變。法魯克的種種倒行逆施早已天怒人怨，政變幾乎一滴血沒流就成功了。法魯克被迫退位，逃亡國外繼續當他的富翁。

政變成功後，納瑟先讓法魯克的兒子當國王，一年後宣布廢止君主制度，埃及改為共和國，由納吉布將軍擔任總統。又過了幾個月，納瑟罷免納吉布，自任總統，從此正式走上前台領導埃及。

納瑟上台後，一心要收回被英軍佔領的蘇伊士運河，開始積極推動此事；而英軍呢，也發覺這個新上台的將領不好惹，佔領運河成了英國的包袱，迫使英軍駐留八萬之眾。埃及和英國這種不對付，還造成整個阿拉伯世界對英國的不滿。權衡再三，英國同意撤出運河區。至此，埃及終於實現了真正的獨立。1955年，納瑟出席亞、非國家的「萬隆會議」，成為會議上的明星，成為不結盟運動的創始人之一。

再說英國撤出埃及後，滿以為老大都這麼給面子了，納瑟也會給老大面子，從此乖乖聽英國的話，幫助英國在中東對抗蘇聯。誰知道納瑟不願意給英國當跟班。你大英帝國欺負了埃及這麼多年，現在還支持以色列，我聽你的，腦子壞了嗎？他為了對抗以色列，接受了蘇聯和東歐國家的軍事援助，還跟中華人民共和國建交。1956年7月，納瑟宣布把

英、法控股的蘇伊士運河公司收歸國有（按照合約本來還有12年）。這下英國和法國徹底不能忍了，好個不知天高地厚的毛頭小子，老大給你臉你反而要打老大的臉啊！他們夥同以色列向埃及發動進攻。1956年10月，蘇伊士運河戰爭（第二次中東戰爭）爆發，以色列悍將夏隆率軍突破西奈半島，直撲蘇伊士運河；英、法600多架戰鬥機狂轟濫炸，數千空降兵和2萬多海軍陸戰隊進攻蘇伊士運河區。納瑟臨危不亂，命令西奈的部隊且戰且退，節節抵抗；空軍與強敵頑強交戰，運河區軍民一體，迎擊英、法聯軍，又下令阻塞運河航運，完全中斷對歐洲的油品供應。埃及雖然傷亡慘重，卻也給英、法以造成了巨大麻煩。

蘇伊士運河戰爭震驚全球。英、法的盟主——美國不希望這事鬧大，趕緊發話：二位，你們再這麼鬧下去，整個阿拉伯世界都被推到蘇聯那邊去了！趕緊撤軍，不然我就拋售你們的國債，也不給你們石油！蘇聯更是乾脆，直接宣稱：英、法這麼以大欺小，蘇聯要用導彈來替天行道！還有以色列，你瞎摻合什麼？我對你作為一個國家的存在已產生了懷疑。英聯邦內部的加拿大、澳大利亞也反對，葡萄牙和冰島竟然建議把英、法開除出北約。阿拉伯世界更是一片譁然，沙烏地阿拉伯與英、法斷交。眾叛親離之下，英、法以三國支持不住，只得撤軍。

這樣，納瑟贏得了最終勝利，並成為阿拉伯世界的領軍人物，被描繪為現代薩拉丁。

1958年，歷史上經常被埃及王朝統治的敘利亞竟然主動要求和埃及合併，建立了「阿拉伯聯合共和國」，並讓納瑟擔任總統。雖然這個短暫的聯合國家在1961年就重新分離成兩個國家，但由此可見納瑟的威望多麼高。

趕跑了英、法，納瑟努力建設國家。他反對教權過於干涉世俗；頒布法令解放婦女；他實行土地改革，限制了每個人佔有的土地數量；反對貪污腐化，尋求社會公平。埃及收回了幾萬家英、法公司的股份，

BC
美尼斯統一古埃及

—0
阿克蘇姆王國建立

—100

—200

—300

—400
汪達爾王國建立

—500

—600

—700
阿拉伯人佔領北非

—800
桑海王國建立

—900

—1000
穆拉比特王國建立

—1100

—1200
古馬利王國建立

—1300

—1400
迪亞士發現好望角

—1500
第一船黑奴運到美洲

—1600

—1700

拿破崙的埃及戰役
—1800

蘇伊士運河開通
—1900
第一次世界大戰

—2000

上古時期　BC

漢

　　　　　─ 0

　　　　100 ─

三國
晉　　　200 ─

　　　　300 ─

南北朝　　400 ─

　　　　500 ─

隋朝
唐朝　　600 ─

　　　　700 ─

　　　　800 ─

五代十國　900 ─

宋　　　1000 ─

　　　　1100 ─

　　　　1200 ─

元朝　　1300 ─

明朝
　　　　1400 ─

　　　　1500 ─

　　　　1600 ─

清朝
　　　　1700 ─

　　　　1800 ─

　　　　1900 ─

中華民國

　　　　2000 ─

培養埃及本地人接手高階技術和管理，大力發展工業化，取得了很大成績，當然代價是人民生活水準沒多大提升。蘇聯援建的亞斯文大壩建成，既減少了尼羅河氾濫帶來的危害，又發電改善了民生促進經濟發展。在納瑟領導下，埃及從英國的附庸國一躍成為獨立自主的地區強國。納瑟本人作風也較為清廉，作為一國元首依然住在自己當中校時的房子裡，也不聚斂錢財。

　　儘管西方和政敵攻擊納瑟，說他大行獨裁、濫用祕密員警、囚禁政敵，但這絲毫無法削弱埃及人對納瑟的愛戴。1967年，以色列發動第三次中東戰爭，短短6天內便擊潰阿拉伯聯軍，佔領了埃及控制的加薩走廊和西奈半島。納瑟悲愁交加，提出辭職，卻被民眾挽留。

　　1970年，納瑟因心臟病去世，竟有400萬人為他送葬。全世界都為之惋惜。

　　納瑟趕走了英國人，在非洲獨立浪潮中達到推波助瀾的作用。首先，藉由英、埃衝突，尤其是第二次中東戰爭，人們發現昔日的日不落帝國，如今真的是衰落了，離開美國的支持，連個「小小的」埃及都搞不定。其次，納瑟的自強，也讓非洲獨立的鬥士們得到鼓勵。而納瑟領導的埃及，也會對他們提供政治、經濟、軍事的支援。

　　由於蘇丹原先名義上是「英、埃共管」，埃及趕走英國人後，放棄對蘇丹的統治權，蘇丹遂於1956年1月1日獨立，成為非洲第六個獨立國家。不過，蘇丹原本南北衝突極大，北方的伊斯蘭教信徒和南方的基督教信徒、原始宗教信徒勢同水火。因此獨立前南北內戰便已爆發，半個多世紀依然未消，最終導致蘇丹的分裂。在2011年7月14日成為兩個國家——蘇丹和南蘇丹。

美蘇的態度

「二戰」後，世界大局是以美國為首的西方世界和以蘇聯為首的社會主義陣容互爭雄長。但具體到非洲問題上，美國和蘇聯都企圖打破傳統西方強國對非洲的把持，而把自己的勢力伸進去。因此，在非洲國家獨立問題上，出現了美、蘇實質上聯合對付英、法、比、葡等國的局面。這也是促使非洲國家蜂擁獨立的原因之一。

花花公子法魯克一世

法魯克一世從小不學無術，只知道賭博打獵，更兼生性好色，公開宣稱男人可以找很多情婦。他是個大胃王，一頓早飯可以吃12個雞蛋，午飯吃40隻鵪鶉，還經常躲在暗處大吃巧克力，體重最高達300磅。他曾因賭博一次輸掉15萬美元，也喜歡讀色情雜誌還嗜好盜竊，特地從監獄裡找了個老扒手教自己練絕技，然後經常在正式場合偷盜貴賓的財物。他偷了邱吉爾的懷錶，參加伊朗國王的葬禮時偷了陪葬品。政變退位之後，法魯克帶著大批錢財在歐洲逍遙自在。1965年，他吃了一頓大餐後撐死了。

納瑟和刺客

1954年10月26日，納瑟發表群眾講話時，一個「穆斯林兄弟會」的刺客向他連開數槍都未命中。納瑟繼續演說道：「讓他們殺納瑟吧。納瑟只不過是眾多人群中的一員……如果我死了你們依然是納瑟。」因為他的反應太完美了，以至於有人認為這場刺殺根本是他安排的。

BC
美尼斯統一古埃及

— 0
阿克蘇姆王國建立

— 100

— 200

— 300

— 400
汪達爾王國建立

— 500

— 600

— 700
阿拉伯人佔領北非

— 800
桑海王國建立

— 900

— 1000

穆拉比特王國建立
— 1100

— 1200
古馬利王國建立

— 1300

— 1400
迪亞士發現好望角

— 1500
第一船黑奴運到美洲

— 1600

— 1700

拿破崙的埃及戰役
— 1800

蘇伊士運河開通
— 1900
第一次世界大戰

— 2000

─ 0

100 ─

200 ─

300 ─

400 ─

500 ─

600 ─

700 ─

800 ─

900 ─

1000 ─

1100 ─

1200 ─

1300 ─

1400 ─

1500 ─

1600 ─

1700 ─

1800 ─

1900 ─

2000 ─

崩潰！法蘭西帝國

這邊英國丟了埃及，那邊非洲殖民地面積最大的法國也在苦惱。

20世紀50年代法國在非洲總共有大大小小19塊殖民地，包括北非的摩洛哥、突尼西亞、阿爾及利亞3個，西非的塞內加爾、幾內亞、馬利、科特迪瓦（象牙海岸）、貝南（達荷美）、茅利塔尼亞、布吉納法索（上伏塔）、尼日8個，赤道非洲的加彭、法屬剛果、中非（烏班吉沙立）、查德4個，印度洋的馬達加斯加、葛摩、留尼旺3個島，以及東北非洲的法屬索馬利亞。另外，他還佔有「一戰」後從德國手中拿過來的多哥和喀麥隆兩塊託管地。

北非的摩洛哥、突尼西亞和阿爾及利亞，被法國佔領前原本都是比較成熟的國家，因此最先獨立了。摩洛哥國王穆罕默德五世不甘心當傀儡，公開支持獨立。法國人逮捕了穆罕默德五世，血腥鎮壓了獨立運動，結果摩洛哥全國人民都暴跳起來，還組織了「摩洛哥解放軍」，與法軍展開激戰。另一邊，突尼西亞人也在律師布爾吉巴的領導下開始獨立運動。這位布爾吉巴在法國受教育，娶了法國老婆，一顆心卻嚮往自由。法國人把他也逮捕了，同樣引起突尼西亞人的大規模抗議，法軍的鎮壓更逼出了游擊隊。這時候，法國在非洲也是四面楚歌，權衡利弊之後，同意讓摩洛哥和突尼西亞獨立。穆罕默德五世和布爾吉巴都被釋放，受到群眾英雄般的歡迎。1956年3月2日和20日，摩洛哥、突尼西亞先後獨立，成為非洲第七個和第八個獨立國家。

法國讓摩洛哥、突尼西亞獨立，是為了集中力量把阿爾及利亞保

住。畢竟這塊地方法國已經佔了差不多一百年，單是移民就有上百萬，最近還發現了石油，丟掉實在可惜。但阿爾及利亞的民眾是豁出性命也要獨立，雙方就這麼僵持不下。1945年5月，法國員警對和平示威者開槍，引發阿爾及利亞民族運動。1947年，原法軍的退役軍官本貝拉等人建立了激進武裝組織，開始拿起武器。最初幾年他們襲擊的目標，包括法國殖民政府、軍警，以及投靠法國殖民政府的人，並且嚴格控制不許傷害白人平民。但法國卻嚴厲鎮壓，甚至把大批不知情的民眾抓進集中營嚴刑拷打。這樣一來，兩個民族徹底成了死對頭，內亂升級為民族戰爭。

1956年，法國在阿爾及利亞增兵到50萬，並從摩洛哥空軍專機上逮捕了阿爾及利亞領導人本貝拉。而阿爾及利亞反抗者在摩洛哥、突尼西亞和埃及支持下，和法軍大打游擊戰，敵進我退，敵退我進。法國軍方和僑民武裝聯合起來，在城市搞鐵絲網、探照燈分割區塊，大肆抓捕阿爾及利亞人，將他們送進集中營，很多人進去後就消失了。在這些鐵血措施下，阿爾及利亞反抗軍暫時銷聲匿跡。1958年，愛國者們跑到突尼西亞建立了臨時政府。

法國軍方的殘暴手段一時取得優勢，卻遭到了法國國內民眾的反對，而軍方則堅決要維護戰鬥成果，這樣法國又起了內訌。加之法國這些年政局混亂，國內三大政黨相互鬥爭，阿爾及利亞這塊寶地，竟然成了燙手的山芋。由於這種混亂，導致了法蘭西第四共和國垮台。無奈之下，法國政府只得請德高望重的民族英雄戴高樂將軍重新出山，收拾這個爛攤子。戴高樂建立了第五共和國，開始尋求徹底解決阿爾及利亞問題。

最初，戴高樂還是想把阿爾及利亞留在法蘭西共和國內。他盡可能地安撫雙方，試圖找出阿爾及利亞人中的溫和派，建立一個和法國政府合作的本地政府。但是由於之前的戰爭和血腥屠殺，民族衝突已經非

BC
美尼斯統一古埃及

— 0
阿克蘇姆王國建立

— 100

— 200

— 300

— 400

汪達爾王國建立

— 500

— 600

— 700
阿拉伯人佔領北非

— 800
桑海王國建立

— 900

— 1000

穆拉比特王國建立

— 1100

— 1200
古馬利王國建立

— 1300

— 1400
迪亞士發現好望角

— 1500
第一船黑奴運到美洲

— 1600

— 1700

拿破崙的埃及戰役
— 1800

蘇伊士運河開通
— 1900
第一次世界大戰

— 2000

上古時期　BC

漢

　　　　　— 0

　　　　100 —

三國　　200 —
晉
　　　　300 —

　　　　400 —
南北朝
　　　　500 —

隋朝　　600 —
唐朝
　　　　700 —

　　　　800 —

五代十國　900 —
宋
　　　　1000 —

　　　　1100 —

　　　　1200 —
元朝
　　　　1300 —
明朝
　　　　1400 —

　　　　1500 —

清朝　　1600 —

　　　　1700 —

　　　　1800 —

　　　　1900 —
中華民國
　　　　2000 —

常激烈，再沒有調和的餘地。戴高樂無奈，宣布阿爾及利亞全民公投決定是併入法國、有限自治還是完全獨立。這個公投引發軍方和阿爾及利亞的歐洲僑民極大不滿：「你這時候舉辦公投，不是眼睜睜讓叛軍獨立嗎？我們流了這麼多血難道都白流了？」軍方試圖發動政變，而當地的法國民團則直接上街修築街壘。這下徹底斷絕了和解的希望。1962年公投之後，多數阿爾及利亞人願意獨立，戴高樂簽約同意。在阿爾及利亞的歐洲僑民眼見自己僑居多年的故鄉要獨立，絕望之下發動大規模暴亂，武裝分子衝上街頭，摧毀各種民用設施，殺害市民。之後，他們浩浩蕩蕩地拋棄家園，逃回歐洲。1962年7月5日，阿爾及利亞正式獨立。在內戰中死亡的阿爾及利亞人超過50萬。

　　就在法國政府為阿爾及利亞焦頭爛額時，其他非洲殖民地也鬧起了獨立。本來，法國對撒哈拉以南的國家還是很想一家親的。儘管它也曾鎮壓這些國家的獨立運動（1947年馬達加斯加起義，法軍屠殺了近10萬人），但整體而言，法國是把這些地區當作法蘭西海外省份的，盡可能地培養當地黑人的精英階層，作為法國統治的助手。比如塞內加爾的詩人桑格爾（1906—2001年）和象牙海岸的醫生伍弗耶布尼（1905—1993年），都是黑人中的出類拔萃者，在法國受教育，還進入了法蘭西議會，參與起草和簽署法國憲法。伍弗耶布尼還是法國政府的第一位黑人部長。他們都希望非洲國家能夠獲得更多的自治權，但同時並不反對法國的統治。法國政府也希望把它們維護在法蘭西的體制內，為此不但讓非洲人選舉自己的領導，也讓非洲人擔任法國高官。1957年，法國政府裡面已經有四位黑人部長。

　　1958年，總統戴高樂向法國的13塊較大殖民地（西非8個、赤道非洲4個以及馬達加斯加）提出一道三選一的選擇題：

　　（1）完全脫離法國獨立，同時失去法國的一切資助；

　　（2）完全成為法蘭西共和國的一個省份；

（3）成為法蘭西共同體內的自治共和國，接受法國的資助，同時保留法國的一些權力。

各個殖民地投票結果，13個有12個選擇第三項，只有幾內亞在杜爾（1922─1984年）的率領下，有95%的人選擇完全脫離法國。1958年10月2日，幾內亞獨立，成為第十個獨立的非洲國家（第九個是原英國殖民地迦納）。

戴高樂臉色一變：「很好，那你們就獨立吧。」他下令法國政府官員、軍人、員警、醫生、教師、工程師等全部撤出幾內亞，而且把所有的設備、物資能帶走的都帶走，帶不走的都砸毀了，留給幾內亞一個空蕩蕩大地。戴高樂暗自咬牙：你要獨立，就讓大家看看沒了法國的支持，你們獨立了又有什麼用！誰知道早就盯著非洲的蘇聯馬上插了進來，東歐的大批援助物資和人員源源不斷地進入，還有之前獨立的迦納也給予了援助。這下子，幾內亞不但站穩了腳跟，反而成為領導非洲人民反抗帝國主義的英雄。

戴高樂呢，好歹13個殖民地歸順了12個，也算有面子。但是沒多久，這些自治共和國「得寸進尺」，再也不滿足於法蘭西框架下的地位，一個接一個地提出了完全獨立的要求。於是在1960年6月，馬達加斯加獨立。8月，貝南（達荷美）、尼日、布吉納法索（上伏塔）、象牙海岸（象牙海岸）、查德、中非、剛果、加彭、塞內加爾等9個國家先後獨立。9月，馬利獨立。11月，茅利塔尼亞獨立。另外，法國託管的喀麥隆和多哥分別在1960年1月和4月獨立。再加上兩年後的阿爾及利亞獨立，葛摩島在1975年獨立，法屬索馬利亞在1977年建立了吉布地共和國。至此，稱雄一時的法蘭西在非洲只剩下留尼旺島這一個孤零零的海外省份。當然，這些國家雖然獨立了，和宗主國的關係還是不錯的，連它們的貨幣都是「非洲法郎」，法國也依然把它們看作自己的小兄弟和勢力範圍，給他們經濟援助，法軍在當地也有駐紮。

BC
美尼斯統一古埃及

─ 0
阿克蘇姆王國建立

─ 100

─ 200

─ 300

─ 400
汪達爾王國建立

─ 500

─ 600

─ 700
阿拉伯人佔領北非

─ 800
桑海王國建立

─ 900

─ 1000
穆拉比特王國建立

─ 1100

─ 1200
古馬利王國建立

─ 1300

─ 1400
迪亞士發現好望角

─ 1500
第一船黑奴運到美洲

─ 1600

─ 1700

拿破崙的埃及戰役
─ 1800

蘇伊士運河開通
─ 1900
第一次世界大戰

─ 2000

在1960年總共有12個法屬殖民地和兩塊託管地獨立，再加上比利
時的剛果、英國的奈及利亞和英國託管的索馬利亞，1960年，一共獨立
了17個非洲國家，因此，這一年被稱為「非洲獨立之年」。這17個新獨
立國家的人口和面積都占非洲大陸三分之一強，加上之前獨立的10個國
家，非洲總共已有27個國家、三分之二的面積和四分之三的人口獨立。

杜爾

杜爾的曾祖父是19世紀的西非烏阿蘇魯國王薩摩里，曾經和法國打了
10多年仗，杜爾家族世代反抗法國，並成為馬列主義信徒，建立了幾內亞
民主黨。1957年，杜爾當選為幾內亞總理，積極推動完全獨立。戴高樂提
醒杜爾，割裂法國，幾內亞經濟會有困難。杜爾回答：「寧可要自由中的
貧窮，也不願在富裕中為奴」

一 0

100 —

200 —
三國
晉
300 —

400 —
南北朝

500 —

隋朝 600 —
唐朝

700 —

800 —

五代十國 900 —

宋 1000 —

1100 —

1200 —

元朝 1300 —

明朝 1400 —

1500 —

1600 —
清朝

1700 —

1800 —

1900 —
中華民國
2000 —

尷尬！監獄裡當選總理

英國在非洲佔的人口最多。除了前面已經獨立的蘇丹、利比亞外，還有西非的黃金海岸（迦納）、獅子山、奈及利亞、甘比亞，中南部非洲的巴索托（賴索托）、史瓦濟蘭、貝專納（波札那）、北羅德西亞（尚比亞）、南羅德西亞（辛巴威）、尼亞薩蘭（馬拉威），東非的坦干伊加、尚吉巴、肯亞、烏干達、英屬索馬利亞，以及模里西斯和塞席爾群島。

相對於法國，英國的非洲殖民地脫離得沒有那麼火爆激烈。尤其在西非地區，英國原本就打算逐步培養黑人精英，緩慢實現自治，最好自治後的西非國家還能留在英聯邦內當英國的小弟。在西非的黃金海岸（迦納）、獅子山、奈及利亞、甘比亞四塊地盤中，英國選中黃金海岸作為試點。因為這塊地靠著出口可可，經濟比較發達，殖民政府機構成熟，教育程度也較高，黑人還進入政府高層，獲得了立法院的幾個席位。英國在這裡扶持了一個由黑人精英組成的政黨「黃金海岸聯合大會」，準備作為盟友，未來讓它管理迦納。

誰知半路殺出一個程咬金來。此人名叫夸梅・恩克魯瑪（1909—1971年），他出生在一個金匠和小商販家庭，曾做過多年教師，又在美國取得經濟學、社會學和哲學的學位，在英國學習法律，算是中下層爬上來的知識份子。他在英、美學習期間，成為泛非主義者，崇拜印度聖雄甘地，想以非暴力的合法手段取得國家獨立。他與各國運動人士交往甚多。「黃金海岸聯合大會」看中他的才能，請他擔任總書記。1948

BC
美尼斯統一古埃及

— 0
阿克蘇姆王國建立

— 100

— 200

— 300

— 400
汪達爾王國建立

— 500

— 600

— 700
阿拉伯人佔領北非

— 800
桑海王國建立

— 900

— 1000

穆拉比特王國建立

— 1100

— 1200
古馬利王國建立

— 1300

— 1400
迪亞士發現好望角

— 1500
第一船黑奴運到美洲

— 1600

— 1700

拿破崙的埃及戰役
— 1800

蘇伊士運河開通

— 1900
第一次世界大戰

— 2000

上古時期　BC

漢

— 0

100 —

三國
晉

200 —

300 —

南北朝

400 —

500 —

隋朝
唐朝

600 —

700 —

800 —

五代十國

900 —

宋

1000 —

1100 —

1200 —

元朝

1300 —

明朝

1400 —

1500 —

1600 —

清朝

1700 —

1800 —

1900 —

中華民國

2000 —

年，一群非洲的前公職人員進行和平示威，抗議生活費上漲，家裡沒米下鍋。殖民地員警一時手抖，開槍釀成動亂。殖民當局懷疑「黃金海岸聯合大會」是幕後黑手，就把這個自己培養的黨高層抓住關了幾個月。等放出來後，恩克魯瑪脫胎換骨，再也看不上行動遲緩的「黃金海岸聯合大會」。他自己組建了一個「人民大會黨」，採取激進路線，激烈抨擊殖民者，要求英國人趕緊滾蛋，立刻實現自治！

恩克魯瑪學識豐富，口才出眾，他的演說能讓群眾完全陷入狂熱，他提出的口號也很能鼓動人心。很快，「人民大會黨」完全壓倒「黃金海岸聯合大會」，成為擁躉最多的政黨。他號召不等不靠，積極行動趕走英國人，於是全國罷工、遊行不斷。這下英國殖民當局火了，把他抓起來判了3年徒刑。但對於政治人物來說，坐監更能增加魅力，恩克魯瑪反而獲得了更多的支持者。

1951年英國舉辦迦納大選，結果38個議員，人民大會黨獲得了34個。而恩克魯瑪在獄中參選阿卡拉選區的議員，獲得了90%的選票！於是，恩克魯瑪從監獄出來，成了黃金海岸的總理。此後，恩克魯瑪不斷向英國政府要求讓黃金海岸獨立。經過數年討價還價，英國終於鬆口。1957年3月，黃金海岸正式獨立，國名借用了西非古國「迦納」的國號。這是非洲大陸的第九個獨立國家，也是第一個真正獨立的「黑非洲」國家（摩洛哥、突尼西亞、埃及、利比亞都是阿拉伯人和柏柏人，衣索比亞自稱是猶太人後代，賴比瑞亞是美國黑人殖民者當權，南非是白人殖民當權，蘇丹北部也是白人當權國家）。因此，恩克魯瑪被稱為迦納之父，非洲獨立的先驅。

迦納獨立儀式成為整個非洲的慶典。美國副總統尼克森、英國肯特郡主都去參加了慶典。尼克森還在會上鬧了個笑話。他誤把美國黑人運動領袖馬丁・路德・金恩當成了非洲黑人，問他「自由的感覺如何？」馬丁・路德・金恩回答：「我還沒自由，正在抗爭呢。」3月6日午夜12

點，大英帝國的米字旗落下，迦納新國旗升起。恩克魯瑪淚流滿面地宣布：「今天，新非洲出現了。」

恩克魯瑪成了世界明星，在國際舞台上大出風頭。英國女王伊麗莎白二世不但接見了恩克魯瑪，還邀請他到行宮作客。恩克魯瑪雄心勃勃，決心要「把非洲從殖民主義手中拯救出來」。他想建立一個非洲合眾國，自己擔任總統。1958年，他召開了首屆非洲獨立國家會議。大批尋求獨立的非洲政治家濟濟一堂，未來不少非洲的重量級人物都在此風雲際會。12月，他主持召開第一次全非人民大會，譴責殖民主義，要求實現非洲的完全解放。他也是不結盟運動的發起者之一。對非洲其他國家的獨立，他也想方設法支持。

在國內，迦納民眾把他奉為神明，他也欣然大權獨攬。1960年，他廢除以英國女王為君主的國體，改為迦納共和國，自任總統。他按照自己的設想不斷上馬項目，想把迦納建設成一個富足的社會主義強國。在政治上，他傾向於蘇聯、東歐陣營。

然而「日中則昃，月盈則虧」，恩克魯瑪不經流血便爭取到了迦納獨立，這導致他治理國家和國際戰略眼光都過於簡單幼稚。在國內，他不顧迦納國情，盲目而激進地上馬專案，一味用剪刀差壓榨農業，對經濟造成很大破壞。國內貪腐橫行，浪費嚴重，民眾怨聲漸起。而在國際上，恩克魯瑪試圖當非洲總統的野心，也對別國造成很多困擾。加之他大罵西方帝國主義，與蘇聯親近，更是成為美國的眼中釘。1966年，趁恩克魯瑪訪問越南時，美國總統詹森支持迦納軍隊發動政變，推翻了恩克魯瑪。恩克魯瑪在幾內亞避難，於1971年去世。迦納則陷入了政變不斷的軍人統治時期。

不管如何，恩克魯瑪和迦納在當時是成功的，也給英屬西非的其他地方豎立了榜樣。於是在1960年，奈及利亞獨立；1961年，獅子山獨立；1965年，甘比亞獨立，至此英屬西非四國全部獨立。這其中，隱患

BC
美尼斯統一古埃及

— 0
阿克蘇姆王國建立

— 100

— 200

— 300

— 400
汪達爾王國建立

— 500

— 600

— 700
阿拉伯人佔領北非

— 800
桑海王國建立

— 900

— 1000
穆拉比特王國建立

— 1100

— 1200
古馬利王國建立

— 1300

— 1400
迪亞士發現好望角

— 1500
第一船黑奴運到美洲

— 1600

— 1700

拿破崙的埃及戰役
— 1800
蘇伊士運河開通

— 1900
第一次世界大戰

— 2000

最大的是奈及利亞，因為奈及利亞領土遼闊、人口眾多，北部的豪薩-富拉尼族、東部的伊博人和東部的約魯巴人長期分離，彼此仇恨很深。在未來，這一問題將給國家帶來動盪與內戰。

— 0

100 —

200 —
三國
晉
300 —

400 —
南北朝

500 —

隋朝　600 —
唐朝

700 —

800 —

五代十國
900 —
宋
1000 —

1100 —

1200 —

元朝　1300 —

明朝
1400 —

1500 —

清朝　1600 —

1700 —

1800 —

1900 —
中華民國

2000 —

盧蒙巴！民主剛果殉難者

BC
美尼斯統一古埃及

— 0
阿克蘇姆王國建立

— 100

— 200

— 300

— 400
汪達爾王國建立

— 500

— 600

— 700
阿拉伯人佔領北非

— 800
桑海王國建立

— 900

— 1000

— 1100
穆拉比特王國建立

— 1200
古馬利王國建立

— 1300

— 1400

— 1500
迪亞士發現好望角
第一船黑奴運到美洲

— 1600

— 1700

— 1800
拿破崙的埃及戰役

— 1900
蘇伊士運河開通

— 2000
第一次世界大戰

　　自由不是從天而降，是用抗爭和鮮血換來的。對非洲國家來說，絕不是獨立了就萬事大吉，中非大國剛果民主共和國（簡稱民主剛果 RD Congo）就是最好的例子。在非洲諸國中，民主剛果的自然條件相當不錯，論面積僅次於阿爾及利亞和分裂前的蘇丹，但阿爾及利亞大部分領土是撒哈拉沙漠，而剛果則是熱帶雨林、草原，雨水豐富，又有世界第二大河剛果河作為航路。剛果的礦產也很豐富，1959年的銅產量佔了世界總產量的10%，鈷產量佔了50%，工業用鑽石占70%。早在幾百年前葡萄牙就在這裡推廣天主教，連耶穌都被畫成黑人形象，基礎教育開展得也還不錯。唯一的問題是這裡的殖民者吃相比較難看。當初，利奧波德二世敲骨吸髓，讓歐洲列強都看不下去，後來比利時政府接手，他們也不像英、法那樣逐漸培養本地人。剛果的一切管理職位、技術崗位都控制在比利時人手裡，剛果人就當他們的奴僕。直到1950年前，剛果人只許上小學，不許上中學。

　　面對非洲國家風起雲湧的獨立運動，剛果殖民者拚命地藏著、掖著，想把這塊寶地和周圍那些不安分的黑人隔絕開來，繼續過自己的好日子。法國中央政府裡都開始出現黑人部長了，可剛果任何一級會議裡連黑人代表都沒有。直到1956年，黑人仍不被允許組成政黨，也不被允許獨立辦報紙。

　　然而，歷史大潮難以逆轉。1956年，剛果本地的一小群精英也開始鬧獨立，加上美、蘇施壓，比利時被迫開放黨禁。被壓抑了幾十年的剛

上古時期　BC

漢

　— 0

100 —

三國
晉　200 —

300 —

南北朝　400 —

500 —

隋朝　600 —
唐朝

700 —

800 —

五代十國　900 —
宋

1000 —

1100 —

1200 —

元朝　1300 —

明朝

1400 —

1500 —

清朝　1600 —

1700 —

1800 —

1900 —
中華民國

2000 —

果人**轟**的一聲炸開了。他們投身到**轟轟**烈烈的獨立運動之中。剛果各地熱火朝天，竟組成了一百多個政黨，大部分都是由同一個部族們組成一黨，但幾乎所有的政黨都只在某個地區有影響力。比如說其中最強大的一個黨是卡薩武布領導的巴剛果聯盟，這個黨號召要恢復古老的剛果王國，包括了民主剛果、剛果、加彭、安哥拉等地區，支持者人數眾多，集中在剛果河下游地區的巴剛果族人中。另一個強有力的政黨是加丹加部落聯合大會。加丹加位於剛果東南部，礦產最富饒。部落聯合大會的領袖沖伯是黑人中的精英富翁，和比利時人關係很好，屬於親比利時的一派，可他的政黨擁躉也僅限於自己的隆達族人。

　　這裡面唯一的全國性政黨，是盧蒙巴（1925—1961年）組織的剛果民族運動。盧蒙巴出身於農民家庭，當過小職員、推銷員，辦過報紙，參加過競選，也是一個草根白領。他是迦納「國父」恩克魯瑪的粉絲，他的政治綱領是：打破部族之間的隔閡，全體剛果人團結起來，爭取整個剛果的獨立自由！因為觀點激進，他得到了大批剛果人的擁戴，但也被比利時政府視為眼中釘，還被抓起來關了一陣。

　　比利時政府見人心難違，只得宣布準備啟動剛果獨立進程。1960年1月，比利時政府召開圓桌會議，包括盧蒙巴等人被從監獄裡放出來開會。會上，剛果人紛紛表達要獨立的熱望。比利時人滿面帶笑宣布：我懂，我懂。大夥兒不是要獨立嗎？沒問題。再過半年我們就獨立！

　　剛果政客們大為驚喜，這是閃電速度啊！比利時政府呢，可絕非是好心。他們的算盤是，既然你們要獨立，我就趁你們政黨剛剛組建，力量分散的時候推動你獨立。這樣你們力量分散，無法控制國家，才便於我繼續保持勢力，還可以培養代理人。不得不說，比利時人這個陰招還是很有水準的。

　　在1960年，剛果境內只有30個大學畢業生、幾百個中學畢業生和牧師，知識份子和技術管理人才嚴重缺乏，卻又分成一百多個部族政黨。

這時候獨立的剛果像一盤散沙，按理是離不開比利時扶持的。

1960年5月，剛果大選開始。100多個政黨轟轟烈烈地參加競選，結果盧蒙巴的民族運動獲得勝利。比利時政府對這個激進的傢伙挺不爽，他們想扶持一個溫和聽話的政黨團體。但是盧蒙巴拉攏了卡薩武布和其他一些政黨聯盟，取得了過半的議席。這樣，新的剛果政府建立了。卡薩武布擔任名譽上的國家元首——總統，而實權則掌握在盧蒙巴的手中。

6月30日，剛果獨立慶典開始。大會上，前宗主國比利時的國王博杜安發表講話：今天是個好日子，我不禁想起了我的太爺爺利奧波德二世，何等的英明神武。若不是他老人家的一番心血，我們剛果怎能有今天的民主自由？所以啊，剛果兄弟們，喝水不忘挖井人，你們千萬別辜負我們比利時人的幫助，以後有什麼問題，多請教我們比利時人……這下，在座的剛果人臉色都變了。盧蒙巴可不管什麼國際禮貌，他跳出來慷慨激昂地發言：利奧波德對我們剛果人來說，恨不得把他的骨頭都嚼敲碎。他的後輩子孫還想繼續壓榨我們，做夢！今天確實是一個好日子，因為憑藉武力就可以奴役我們剛果人的歲月，從此一去不復返了！這話打臉打得也太狠了些，剛果人掌聲如雷，比利時國王氣得要當場掀桌子。

更讓比利時人不爽的是，盧蒙巴不但這麼說了，還真打算徹底擺脫比利時人。獨立時剛果軍隊的軍官都還是比利時人，沒幾天，剛果兵鬧事要趕走這些白人，盧蒙巴就順應軍心，把總司令以下的比利時軍官都轟走了，提拔清一色黑人士兵當軍官。其中總司令是他的親密戰友蒙博托軍士長。

然而換上的這些黑人，既無法控制部隊，又不聽盧蒙巴的話，剛果的軍隊完全亂了。沒了軍隊的鎮壓，剛果首都發生大規模騷亂，歐洲人遭到暴徒襲擊。剛果最富裕的加丹加省直接發生叛亂，當地政客莫伊

BC
美尼斯統一古埃及

— 0
阿克蘇姆王國建立

— 100

— 200

— 300

— 400
汪達爾王國建立

— 500

— 600

— 700
阿拉伯人佔領北非

— 800
桑海王國建立

— 900

— 1000
穆拉比特王國建立

— 1100

— 1200
古馬利王國建立

— 1300

— 1400
迪亞士發現好望角

— 1500
第一船黑奴運到美州

— 1600

— 1700

拿破崙的埃及戰役
— 1800

蘇伊士運河開通

— 1900
第一次世界大戰

— 2000

上古時期　BC

漢

－ 0

100 —

三國

晉

200 —

300 —

南北朝

400 —

500 —

隋朝

600 —

唐朝

700 —

800 —

五代十國

900 —

宋

1000 —

1100 —

1200 —

元朝

1300 —

明朝

1400 —

1500 —

清朝

1600 —

1700 —

1800 —

1900 —

中華民國

2000 —

茲‧卡奔達‧沖伯在比利時政府的支持下宣布脫離剛果獨立。緊跟著，比利時藉口保護僑民，出動精銳部隊，殺氣騰騰直撲剛果，先把駐紮加丹加的剛果軍隊繳械，跟著佔領了剛果全國的各大城市，還武裝訓練了沖伯自己的軍隊和盧蒙巴對抗。彷彿還嫌不夠亂，加丹加省的北部反對沖伯的勢力又揭竿而起，來了個「反叛的平方」，也宣布脫離加丹加獨立。

　　盧蒙巴想不到這才獨立半個月，比利時軍隊又殺回來了，國家亂成這樣。他氣得怒髮衝冠，可是手上沒兵，又不能求助沖伯和比利時國王博杜安。他只好向聯合國求援，畢竟比利時這種明目張膽的入侵，就和幾十年前利奧波德二世的吃相一樣難看。聯合國迅速通過決議，呼籲比利時撤軍，並派來維和部隊，恢復了剛果的秩序。可是把持聯合國的美英對盧蒙巴很不信任，覺得此人像個社會主義者。因此，維和部隊進了剛果，並沒有驅逐比利時軍隊，甚至還不許忠於盧蒙巴的軍隊去攻打加丹加省。盧蒙巴眼看聯合國軍隊進來了，比利時人還不走，氣急攻心。他威脅說：「你們再不主持公道，我們就向蘇聯求援了！」

　　這句話一出口，盧蒙巴完了。當時正是冷戰高潮，你公開揚言要投奔蘇聯，不是找死嗎？聯合國要求比利時退出剛果，同時要求盧蒙巴與沖伯和談，和平解決。這時，在剛果的另一處富裕領地南開賽地區又爆發了獨立運動，盧蒙巴手裡沒兵，再次向聯合國求助，這回聯合國卻再也不理他了。於是盧蒙巴終於向蘇聯求援，拿著蘇聯給的武器裝備去鎮壓南開賽叛亂。這樣就坐實了社會主義者的「罪名」，美國中央情報局立刻確定：必須除掉這個人。

　　在美國人的勾引下，剛果總統卡薩武布和總司令蒙博托都站在了反對盧蒙巴的陣營裡，而盧蒙巴一貫的獨斷專行也讓他的很多同僚不滿。9月5日，卡薩武布宣布：盧蒙巴禍國殃民，免除總理職務！盧蒙巴勃然大怒：「我這個總理得票最多，是民選的，你無權免除！我罷免你的總統

職務！」總統和總理就這麼鬧了起來。在美國的壓力下，聯合國維和部隊切斷了蘇聯和盧蒙巴的聯繫，卻保留了卡薩武布的電台。中央情報局支持蒙博托發動政變，解散了民選議會，驅逐了蘇聯和捷克的人員，並把盧蒙巴抓了起來。

聯合國的官員把盧蒙巴軟禁在總理官邸裡，同時提醒他：「美國人、比利時人還有你們剛果的總統、總司令、叛軍都想幹掉你。你要活命就老老實實地待在這裡當寓公。出了這裡，聯合國可就保不住你了。」然而盧蒙巴不甘心就此屈服，他還想逃到自己的根據地去重整旗鼓，因此偷偷離開了官邸。可是他太張揚了，不說悄悄地趕緊回家，反而一路上還多次當眾演講，聲討反動軍閥蒙博托。12月1日，他在半路又被蒙博托的軍隊抓住。

盧蒙巴雖然被抓，他的副手季贊佳卻在東北方組建了政權，逐步擴張；在首都也有不少人繼續支持盧蒙巴。蒙博托眼看手中這個民選總理成了個定時炸彈，再捏著怕把自己炸飛，可是殺了又不敢。他靈機一動，乾脆來個借刀殺人！於是，他在1961年1月把盧蒙巴運到加丹加，交給沖伯。沖伯和比利時人對盧蒙巴恨之入骨，這下高興得發狂，當即把盧蒙巴毒打一頓，然後拖到叢林裡槍斃了。但是他們也不敢承認是自己下的毒手，對外宣稱盧蒙巴越獄逃到叢林，被當地民眾殺死，還將屍體用濃硫酸銷毀。此事的真相直到40年後才被披露。

儘管盧蒙巴在當政的幾個月行事偏激，處處碰壁，國家一團混亂，但他畢竟為剛果的獨立而抗爭到底，流盡了最後一滴血。政敵的屠刀，反而讓他的聲望得到昇華，成為大部分剛果人心中的神聖英雄。連殺害盧蒙巴的同謀蒙博托，都不得不違心地讚美盧蒙巴。盧蒙巴的名字至今依然被剛果人奉為神明，不少政黨依舊打著他的旗號。盧蒙巴之死，讓剛果政局更加混亂。中央政府（卡薩武布和蒙博托）、加丹加（沖伯）、南開賽、盧蒙巴的舊部（季贊佳）四方混戰，打得天昏地暗，聯

BC
美尼斯統一古埃及

— 0
阿克蘇姆王國建立

— 100

— 200

— 300

— 400
汪達爾王國建立

— 500

— 600

— 700
阿拉伯人佔領北非

— 800
桑海王國建立

— 900

— 1000
穆拉比特王國建立

— 1100

— 1200
古馬利王國建立

— 1300

— 1400
迪亞士發現好望角

— 1500
第一船黑奴運到美洲

— 1600

— 1700

拿破崙的埃及戰役
— 1800
蘇伊士運河開通

— 1900
第一次世界大戰

— 2000

合國軍也派遣軍隊參加進來，用武力協助中央鎮壓幾個地方反叛。在戰亂中，聯合國第二任祕書長道格‧哈馬紹也在調停過程中墜機身亡。四大派系分分合合，戰亂此起彼伏，直到1965年，剛果軍總司令蒙博托在中情局支持下發動政變，才建立了軍人獨裁政府。

抗爭！少數與多數

在西非這些地方，沒有多少歐洲移民，有的只是殖民地官員軍警，這種情況下獨立通常比較和平，只要通過了決議，歐洲人無論是直接走人，還是留下來支援建設，大家都是好說好散。但在另一些有許多歐洲移民的地方，這問題就嚴重了。因為百八十年來，當地的歐洲移民已經霸佔了大批資源，無論是良田牧場或水源礦藏，而且政治上也是處於絕對統治地位，把當地人壓迫得很慘。這樣的地方如果要獨立，面臨一個尖銳的問題就是：獨立之後，是少數移民繼續當老大呢，還是多數當地人翻身做主人？這甚至是一個關係生與死的問題。在法國的阿爾及利亞，為這個問題打了八年死了幾十萬人。而在英國南部、東部非洲的殖民地，同樣的問題也存在。

20世紀50年代中期，英國準備在東非實行殖民地自治。當地有歐洲人、非洲人和亞洲人（印度為主），論人數是非洲人占絕大多數（95%以上），亞洲人次之，歐洲人最少。英國當然要保護更親近的歐洲人和印度人的利益，所以給的議會名額都傾向歐洲人。比如肯亞是歐洲人占一半議席，亞洲人、黑人各占25%；烏干達是黑人占一半，歐洲人、亞洲人各占25%；坦干伊加是三種人平分。這樣子分配土著當然不會滿意，大家又鬧了起來。

走在前面的是尼雷爾（1922—1999年）領導的坦干伊加。他本是一個當地酋長，曾在英國讀書取得經濟和歷史學位。尼雷爾最大的優點是堅持抗爭有理、有利、有節。面對坦干伊加少數白人霸佔大片土地欺壓

BC
美尼斯統一古埃及

— 0
阿克蘇姆王國建立

— 100

— 200

— 300

— 400
汪達爾王國建立

— 500

— 600

— 700
阿拉伯人佔領北非

— 800
桑海王國建立

— 900

— 1000

穆拉比特王國建立
— 1100

— 1200
古馬利王國建立

— 1300

— 1400
迪亞士發現好望角
— 1500
第一船黑奴運到美洲

— 1600

— 1700

拿破崙的埃及戰役
— 1800
蘇伊士運河開通

— 1900
第一次世界大戰

— 2000

上古時期　BC

漢

— 0

100 —

三國

晉

200 —

300 —

南北朝

400 —

500 —

隋朝

唐朝

600 —

700 —

800 —

五代十國

900 —

宋

1000 —

1100 —

1200 —

元朝

1300 —

明朝

1400 —

1500 —

1600 —

清朝

1700 —

1800 —

1900 —

中華民國

2000 —

黑人的現狀，他不是狹隘地宣揚民族仇恨，而是爭取三個民族的和諧共存。他建立了坦干伊加非洲民族聯盟，裡面三種人都有。1958年，英國當局主持選舉，三類居民分別投票。結果，尼雷爾的黨員在三部分居民中的候選人都大獲全勝。這樣的結果自然沒什麼話說。1960年，尼雷爾就成為坦干伊加自治政府的首席部長。1961年坦干伊加獨立，尼雷爾就任總理。

1962年10月，烏干達也獨立了。烏干達境內有一個布干達王室，一直被殖民者保留下來。獨立後，烏干達國王擔任總統，北方的人民大會黨主席奧博特（1924—2005年）擔任總理。但一山難容二虎，1966年，奧博特發動革命，衝進王宮趕走國王，終結了布干達王室的地位。

1963年，與坦干伊加一海之隔的尚吉巴也獨立了。歐洲殖民者來之前，尚吉巴本是由阿拉伯（斯瓦希里人）蘇丹統治。到英國準備撒手時，阿拉伯人和黑人的衝突就起來了。英國把權力交給了阿拉伯人，結果1964年1月，黑人們起來推翻了阿拉伯人的統治，在尼雷爾的建議下，坦干伊加和尚吉巴合併成一個國家，稱為坦尚尼亞。

東非各國中，獨立之路最崎嶇的是肯亞。肯亞有4萬歐洲移民，不到黑人的百分之一，卻霸佔了肯亞所有最好的土地；他們與黑人的衝突非常尖銳，打死也不願意讓出權益。黑人們忍無可忍，在20世紀40年代發動了「茅茅起義」，向白人定居者進攻。這是一場草根運動，黑人們企圖把白人嚇跑，收回他們的土地。到20世紀50年代初，茅茅起義的聲勢已經相當浩大，英國殖民者調來軍隊，打了好幾年，把起義鎮壓下去，被殺的黑人有好幾萬。肯亞民族主義的領導人甘耶達（1893—1978年）原本和這次起義無關，他甚至反對暴力的茅茅運動，可還是被當局以誣告加偽證的法子抓起來下了大牢。不過，這場聲勢浩大的起義也讓英國政府明白，再採取這種一味袒護白人欺負黑人的政策，只能讓暴力愈演愈烈。他們接受了「多數人統治」的原則。到1963年12月，肯亞贏

得獨立，甘耶達當上領袖。再加上英屬索馬利亞和義屬索馬利亞在1960年合併獨立，英屬東非地區已然全部獨立。

在非洲中南部的六塊英屬殖民地，黑人和白人的衝突更加嚴重。因為這幾塊地離南非比較近，而南非白人數量多，比例大，是種族主義的大本營。在南非支持下，這幾塊地上的白人都很囂張，堅決把少數人統治貫徹到底。六塊地中，南羅德西亞（今辛巴威）擁有20萬白人，也是一大強國，一切照搬南非的種族歧視政策。白人移民們就琢磨，把南羅德西亞、北羅德西亞和尼亞薩蘭合併在一起，建立「中非聯盟」。這樣白人們團結在一起，就能更好地控制黑人了。黑人們堅決反對這個提議，可是反對無效。1953年，中非聯盟還是成立了。中非聯盟的頭目提到黑白關係時表示：白人當然要和黑人好好合作，就像騎手和馬要好好合作一樣。

中非白人的種族主義觀念，在這個時代顯然行不通了。尼亞薩蘭的醫生班達（1902—1997年）和北羅德西亞的教師卡翁達（1924—）等成為黑人們的領導。在他們指引下，暴力反抗風起雲湧，白人軍警殘酷鎮壓，黑人死傷甚多。這種流血衝突引起了英國政府和國際社會的關注。畢竟，在20世紀60年代，種族歧視不是什麼讓人自豪的事情。1963年底，這個臭名昭著的聯邦終於解散。次年7月，尼亞薩蘭獨立，改名馬拉威，班達擔任首相。10月，北羅德西亞獨立，改名尚比亞，卡翁達擔任總統。

隨後，貝專納在1966年9月獨立，改名波札那。巴蘇陀蘭在1966年10月獨立，改名為賴索托。史瓦濟蘭在1968年9月獨立。這樣一來，英國中非洲南部的六塊殖民地，只剩下一個南羅德西亞了。當地的白人種族主義者擅自宣布「羅德西亞國」獨立。這個所謂的獨立國家，既不受英國和聯合國承認，也遭到該地區大多數黑人的反對，是一個徹頭徹尾的非法政權。但是依靠南非和附近幾塊葡萄牙殖民地的支持，這個非法國

BC
美尼斯統一古埃及

— 0
阿克蘇姆王國建立

— 100

— 200

— 300

— 400
汪達爾王國建立

— 500

— 600

— 700
阿拉伯人佔領北非

— 800
桑海王國建立

— 900

— 1000

— 1100
穆拉比特王國建立

— 1200
古馬利王國建立

— 1300

— 1400
迪亞士發現好望角

— 1500
第一船黑奴運到美洲

— 1600

— 1700

— 1800
拿破崙的埃及戰役

蘇伊士運河開通
— 1900
第一次世界大戰

— 2000

家居然堅持10多年。聯合國的不斷制裁，黑人游擊隊的不斷進攻，都奈何不了它。到了1979年，該國才在內外壓力下被迫取締。之後，穆加比領導當地的黑人在當地獨立建國，國號改為辛巴威。

　　另外，同為英屬殖民地的模里西斯島在1968年獨立，塞席爾群島則在1976年獨立。西班牙的殖民地赤道幾內亞在1968年獨立，比利時殖民地蒲隆地和盧安達都在1962年獨立。這樣，從1961年到1969年，總共又有12塊英屬殖民地、2塊比利時殖民地、1塊法屬殖民地（阿爾及利亞）和1塊西班牙殖民地獨立，它們成立了15個國家（坦尚尼亞是兩塊地合成）。再加上1960年之前獨立的27國，到60年代末非洲獨立國家總數達到42個。

— 0

100 —

三國
晉　　200 —

300 —

南北朝　400 —

500 —

隋朝　　600 —
唐朝

700 —

800 —

五代十國　900 —

宋　　1000 —

1100 —

1200 —

元朝　　1300 —

明朝　　1400 —

1500 —

清朝　　1600 —

1700 —

1800 —

1900 —
中華民國

2000 —

牢獄！聖者的修煉

　　非洲各國都在爭取獨立，早已獨立的南非卻在開歷史倒車。相對其他黑白混合的國家，南非的歐洲人移民時間早，20世紀30年代就有100多萬人，70年代達到400萬人。雖然相對黑人的人數還是少數，但無論數量和比例都大大超過其他非洲國家。加之南非經濟發達，軍事實力強，政府機構完善，因此統治力就遠勝別國。面對周圍「黑人」的奮戰，南非白人非常擔心失去以前的特權，因此必須打壓黑人，堅決不能讓黑人抬頭。

　　早在英國統治時期，種族歧視就已經存在。「二戰」期間，為了對抗同樣公然搞種族主義的納粹德國，英、美扶持南非英裔人抬頭，種族歧視有所收斂。到1948年，布林人國民黨競選上台，開始強化種族主義。他們通過了幾項法律，其一是人口登記，把人口分為白人、印度人、黑人和混血。黑人又按原先的部族細分為祖魯人、科薩人、波札那人、索托人等。這目的是為了分散黑人的力量，讓他們不能團結起來和白人作對。在土地方面，南非86%的土地劃分給了白人，占大多數的黑人卻只有14%的「保留地」，這些保留地還被劃分成更小的碎片，供各個「部族」居住。

　　黑人、白人之間禁止通婚，如果黑白人結婚或者上床，只對其中的黑人判刑五年。公共資源比如飯店、公車、洗手間、電影院、醫院，也都劃分成黑人的和白人的，甚至走路黑人都不許走中間。南非政府在教育方面也加強了分離。過去很多傳教士在教育黑人，現在政府禁止這

BC
美尼斯統一古埃及
— 0
阿克蘇姆王國建立
— 100
— 200
— 300
— 400
汪達爾王國建立
— 500
— 600
— 700
阿拉伯人佔領北非
— 800
桑海王國建立
— 900
— 1000
穆拉比特王國建立
— 1100
— 1200
古馬利王國建立
— 1300
— 1400
迪亞士發現好望角
— 1500
第一船黑奴運到美洲
— 1600
— 1700
拿破崙的埃及戰役
— 1800
蘇伊士運河開通
— 1900
第一次世界大戰
— 2000

樣，且專門設立黑人學校，從小教育黑人：你們和白人是不同的，要聽話，不要越界。雇工法律也有規定，白人薪資是黑人的10倍以上。一句話，南非政府就是要讓黑白永遠隔閡下去，讓白人永遠霸佔社會優質資源，讓黑人乖乖地當「劣等民族」、當「奴才」。

壓迫越大，反抗越大，黑人們不甘受辱，在非洲民族議會（簡稱「非國大」，下同）的領導下發起反擊。1943年，非國大就提交了《非洲人宣言》，正告南非政府：羅斯福和邱吉爾的《大西洋憲章》明明說了每個民族都不能受奴役，你們應立刻停止種族隔離，給我們平等的政治權利！1946年，南非礦業工人大罷工。

南非政府眼見黑人不聽話，就利用冷戰時期的特殊形勢，祭起了「反共」的大旗，取締南非共產黨，禁止罷工和工會活動。任何黑人組織、任何反對政府的行為都可以被扣上「共產黨」的帽子加以鎮壓。這種更加蠻橫的鎮壓，只會催生更加激烈的反抗。因為所有的溫和反抗都被禁止了。

在這個過程中，一位黑人政治家脫穎而出，他就是坦布部族的貴族，青年黑人律師納爾遜‧曼德拉（1918—2013年）。曼德拉於1944年參加「非國大」，由於本身教育水準較高，才能出眾，他在「非國大」很快成為重要領導層。1952年，曼德拉領導了「蔑視不公正法律運動」，數以萬計的黑人走上街頭，故意觸犯種族隔離法律，比如到白人洗手間撒尿、坐白人的公車，然後乖乖地讓員警逮捕。幾個月裡，有8000多名黑人被捕，把南非的司法、員警系統鬧得雞飛狗跳。當然南非政府也不是好惹的，你們不是故意想進監獄嘛，行，那我修改法律，對違反種族隔離者加大罰款額度，再叫員警把你們揍得生活不能自理，看你們還敢不敢故意找事！這樣，活動最終被鎮壓下來，但「非國大」和曼德拉已然名聲大噪。

1955年，「非國大」和南非印度人政黨、南非共產黨（主要是白

人）召開大會，制定了《自由憲章》，那就是建立一個不分種族的新南非，南非屬於居住在其上面的所有人民的，不管膚色黑白。世界各國人民紛紛對這個大會表示支持。南非政府一看，這幫「反賊」居然湊在一起了，那還了得！他們研究了《自由憲章》，發現裡面有社會主義的成分，頓時如獲至寶，宣布這些人都是收了蘇聯的盧布，要搞共產主義革命呢！曼德拉等100多個領導人被捕。幸好最高法院的人沒那麼腦殘，經過他們的仔細審核，認為曼德拉等人沒有叛國，於是判決無罪。

1958年，南非總統費爾伍德上台，使出「絕戶計」。他對黑人說：你們不是要享受政治權利嗎？沒問題，我給你們！回頭我就劃給你們土地，你們可以每一個部族自成一國，互不干涉，享受充分的自由！可實際上劃給黑人的都是那些部族的傳統土地，土地貧瘠，經濟落後。費爾伍德試圖用這樣的方法，一方面分化黑人，另一方面把南非的大部分資源掌握在白人手中。另一方面，「非國大」內部又出現了分裂。一些激進的黑人認為，只有黑人才是這個國家的真正主人，應該把白人和印度人全部趕出去，我們不能和印度人或者白人共產黨聯合。他們成立了自己的組織「泛非主義者大會」。面對政府的詭計和同胞的激進，曼德拉依然堅持黑人團結一致，爭取黑白各種族和諧共處。

政府的欺壓日甚一日，黑人的反抗如火如荼，雙方問題不斷激化。

1960年是「非洲年」，但南非卻是血雨腥風。3月21日，在沙佩維爾，南非員警向手無寸鐵的示威者開槍，打死69人，打傷186人，大部分人是後背中槍，之後數千人被捕。這一慘案震驚全球，國際社會紛紛譴責南非政府慘無人道。「非國大」主席艾伯特·盧圖利獲得諾貝爾和平獎，這也是第一個獲獎的非洲人。很多國家呼籲制裁南非，但是英、美是南非的交易夥伴，還需要把南非當作非洲的一個堡壘，對抗蘇聯的滲透，遂否決了制裁案。而南非政府呢，回頭就給了老大一記響亮的耳光：退出英聯邦，成為完全的獨立共和國。隨即，他們宣布「非國大」

BC
美尼斯統一古埃及

— 0
阿克蘇姆王國建立

— 100

— 200

— 300

— 400
汪達爾王國建立

— 500

— 600

— 700
阿拉伯人佔領北非

— 800
桑海王國建立

— 900

— 1000
穆拉比特王國建立

— 1100

— 1200
古馬利王國建立

— 1300

— 1400
迪亞士發現好望角

— 1500
第一船黑奴運到美洲

— 1600

— 1700

拿破崙的埃及戰役
— 1800
蘇伊士運河開通

— 1900
第一次世界大戰

— 2000

和「泛非主義者大會」都是非法組織，予以取締。

　　曼德拉是個聰明人，他看這態勢，知道和平反抗再沒有前途了，雙方的抗爭將日益血腥。他轉入地下祕密活動，並在南非共產黨的幫助下建立了武裝游擊隊「民族之矛」。不過由於草創缺乏經驗，又要避免平民傷亡，民族之矛基本上沒什麼戰果。1962年，曼德拉祕密出國訪問，回來後就被南非員警逮捕，以「煽動罷工」「非法離開國家」兩項罪名被判刑五年。次年，南非員警逮捕了「非國大」的全部領導人，並查獲了「民族之矛」的資料。於是曼德拉再次被審判。在法庭上，曼德拉回顧了非國大的多年的和平反抗歷史，正告政府：我們原本和平反抗，你們卻暴力鎮壓。這樣，是你們逼得我們用暴力反抗。曼德拉最後宣稱：我懷抱著一個理想，即這是一個民主、自由的社會，所有的人和諧生活在一起，有著平等的機會。這個理想就是我活下去的追求，也是我希望實現的目標……我願意為此犧牲生命。

　　曼德拉被判處終身監禁，押送到羅本島。然而，正如比利時人的屠刀讓盧蒙巴成為民主剛果的英雄那樣，南非政府的監禁也讓曼德拉成為世界反種族歧視的楷模。此後，曼德拉在牢獄之中待了近30年，鐵窗生涯並沒有消磨盡他的鬥志。這位黑人領袖將度過這段苦難歲月，直到迎來新的時代。

上古時期　BC

漢

—0

100—

三國晉　200—

300—

南北朝　400—

500—

隋朝　600—

唐朝

700—

800—

五代十國　900—

宋　1000—

1100—

1200—

元朝　1300—

明朝　1400—

1500—

1600—

清朝　1700—

1800—

1900—

中華民國

2000—

第八章：蓬勃與動盪——冷戰時期
（20世紀晚期）

　　對於新獨立的非洲國家來說，美、蘇兩大陣營的對峙，既給了它們選邊站隊獲得援助的機會，也給它們播撒了更多的問題和隱憂。最初的黃金時間過後，伴隨著氣候變遷、環境變化，非洲各國經濟下滑、政變迭起、政局動盪、貪腐成風，甚至爆發了血腥的戰爭。獨立之初的明星們，或中道隕落，或黯然退隱。波折的，不僅僅是個人的命運，還有國家的前途。

1. 摩洛哥	11. 獅子山	21. 查德	31. 烏干達	41. 肯亞
2. 西撒哈拉	12. 賴比瑞亞	22. 埃及	32. 盧安達	42. 南非
3. 突尼西亞	13. 象牙海岸	23. 喀麥隆	33. 蒲隆地	43. 賴索托
4. 阿爾及利亞	14. 布吉納法索	24. 中非共和國	34. 衣索比亞	44. 史瓦濟蘭
5. 矛利塔尼亞	15. 尼日	25. 蘇丹	35. 納米比亞	45. 莫三比克
6. 塞內加爾	16. 利比亞	26. 赤道幾內亞	36. 波扎那	46. 索馬利亞
7. 馬利	17. 迦納	27. 加彭	37. 尚比亞	47. 馬達加斯加
8. 甘比亞	18. 多哥	28. 剛果民主共和國	38. 辛巴威	48. 模里西斯
9. 幾內亞比索	19. 貝南	29. 安哥拉	39. 馬拉威	49. 塞席爾
10. 幾內亞	20. 奈及利亞	30. 剛果共和國	40. 坦尚尼亞	

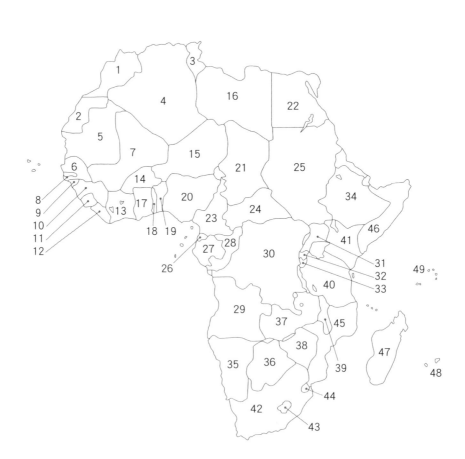

危機！年輕的國家

到20世紀60年代，大部分非洲國家都已經獨立。擺脫了過去的枷鎖，非洲國家幹勁十足。歐美國家為了各自利益，對非洲的投資不少；新的礦藏不斷被發現；教育水準逐漸提高；起初幾年非洲風調雨順，降水充足，農業也尚可。再加上冷戰時期，美、蘇雙方都費盡心思想往非洲安插勢力，找同盟者。非洲領導人只要表個態說我支持社會主義或者資本主義，立刻就有一方的軍事、工業、經濟援助滾滾而來。聰明的領導人還可以曖昧點，不把話說死，還能同時吃兩家。

然而年輕的非洲國家也存在很多潛在的風險。殖民地時代經濟落後，完全是宗主國的原料倉庫，甚至糧食都不能自足（全種經濟作物去了）；現在國家雖然獨立了，還是依靠出口農作物和礦產資源掙外匯，進口工業產品，這種經濟模式相當於命脈被發達國家掌握。因為你出口價格、進口價格都是人家說了算，分分鐘玩死你。要改變這種狀態，除非建立自己的工業體系。但要建立工業體系，同樣要花費鉅款進口機械設備，而且培養人才、建立機制，這些不但需要時間，還需要有全盤周密的考慮和很強的組織能力。不得不說，非洲國家的獨立來得太快，它們的政府在這方面的能力和經驗都很欠缺。加之殖民地時代人民普遍教育水準低下，缺少高技術和管理人才，這個目標就更難實現了。

雪上加霜的是，不少非洲國家的領導人雄心勃勃，在群眾面前誇下海口，我們要普及教育，要建立現代化國家，讓人民生活水準上一個台階！結果一實行起來，完全不是那麼回事。相反，為了達成目標，更需

BC
美尼斯統一古埃及

— 0
阿克蘇姆王國建立

— 100

— 200

— 300

— 400
汪達爾王國建立

— 500

— 600

— 700
阿拉伯人佔領北非

— 800
桑海王國建立

— 900

— 1000
穆拉比特王國建立

— 1100

— 1200
古馬利王國建立

— 1300

— 1400
迪亞士發現好望角

— 1500
第一船黑奴運到美洲

— 1600

— 1700

— 1800
拿破崙的埃及戰役

蘇伊士運河開通

— 1900
第一次世界大戰

— 2000

上古時期　BC

漢

　　— 0

100 —

三國
晉　　200 —

300 —

南北朝　400 —

500 —

隋朝
唐朝　600 —

700 —

800 —

五代十國　900 —

宋　　1000 —

1100 —

1200 —

元朝　1300 —

明朝　1400 —

1500 —

清朝　1600 —

1700 —

1800 —

1900 —

中華民國

2000 —

要進口大量的歐洲產品，稍有不慎就是債台高築。

　　殖民者來之前，非洲的政治模式是酋長說了算。殖民者來了後，模式調整為總督說了算，總之都是一言堂。在獨立之後，大多數國家也是領導人一個人說了算，還聽不得反對意見。在國家建設上，非洲領導人多數缺乏經驗，空有狂熱，往往憑著一知半解就大開大闔，恨不得把外國的整個工業體系、政治體系全搬過來。結果欲速則不達，很多專案「大躍進」，平白造成浪費，人民生活下降，甚至導致政府下台。非洲國家打的旗號，或者是資本主義，或者是「社會主義」，但實際上無論是資本主義還是社會主義，多數都是生搬硬套，搞得不倫不類，似是而非。還有不少領導人把自家利益和所在部族利益凌駕在國家利益之上，用人唯親，貪污腐化現象十分嚴重，把國家搞得烏煙瘴氣。

　　「冷戰」讓非洲國家領導者最初可以左右逢源，但一旦上了某一方的船，你就成了超級大國的棋子。這一方為了利益可以罩你，也可以拋棄你。而另一方為了利益，當然會武裝你的政敵，置你於死地。又由於非洲各國原本的部族、人種、宗教分歧就不少，外國人總能找到合適的反對派加以利用。哪怕是真正得到多數人支持的領導者，也可能被政變推翻；同時，哪怕是一個雙手沾滿血腥的獨裁者，只要能找對靠山，也可以在外國勢力的支持下維持統治。在「冷戰」各方的博弈下，倒楣的還是非洲國家自身。

　　非洲人無論做生意還是玩政治，畢竟單純了點，和老奸巨猾的歐美鬼子打交道，要嘛不知天高地厚得罪各方，要嘛被人賣了還幫人數錢。早年部族間的爭鬥「誰的刀快誰是王」，後來殖民者憑藉機關槍征服非洲人，這又使得非洲國家的軍隊很喜歡靠手中的槍來干政，動不動就政變上台，直接建立軍政府。實力稍微強點的國家，又熱衷於出兵鄰國，簡直跟酋長時代一樣，趁隔壁部落內亂企圖撈幾頭牲口、幾個女人。這種行徑一方面加重了鄰國的混亂程度，另一方面其實也為本國安全埋下

隱患。

　　總之，在經過一段發展的「黃金時代」後，非洲國家大都出現了類似的問題。許多國家經濟建設遇到瓶頸，人民生活水準下降，外匯儲備減少，債台高築。老百姓逐漸怨聲載道。政變、軍政府乃至大規模內戰和種族仇殺時有發生。非洲國家們正在經歷一個嚴峻考驗的時期。

　　面對這種情況，非洲國家也嘗試團結起來。早在1958年，迦納總統恩克魯瑪就召集了全非人民大會，想讓非洲國家聯合起來，最終建立一個類似美國那樣的「非洲合眾國」。當時非洲獨立國家還不多。隨後大批非洲國家獨立。

　　1963年，32個非洲獨立國家建立了「非洲統一組織」。這個組織承認現在各國邊界，協調非洲內部問題，同時支持那些還在殖民統治下的國家抗爭。經過幾十年發展，幾乎所有的非洲國家都加入了非洲統一組織。2002年，在利比亞的領導人格達費等人的推動下，非洲統一組織改組為「非洲聯盟」，在合作方面又更進了一步。此外，非洲國家還建立了一些地區性組織，比如20世紀70年代的「西非國家經濟共同體」，還有80年代的「南部非洲發展共同體」等。

BC
美尼斯統一古埃及

― 0
阿克蘇姆王國建立

― 100

― 200

― 300

― 400
汪達爾王國建立

― 500

― 600

― 700
阿拉伯人佔領北非

― 800
桑海王國建立

― 900

― 1000
穆拉比特王國建立

― 1100

― 1200
古馬利王國建立

― 1300

― 1400
迪亞士發現好望角

― 1500
第一船黑奴運到美洲

― 1600

― 1700

拿破崙的埃及戰役
― 1800

蘇伊士運河開通

― 1900
第一次世界大戰

― 2000

上古時期　BC

漢

—0

100 —

三國　200 —
晉　300 —

南北朝　400 —

500 —

隋朝　600 —
唐朝

700 —

800 —

五代十國　900 —
宋
1000 —

1100 —

1200 —
元朝
1300 —
明朝
1400 —

1500 —

1600 —
清朝
1700 —

1800 —

1900 —
中華民國
2000 —

持久！蘇丹內戰

　　蘇丹是當代非洲第六個獨立國家，面積曾是非洲第二。早在幾千年前，蘇丹便建立了努比亞黑人政權，還一度入主古埃及王朝，稱得上是歷史悠久。甚至在近代，蘇丹馬赫迪國家也曾讓英國、埃及束手無策。但在50年代獨立之時，蘇丹情況卻很糟糕，主要是南北方差異很大，北方教育程度較高，而南方比較落後。

　　歷史上，北方對南方欺負得很厲害；英國殖民時期，也是南北方各由一個機構管理，彼此缺乏認同感。現在快要獨立了，但在指定的幾百個高級官員中，南方還占不到百分之一，這讓南方人怎麼想？因此在獨立之前，南方軍隊就發動叛亂，殺死大批北方人，最後雖然被北方軍隊鎮壓下來，但仇恨種子已經播撒了。

　　1956年蘇丹獨立，北方人繼續把持政權，南北之間紛爭不斷。北方人控制的蘇丹政府一邊和南方打內戰，一邊自己不斷地搞政變。1969年，尼邁里將軍政變上台。這是一位比較開明的領導人，上台後在蘇聯支持下大行土地改革和國有化，同時打擊極端的宗教勢力。他認為，對南方一味壓迫是沒有效果的，應該給他們一定自治權，才能真正實現和睦。1972年，尼邁里和南蘇丹反叛者達成協議，允許他們選出自治政府和議會，尼邁里又修改憲法，保障宗教信仰自由。於是，第一次蘇丹內戰結束。

　　和平的日子，難得易失。南北雙方因為宗教造成的紛爭雖暫時平息，但是其他差異依然存在。蘇丹中央政府依然是北方人把持，這讓南

方仍舊續不滿。而北方的激進力量也不斷衝擊政府，要求對南方人別這麼客氣，直接來硬的。他們甚至在利比亞元首格達費的支持下發動叛亂，一路攻入首都展開巷戰。1978年，在蘇丹南方發現了豐富的油田，這本是大好事，換個和諧的國家，應該大家歡歡喜喜分錢了。可在蘇丹這種南北衝突激烈的地方，雙方不可能進行和平商談，討論石油利益分配。雙方都想霸佔大頭權益，於是徹底撕破了臉。尼邁里在內外交攻下，再也無法維持中庸路線，只好全面倒向激進勢力。他驅逐了蘇聯專家，加強與阿拉伯國家的聯繫。

1983年，尼邁里宣布全國推行伊斯蘭教法，並解散了南方自治政府。自治了10年的南方人當然不可能忍氣吞聲，他們在約翰・加朗的率領下揭竿而起，第二次蘇丹內戰爆發。這一次內戰的規模比上次大得多。南蘇丹建立了「蘇丹人民解放軍」，得到親蘇的衣索比亞和利比亞的支援，屢次挫敗蘇丹政府軍；而尼邁里則得到美國支持，雙方互有損傷。1985年，尼邁里被薩迪克・馬赫迪政變推翻。這位就是一百年前馬赫迪戰爭中的領袖的重孫。他加強對南方的進攻，不但煽動極端武裝對南蘇丹平民燒殺搶掠，而且挑唆南蘇丹內部的部族之間相互殘殺，掀起了血雨腥風。殘酷的戰爭還招致災荒，數十萬人餓死，數百萬人流離失所。

蘇丹難民的悲慘引起了世界關注，馬赫迪因頂不住各方的壓力，準備和南方和談。結果在1989年，更激進的軍官巴席爾發動政變，推翻了馬赫迪。巴席爾非常得意，認為統一蘇丹指日可待。然而，隨著蘇聯解體，尤其賓・拉登策劃了許多針對美國的恐怖襲擊事件，這讓美國政府大為惱火，美國把蘇丹列為支持恐怖主義的國家，柯林頓甚至派戰鬥機轟炸蘇丹。蘇丹境內的極端分子們四處煽風點火，鬧得周圍國家雞犬不寧，引起了眾怒，國際社會也對蘇丹紛紛譴責。

巴席爾畢竟是個政客，而不是宗教狂人，他被國際社會這麼四面

BC
美尼斯統一古埃及

— 0
阿克蘇姆王國建立

— 100

— 200

— 300

— 400
汪達爾王國建立

— 500

— 600

— 700
阿拉伯人佔領北非

— 800
桑海王國建立

— 900

— 1000
穆拉比特王國建立

— 1100

— 1200
古馬利王國建立

— 1300

— 1400
迪亞士發現好望角

— 1500
第一船黑奴運到美洲

— 1600

— 1700

拿破崙的埃及戰役
— 1800
蘇伊士運河開通

— 1900
第一次世界大戰

— 2000

一逼，有點頂不住了，想收斂一下。時值2001年「9·11」襲擊事件發生，恐怖主義陷入人人喊打的境地，美國調動數十萬大軍發起「反恐戰爭」。巴席爾有三個膽子也不敢公然對抗美國，他趕緊藉勢站隊，宣布支持反恐，反對極端勢力。2002年，蘇丹南北雙方停火。

持續近20年的第二次蘇丹內戰，造成了200多萬人的死亡，其中大部分是無辜民眾，是非洲最為慘烈的內戰之一。2011年，南蘇丹經公投獨立，蘇丹從此一分為二。而在蘇丹西部的達佛地區，南北宗教衝突和部族衝突依舊，內戰還在繼續。聯合國為此向那裡派遣了維和部隊，但維和部隊也經常挨揍，或者吃冷槍，或甚至被抓起來，至今已經死了不少人。蘇丹這個被戰亂所困擾的中非大國，前途充滿波折。

三國
晉

南北朝

隋朝
唐朝

五代十國
宋

元朝
明朝

清朝

中華民國

100 —
200 —
300 —
400 —
500 —
600 —
700 —
800 —
900 —
1000 —
1100 —
1200 —
1300 —
1400 —
1500 —
1600 —
1700 —
1800 —
1900 —
2000 —

蒙博托！豹子頭酋長

　　非洲國家獨立後的幾十年裡，出了許多獨裁者，多數是傳統的酋長包裝上一層現代國家的稱號，他們對國家的統治，往往不僅獨裁專斷，而且貪腐橫行。即使後來被迫實行所謂的民主，往往也是為糊弄國際社會。但是，美國也好，蘇聯也好，只要這獨裁者肯站在他們陣營，依然會不遺餘力地支持，直到冷戰結束。這其中，民主剛果的蒙博托（1930—1997年）算是很有代表性的一位了。

　　蒙博托本是殖民地軍隊中一位出類拔萃的黑人軍官，曾擔任盧蒙巴的重要助手。1960年，他在美國中央情報局的支持下發動政變推翻了盧蒙巴，並假藉加丹加首領沖伯之手殺害了這位剛果獨立之父。在之後剛果幾派混戰中，蒙博托手握軍權，舉足輕重。1965年，總統卡薩武布和總理沖伯又發生衝突，盧蒙巴再次在美國支持下發動政變，把那哥倆都一鍋端了，自己親自擔任國家領袖。

　　蒙博托上位以後，公然搞個人獨裁。他有一句名言：剛果容不下兩酋長。他的統治頗具酋長色彩。對政敵，他殘忍迫害。盧蒙巴的舊部穆雷雷起兵反抗蒙博托，吃了敗仗逃出國去。蒙博托騙他說：「回來吧，都是剛果人，別鬧了。回來我就特赦你。」可憐的穆雷雷信以為真，一回來就被逮住，被蒙博托當眾一刀一刀地剮了。政變成功後，蒙博托把前政府的高官押到廣大人民群眾面前公開處決。蒙博托還獨攬大權，取締一切政黨，打壓地方勢力，全國所有重要的官職都是由他安排親戚、親信和部族的老少爺們擔任，而且長期以來重要的官職就是那麼一批人

BC
美尼斯統一古埃及

— 0
阿克蘇姆王國建立

— 100

— 200

— 300

— 400
汪達爾王國建立

— 500

— 600

— 700
阿拉伯人佔領北非

— 800
桑海王國建立

— 900

— 1000
穆拉比特王國建立

— 1100

— 1200
古馬利王國建立

— 1300

— 1400
迪亞士發現好望角

— 1500
第一船黑奴運到美洲

— 1600

— 1700

拿破崙的埃及戰役
— 1800

蘇伊士運河開通
— 1900
第一次世界大戰

— 2000

上古時期 BC

漢

　－ 0

100 －

三國
晉　 200 －

300 －

南北朝　 400 －

500 －

隋朝
唐朝　 600 －

700 －

800 －

五代十國　 900 －

宋　 1000 －

1100 －

1200 －

元朝　 1300 －

明朝　 1400 －

1500 －

清朝　 1600 －

1700 －

1800 －

1900 －

中華民國　 2000 －

翻來覆去地換。全國的經濟、資源也都攥在他手裡。

　　這種手段當然會激起一些反抗，但蒙博托能打仗，對於所有的叛亂毫不留情的殘酷鎮壓。他也很善於玩弄政治手腕，打個巴掌給顆糖，對社會上那些能「鬧騰」的人，要嘛直接剷除，要嘛就收編進自己的陣營，控制在手心裡。他又口口聲聲地說，我們剛果需要統一，不要再像過去那樣，叛亂的叛亂，黨爭的黨爭，把國家搞得亂七八糟。這種調調倒也符合剛果人民想過安寧日子的理想。更重要的是，蒙博托早就和美國中央情報局勾搭上，打著的旗號又是反共，所以被美國視為中非地區抵抗蘇聯的重要盟友。為了冷戰這個戰略目的，美國人是不會在意獨裁不獨裁，殘暴不殘暴這些「小節」的。美國從各方面對蒙博托予以支持，又是給錢，又是給槍，還把他捧為反共、反蘇的偉大鬥士。美國總統甘迺迪、尼克森、老布希等都是蒙博托的老朋友。

　　經過這麼多手段，剛果成了蒙博托的鐵打地盤，居然穩穩當當坐了30多年的江山。蒙博托還大力提倡恢復本土文化。他把國名從「剛果」改成了「薩伊」，首都「利奧波德維爾」改成「金夏沙」，從此這個剛果被稱為「民主剛果」。他又逼著全國人民改名字，把基督教的名字改成非洲本地名字，他自己帶頭為自己改了一個長長的非洲名字。蒙博托又自己設計了具有民族風格的服裝在全國強制推廣，取代西裝，並規定官員按照部族酋長的習慣戴豹子皮的帽子。為了區別尊卑，只有蒙博托自己戴的是真豹子皮，他身邊的官員都是戴假豹子皮。這麼一來，蒙博托看上去就更像一位威風凜凜的大酋長了。蒙博托還大搞個人崇拜，把自己包裝成一位偉人、一位超人、一位最接近神的天使，全國到處都是他的畫像。「黑人」載歌載舞地歌頌說：沒有蒙博托，大家沒飯吃，沒衣穿，連廁所都沒有。沒有蒙博托，就沒有太陽，也沒有雨水！

　　其實，對淳樸的人來說，你搞政治，當酋長，大家真沒什麼好計較，關鍵是你要能讓老百姓吃飽飯、睡好覺。這方面，蒙博托最初做得

還不錯。他依靠鐵腕掃平國內紛爭，強行控制物價，把剛果豐富的礦產資源收歸國有，再拿出來和外國公司做買賣。加上美國的援助和歐洲公司的投資，剛果經濟發展挺快，很多大型基礎建設專案也紛紛實行。70年代，剛果經濟一片欣欣向榮。

蒙博托在當政之初，或許真的是想大展雄風，打造一個強盛的薩伊，從而名垂千秋。然而，進行了幾年之後，一個更實在的目標征服了這位強悍的獨裁者，那就是撈錢。剛果的豐富資源在他眼中，不再是民富國強的基礎，而是成了可以肆意染指的撈金池。他把私人財產收歸國有，又把國有資產分給自己的親朋好友。蒙博托自己霸佔了14個種植園，蒙博托家族把持薩伊全國三成以上的產值；中央銀行更是成了他個人的提款機。他是靠政變上台的，也知道皇帝輪流做的道理，為了防止有朝一日倒台，他一面瘋狂撈錢，一面把財產往海外轉移。在歐洲各國，蒙博托擁有大批的豪宅、農莊、商務大樓。靠著從國家吸來的血，這位大酋長成了世界級富翁。

當一個國家元首不再把振興國家視為本職，而僅僅忙於從國家身上割肉放血，那麼這個國家也就完了。上行下效，蒙博托委任的高官紛紛撲在國家的身上狼吞虎嚥地吃起來。蒙博托自己大撈特撈，也完全理解下面兄弟們的心思。所以，他對貪腐行為睜隻眼、閉隻眼，只是要求大家稍微有點節制，別貪腐得太狠了。問題是，人心不足，欲壑難填，一旦開了貪腐的先河，哪有那麼容易節制？你蒙博托大酋長好像也沒收斂過嘛。於是大家繼續玩了命地拆國家根基。資源的開發、經濟的建設都是一步一步的事，而貪腐破壞卻可以很輕易膨脹。這麼一折騰，原本資源豐富的薩伊很快便滿目瘡痍，血流不止。到70年代後期，薩伊國家債台高築，大型項目紛紛被荒廢，貨幣瘋狂貶值，物價飛漲。當官的肥得流油，士兵和基層公務員卻長期欠餉。國內企業紛紛倒閉，失業者與日俱增，農村土地荒蕪，廣大人民食不果腹，首都有近一半人嚴重營養不

BC
美尼斯統一古埃及

— 0
阿克蘇姆王國建立

— 100

— 200

— 300

— 400
汪達爾王國建立

— 500

— 600

— 700
阿拉伯人佔領北非

— 800
桑海王國建立

— 900

— 1000
穆拉比特王國建立

— 1100

— 1200
古馬利王國建立

— 1300

— 1400
迪亞士發現好望角

— 1500
第一船黑奴運到美洲

— 1600

— 1700

拿破崙的埃及戰役
— 1800
蘇伊士運河開通
— 1900
第一次世界大戰

— 2000

上古時期　BC

漢

　— 0

100 —

三國
晉　200 —

300 —

南北朝　400 —

500 —

隋朝　600 —
唐朝

700 —

800 —

五代十國　900 —
宋

1000 —

1100 —

1200 —

元朝　1300 —

明朝　1400 —

1500 —

清朝　1600 —

1700 —

1800 —

1900 —
中華民國

2000 —

良。

　　蒙博托這麼鬧下去，終於搞得天怒人怨。從20世紀80年代開始，陸續有人起來反抗，要求改革制度。這時候以美國為首的西方國家依然力挺老朋友蒙博托，在他們的支持下，蒙博托屹立不倒。蒙博托不但繼續從國家撈錢，還出兵參加非洲其他國家的動亂。反正在他惹上麻煩時，召喚美國軍隊就行了。1988年老布希上台，蒙博托第一個去華盛頓拜訪他。在歡迎儀式上，老布希發表談話：蒙博托總統是美國人民的老朋友，我們對此非常驕傲。

　　然而時過境遷。隨著東歐、蘇聯陸續瓦解，冷戰結束，蒙博托的「反共」價值漸漸消失了。20世紀90年代初，蒙博托被迫宣布政治改革，準備召開議會。但他的改革很沒誠意，一旦發現出現了自己無法控制的反對黨，立刻動用武力鎮壓。這時候，美國再也不會給他撐腰了。柯林頓直接召回了美國大使。失去美國的支持，薩伊政局混亂，暴動迭起，經濟崩潰，而蒙博托再也不能高枕無憂。在盧安達內戰中，蒙博托插了一腳，結果卻引火焚身，戰火燃燒到薩伊境內，引發了剛果內戰。1997年，高舉盧蒙巴大旗的剛果薩伊解放軍攻佔了首都，美國人也拋棄了蒙博托，勸他體面地下台。眾叛親離的蒙博托戴著他的那頂豹皮帽子倉皇逃亡國外，幾個月後一命嗚呼。

格瓦拉在非洲

　　世界最浪漫的革命者切・格瓦拉在古巴革命成功後，拒絕享受勝利果實，而是跑到非洲革命。1965年，他加入了剛果盧蒙巴派將領卡比拉的起義隊伍，訓練游擊隊反對蒙博托，但後來他認為非洲反抗軍好吃懶做、毫無紀律，終將導致起義失敗，遂又回到南美主持游擊戰。格瓦拉離開後，卡比拉繼續領導反蒙博托的抗爭。

奮鬥！奈及利亞

　　奈及利亞是非洲第一等的大國，不但人口居非洲之冠，而且礦藏豐富，石油、天然氣居非洲第一，全國可耕種土地面積占三分之二，其他是自然保護區。然而在1960年獨立之初，奈及利亞國內問題重重。北方的豪薩—富拉尼族人口最多，但是較為落後；南方東部信仰基督教的伊博族最窮，教育卻最發達，當官者最多；南方西部信仰基督教的約魯巴族最有錢。這種不平衡，使得三方彼此忌憚，都怕被對方欺負了，都想把自己人抬上去，國內政治就是赤裸裸的三方混戰。在首次大選中，北方的巴勒瓦仗著人多當選為總理，東部的阿齊基韋擔任名譽元首—總統。這樣一來，西部什麼都沒撈到，西部政局就亂了起來。在接下來的地方選舉中，幾年間大家爭著營私舞弊，收買、威脅、偽造、暗殺，什麼下作手段都使了出來。政客們玩命地貪污、受賄，一個個荷包被填得滿滿的。

　　眼看偌大個國家被鬧成這副窩囊樣，老百姓都很憤怒，軍隊也很不滿。於是在1966年初發生了軍事政變，聯邦總理巴勒瓦被軍人抓起來斃了，北方地方政府的總理，還有親北方的西部總理也都被幹掉，原聯邦總統則被一腳踢開。奈及利亞第一共和國結束了，其存在不過六年時間。軍政府成立後，由來自東部伊博族的依龍西將軍執政。反常的是老百姓對這次政變居然還挺高興，因為先前那個政府太差了。

　　但是政變之後，奈及利亞完全成了東部伊博人的天下，這又讓北方和西部覺得不爽起來，他們開始對軍政府找麻煩。依龍西是軍人脾

BC

美尼斯統一古埃及

— 0　阿克蘇姆王國建立

— 100

— 200

— 300

— 400　汪達爾王國建立

— 500

— 600

— 700　阿拉伯人佔領北非

— 800　桑海王國建立

— 900

— 1000

— 1100　穆拉比特王國建立

— 1200　古馬利王國建立

— 1300

— 1400

迪亞士發現好望角

— 1500　第一船黑奴運到美洲

— 1600

— 1700

拿破崙的埃及戰役

— 1800　蘇伊士運河開通

— 1900　第一次世界大戰

— 2000

第八章：蓬勃與動盪——冷戰時期　213

上古時期　BC

漢

　— 0

100 —

三國
晉　　200 —

300 —

南北朝　400 —

500 —

隋朝　600 —
唐朝

700 —

800 —

五代十國　900 —
宋
1000 —

1100 —

1200 —

元朝
1300 —
明朝

1400 —

1500 —

清朝　1600 —

1700 —

1800 —

1900 —
中華民國

2000 —

氣，覺得這種三方爭鬥太讓人崩潰，他直言直語，宣布：我們不搞聯邦制了，奈及利亞改成中央集權制，把地方政府的權力收歸中央！這下子可捅了馬蜂窩。7月，北方軍人在莫塔哈領導下再次政變，幹掉了依龍西，推舉戈翁將軍（1934—）為新的首腦。這位戈翁將軍雖是北方人，卻不是豪薩—富拉尼族，而屬於北方一個小部族。他和東部、西部多數人一樣信奉基督教。這也算是幾家權力平衡的結果。但是在東部，伊博人奧朱古中校（1933—2011年）挫敗了北方軍人的政變，不服從戈翁的軍政府。這樣，奈及利亞形成了兩個軍政府對峙的局面。

　　政變造成了國內的混亂仇殺。居住在北方的東部伊博人遭到北方人的攻擊，上百萬人逃回東部。恰好東部靠著新發現的油田，經濟突飛猛進，從「高窮帥」變成了「高富帥」，奧朱古底氣足了，乾脆直接宣布獨立，並於1967年成立「比亞法共和國」，和奈及利亞正式決裂。戈翁大怒：「什麼條件都可以談，你不能叛國啊！」他趕緊派莫塔哈率領大軍，前去討伐「比亞法共和國」。於是「比亞法戰爭」爆發了。

　　雙方比較，中央政府佔的地盤更大，人口、軍隊更多，實力明顯要高出一截，還有英國撐腰，蘇聯也給了很大支持。但奧朱古也非等閒之輩，他很會佔領輿論陣地，拚命向外面宣傳，說戈翁多麼慘無人道，如何煽動暴民屠殺我東部人民；如何斷絕我的糧草，讓無辜百姓饑寒交迫；如何對我伊博人進行種族滅絕……在他的宣傳下，歐洲的人道主義援助物資源源不斷地被運入東部，但這些物資和資金多數並沒有發給難民，而是被用來購買武器、聘請僱傭軍。而美國、法國為了和英國、蘇聯搶奪這塊寶地的發言權，也在背後支持奧朱古。這樣，一直打到1970年初，奈及利亞政府軍才在莫塔哈、奧巴桑喬等將領指揮下取得完全勝利。奧朱古流亡象牙海岸，其餘部投降。持續兩年多的奈及利亞內戰，造成300多萬死難者。好處是經此一戰，奈及利亞國家統一的觀念也算固化下來，後來雖然政局動盪，企圖分裂國家的沒有一個成功。

國家重歸一統，戈翁威望如日中天。加上石油換來的外匯，奈及利亞的日子過得頗為優渥。戈翁趁機整頓國內，把全國分為12個省，減少部族割據勢力。然而平靜的日子過久了總會鬧出點動亂。戈翁統治下的貪污行為照樣盛行，只不過從文官政府貪污變成了軍政府貪污。戈翁政府和英國走得太近，奈及利亞的資源收入很多都被英國公司和本地壟斷財閥瓜分。更可恨的是，戈翁多次宣稱要停止軍政府，還政於民，卻屢屢出爾反爾，讓人覺得他是個戀棧的權力狂人。這樣，連他自己部下中的有識之士都忍不住了。1975年，在內戰中輔佐戈翁立下大功的莫塔哈和奧巴桑喬兩位將軍發動了不流血政變，推翻了戈翁，莫塔哈（1938—1976年）任軍政府新領導。莫塔哈雖然也是軍人，但他卻一心一意想要結束軍政府，還政於民。上台以後，他一面繼續調整全國政區，將全國劃分為19個省，削弱部族權力；一面大刀闊斧罷免貪腐官員，同時準備重新召開議會。此外，他還宣布奈及利亞石油開採權都歸政府所有，固定了石油開採特別稅收和出口關稅，保證國家收入。這樣他就得罪了戈翁的後台老闆——英國。在安哥拉問題上，他又得罪了美國。這下，莫塔哈不死也不行了。

1976年，英、美支持戈翁的舊部暗殺了莫塔哈。眼看這一次改革又要人亡政息了。

幸好，莫塔哈雖死，奧巴桑喬（1937—）還在。這位在內戰中威名赫赫的功臣是西部的約魯巴族，但他心繫的卻是整個奈及利亞。奧巴桑喬在本國是戰神級別的人物，很快就將叛亂分子一掃而光，接任軍政府首腦。此後，他繼承莫塔哈的衣缽，繼續改革。奈及利亞歷史上最出色的一屆軍政府正式亮相。

奧巴桑喬實行全國土改，將部族酋長、軍閥手中的土地全部收歸國有。他規定軍人不准干政，全國所有的軍隊首長，不許兼任和任命政府官員。奈及利亞的土豪和軍頭們全都不滿，可是，誰也不敢出來和奧巴

BC
美尼斯統一古埃及

—0
阿克蘇姆王國建立

—100

—200

—300

—400
汪達爾王國建立

—500

—600

—700
阿拉伯人佔領北非

—800
桑海王國建立

—900

—1000

—1100
穆拉比特王國建立

—1200
古馬利王國建立

—1300

—1400
迪亞士發現好望角

—1500
第一船黑奴運到美洲

—1600

—1700

—1800
拿破崙的埃及戰役

—1900
蘇伊士運河開通

第一次世界大戰

—2000

上古時期　BC

漢

　— 0

　100 —

三國
晉　　200 —

　300 —

南北朝　400 —

　500 —

隋朝　600 —
唐朝

　700 —

　800 —

五代十國　900 —

宋　　1000 —

　1100 —

　1200 —

元朝　1300 —

明朝　1400 —

　1500 —

清朝　1600 —

　1700 —

　1800 —

　1900 —

中華民國
　2000 —

桑喬反抗，只得乖乖地交出手中的特權。

之後，奧巴桑喬取消了軍政府的黨禁，允許組黨。他修改憲法，嚴禁分裂奈及利亞國土。他還趁著石油價格上漲的好時機，大興工農業建設。他把奈及利亞的大學增加了兩倍，高等技校增加了三倍，又對基礎教育做了硬性規定。

三年之間，奈及利亞脫胎換骨，成為一個有模有樣的發展中國家。最後，奧巴桑喬在1979年重建了國會，開始全國大選。而他本人因為是軍人不得干政，所以自己主動辭職回家了。他曾手握帝王般的權力，然後真正地把權力交還給了奈及利亞人民。因此，奧巴喬桑被譽為奈及利亞雄鷹。而他謙虛地說：我這隻雄鷹，站在了莫塔哈的肩膀上，我只是完成了他的遺命而已。

靠著奧巴喬桑這位百年難得的軍政府領導，奈及利亞實現了平穩過渡。遺憾的是，過渡之後，新上台的文官政府毫不顧及將軍的一片苦心，立刻又開始瘋狂地貪污腐敗。加上非洲整體經濟在70年代的下滑，以及80年代的石油價格暴跌，奈及利亞收入銳減，人民生活水準下滑，民怨沸騰。短短幾年後，軍隊又開始了政變：1984年，布哈里將軍（1942—）政變，重新建立軍政府。1985年，巴班吉達將軍（1941—）又政變推翻了布哈里。

這位巴班吉達將軍一開始也信誓旦旦地說：我要學習奧巴喬桑，治理了腐敗就還政於民。可是，這傢伙其實是一個最瘋狂的獨裁者和貪腐者。他採納世界銀行「全面市場化」的建議，國有企業私有化、全部市場開放、教育等公共福利削減，奧巴喬桑辛辛苦苦搭的架子全被拆了。而巴班吉達及其家族則勾結軍頭、土豪和外國公司巧取豪奪國家資產，他利用手中權力盡情地歡宴著，瘋狂貪污著，在10年中直接侵吞國家財產122億美元，把奈及利亞折騰成世界上最窮的國家之一。工業散架，教育荒廢，農業慘澹，物價飛漲……原本消弭的南北之爭、內部宗教衝突

再度出現和激化。

　　當政8年後，巴班吉達也開始實行民主選舉。但他不肯真正放權，還想當太上皇。當發現可能選出他不喜歡的總統時，巴班吉達直接下令停止計票，然後唆使阿巴查將軍（1943—1998年）再次政變，又恢復了軍政府。

　　這位阿巴查將軍把腐敗推向了一個新的高度，對於敢反對他的人直接抓的抓、殺的殺。奧巴桑喬本來早已隱退多年不問政治，就因為威望太高，阿巴查怕老百姓擁戴奧巴桑喬反對自己，就將奧巴桑喬栽贓了一個罪名「企圖軍事政變」，然後將其抓進了監獄。這簡直太侮辱全國人民的智商了。對於不肯服從自己的部族，巴班吉達是出錢、出槍以支持他們的鄰近部族，阿巴查則「青出於藍」，直接把反對他的領導人抓起來處決了。對於潛在的政敵或者不放心的下屬，阿巴查也都提前除掉，以絕後患。一時間，奈及利亞血雨腥風，人人自危。這麼看，奧巴桑喬能保住一條命就已經算很不錯了。

　　1998年，阿巴查在同時和4個妓女尋歡作樂時暴斃，也不知道是因病而死還是政治暗殺。他死後，繼任的阿布巴卡將軍恢復了選舉。阿巴查和巴班吉達獨裁統治的這10多年裡，當初欣欣向榮的奈及利亞已是滿目瘡痍。人民呼喚正直和有力的領導人。於是，雄鷹奧巴桑喬出獄後再次應邀參加競選，獲得了63%的選票，當選為總統。至此，多災多難的奈及利亞終於結束了黑暗時期，開始從血泊中重新奮發。

BC
美尼斯統一古埃及

— 0
阿克蘇姆王國建立

— 100

— 200

— 300

— 400
汪達爾王國建立

— 500

— 600

— 700
阿拉伯人佔領北非

— 800
桑海王國建立

— 900

— 1000
穆拉比特王國建立

— 1100

— 1200
古馬利王國建立

— 1300

— 1400
迪亞士發現好望角

— 1500
第一船黑奴運到美洲

— 1600

— 1700

拿破崙的埃及戰役
— 1800
蘇伊士運河開通

— 1900
第一次世界大戰

— 2000

上古時期　　BC

漢

－ 0

100 －

三國
晉

200 －

300 －

南北朝

400 －

500 －

隋朝
唐朝

600 －

700 －

800 －

五代十國

900 －

宋

1000 －

1100 －

1200 －

元朝

1300 －

明朝

1400 －

1500 －

清朝

1600 －

1700 －

1800 －

1900 －

中華民國

2000 －

沙達特！和平鬥士

　　1970年，埃及總統納瑟去世後，由副總統沙達特（1918—1981年）繼任。沙達特當初是納瑟自由軍官團的骨幹，跟隨納瑟一起推翻阿里王朝，一起反對英國佔領者，稱得上是納瑟的親密戰友。

　　沙達特上任之初，埃及面臨的最大問題就是以色列。1967年以色列發動第三次中東戰爭，六天就擊潰埃軍，佔領了大片領土，使納瑟含恨終生。此後以色列陳兵西奈，埃及國內始終處於緊張狀態中。這樣下去，不用再打，埃及自己就要崩潰了。

　　對此，沙達特有他自己的看法：阿拉伯和以色列之間雖然有著深仇大恨，但相互的戰爭解決不了問題，最終必須經過和談，走上和平共處的道路。但是，以色列此前大獲全勝，正是氣焰囂張、不可一世之時。若不能打掉以色列的威風，平等和談便不可能；同時若不能打掉以色列的威風，埃及國內軍民的情緒也無法宣洩。為此，沙達特和敘利亞祕密聯絡，準備先給以色列一個好瞧的。

　　1973年，埃及和敘利亞聯手，兩路閃擊以色列，打得以色列暈頭轉向，震驚了整個世界。隨後，以色列悍將夏隆發動反攻，擊敗埃敘聯軍，攻入埃及境內。這時候沙達特又即時和談，在聯合國斡旋下雙方停火，保持戰前的控制線。這一戰雙方基本打成平手，埃敘聯軍的損失比以色列要重，但相對於第三次中東戰爭的大敗，這次平手已經足以讓以色列清醒過來，正視埃及的實力了。而對埃及國內來說，此戰也洗雪了1967年的部分恥辱。對沙達特而言，戰爭是手段，和平才是目的。早在

開戰之前，沙達特就把埃及境內的蘇聯軍事顧問禮送出境，掌握了自己的命運。打完戰爭後，沙達特又廢除埃及和蘇聯的友好條約，收回了亞歷山大港。1977年，沙達特訪問耶路撒冷，在以色列國會發表了感人至深地演說：「和平屬於我們大家，屬於阿拉伯人，也屬於以色列人。」同年，以色列總理比金回訪埃及，雙方就停止戰爭、實現和平進行了磋商。1978年，美國、以色列、埃及三方在美國簽署《大衛營協議》，沙達特也因此獲得諾貝爾和平獎。1979年《埃以和約》簽訂，1980年埃及和以色列正式建交。不久，以色列撤出西奈半島。埃及透過和平手段，收復了丟失的故土。

沙達特雖然為埃及爭得了和平，但他和以色列的和談，被激進的人看作是叛徒行徑。1981年10月6日，沙達特參加閱兵儀式，慶祝第四次中東戰爭勝利8週周年。正當大家都在仰望天空看著空軍戰機表演時，4個士兵驅車衝到檢閱台下，朝著沙達特投擲手榴彈並開槍猛烈掃射。沙達特立刻倒在血泊之中，等被送到醫院時，已然氣絕身亡。兇手自認是極端組織「贖罪與遷移」的成員。

沙達特的葬禮上，美國三位前總統尼克森、福特、卡特和以色列總理比金都出席致哀。沙達特在位期間既敢於開戰，也敢於言和，被視為中東和平進程的先驅。

BC
美尼斯統一古埃及

—0
阿克蘇姆王國建立

—100

—200

—300

—400
汪達爾王國建立

—500

—600

—700
阿拉伯人佔領北非

—800
桑海王國建立

—900

—1000
穆拉比特王國建立

—1100

—1200
古馬利王國建立

—1300

—1400

迪亞士發現好望角

—1500
第一船黑奴運到美洲

—1600

—1700

拿破崙的埃及戰役
—1800

蘇伊士運河開通

—1900
第一次世界大戰

—2000

隕落！最後的帝星

上古時期　　BC

漢

　　— 0

100 —

三國
晉　　200 —

300 —

南北朝　400 —

500 —

隋朝
唐朝　600 —

700 —

800 —

五代十國　900 —

宋　　1000 —

1100 —

1200 —

元朝
1300 —

明朝　1400 —

1500 —

清朝　1600 —

1700 —

1800 —

中華民國　1900 —

2000 —

　　「二戰」結束時，非洲第一個獨立國家衣索比亞的皇帝海爾‧塞拉西一世威望如日中天。義大利侵略者被趕走了，國家光復了。這次反法西斯戰爭的勝利讓皇帝陛下成為非洲人民的偶像。非洲獨立運動中許多國家的第一代領導人都是他的粉絲，很多黑人甚至把他當作神來崇拜，還專門建立了一個宗教叫作拉斯塔里法教。

　　國家層面上，衣索比亞成為美國的重要盟友，得到大筆美援。其國土也擴張了不少，居住著索馬利亞人的歐加登地區被劃歸了衣索比亞，幾十年前被義大利佔領的厄利垂亞地區也劃給了衣索比亞。這事情至關重要，意味著衣索比亞獲得了一個出海口。有沒有出海口，這在當代世界可是生死攸關的問題。

　　然而，從那以後，塞拉西皇帝便開始走向歷史的反面。「冷戰」都開始了，衣索比亞還是封建貴族掌握土地，奴役民眾。塞拉西皇帝依靠貴族維持統治，不敢動他們的基業，反而恢復了分封制度。這樣貧民自然不會滿意。面對民情洶湧，塞拉西皇帝自有應付之道：對外全面倒向美國，向西方開放國內市場；對內加強皇權獨裁，頒布憲法將大筆國家財富劃歸皇室，皇室開支是國家農業投資的四倍。這些舉措把衣索比亞碾得千瘡百孔，農業生產水準幾乎在世界墊底，饑荒不斷。這麼一來，衣索比亞民眾更加不滿，不少臣僚也起了異心，1960年就發生了針對皇帝的政變。在外部，索馬利亞為了爭奪歐加登領土，與衣索比亞開戰，衣索比亞境內的索馬利亞人也不斷叛亂。塞拉西皇帝的統治已經搖搖欲

墜了。

這時，塞拉西已經年過古稀，他越老越獨斷專行，所有的國家大事都要他做決定，高級部長形同祕書。甚至當他80歲後，還牢牢地攬著權力不放。他殘酷地鎮壓反對者和農民運動，對改革深惡痛絕。衣索比亞有識之士紛紛表示：老皇帝是我們國家的絆腳石，應該被清除。

1972年，衣索比亞發生特大旱災。幾十萬百姓渴死、餓死、病死，幾百萬人掙扎在生死線上。這時候，皇帝沒有採取任何有效措施救災，只是發表幾句不痛不癢的演說。西方記者甚至拍下他用鮮肉餵自己寵物獅子的照片。這下，衣索比亞人憤怒了：「都餓死幾十萬人了，你這老昏君還拿肉餵畜生！」1974年，衣索比亞到處都發生了兵變，平民百姓遊行示威、罷工罷課，整個國家陷入怒潮中。這一回，失去軍隊的支持，皇帝有些慌了。他發表演說，開了一些空頭支票，企圖安撫民眾和軍隊。

然而一切都晚了，現在皇帝的一切讓步，都只會讓造反派更加激進。軍隊、員警和地方武裝聯合成立了委員會，建立臨時軍政府，逮捕大批高官。9月，委員會的軍官們正式廢黜了皇帝，把皇家財產全部收歸國有。次年，委員會宣布成立社會主義共和國，廢除封建君主制。這樣，千餘年的衣索比亞王國壽終正寢。1975年8月，83歲的海爾・塞拉西死於軟禁之中。可憐當年擊敗義大利法西斯，維護國家主權的一代雄主，晚節不保，就此歸天。

皇朝倒台之後，委員會自己又內鬥了一陣，年輕的門格斯圖（1937－）成為領袖。門格斯圖的父親是一個貴族家的家奴，母親是貴族的私生女，他憑藉個人努力，入伍參軍，從最底層一直當上高級軍官，算是草根階層中的成功者。由於出身貧寒，嘗盡辛苦，他得到了大批普通士兵、低級軍官和青年學生的支持。因此在推翻皇朝的革命中，他最終大權在握。

BC
美尼斯統一古埃及

－0　阿克蘇姆王國建立

－100

－200

－300

－400　汪達爾王國建立

－500

－600

－700　阿拉伯人佔領北非

－800　桑海王國建立

－900

－1000

－1100　穆拉比特王國建立

－1200　古馬利王國建立

－1300

－1400

－1500　迪亞士發現好望角
第一船黑奴運到美洲

－1600

－1700

－1800　拿破崙的埃及戰役
蘇伊士運河開通

－1900　第一次世界大戰

－2000

門格斯特上台之後，國內還有不少反對他的力量。包括不甘心失去特權的封建貴族、反對靠攏蘇聯的保守派政黨、最初是門格斯特的盟友但反對軍人獨裁的激進革命者。軍事委員會內部也有反對派。對此，門格斯特毫不含糊，你敢反對我，我就敢殺你。殺委員會內部的異議者，殺市民階層的反對力量，殺那些不安分的昔日盟友和革命黨人。在滾滾的人頭之上，門格斯特終於可以開始放手治理國家了。

門格斯圖治理衣索比亞，做了這麼幾件事：首先是消滅國內原本的封建貴族，把土地搶過來國有化；其次實現工業化改造；其三將原本西方資本的企業收歸國有。此外還有教育改革、政治改革等，全面照搬蘇聯模式。對外，門格斯圖死抱蘇聯大腿，成為蘇聯在非洲的橋頭堡。依靠蘇聯源源不斷地援助，衣索比亞建立了重工業體系，不但能夠自己製造槍炮彈藥，還能生產汽車。衣索比亞有了自己的公路網，港口也全部翻新。

當然，全面倒向蘇聯，必然引起以美國為首的西方國家的敵視。門格斯圖撇撇嘴：有蘇聯老大哥撐腰，美帝你要敵視就敵視吧。他繼續和厄利垂亞獨立力量打仗，繼續和索馬利亞人搶地盤。本來在埃索戰爭中，蘇聯是支持索馬利亞的，但門格斯圖積極抱蘇聯大腿，終於促使布里茲涅夫轉而支持這位新的小弟。依靠蘇聯的軍事顧問和軍事裝備，還有直接參戰的古巴精銳部隊，門格斯圖打敗了索馬利亞，穩定了自己的地盤。1983年，門格斯圖當選為「非洲統一組織」的主席，個人聲望達到巔峰。

然而，門格斯圖只顧著自己耍威風，卻忽略了政治之本——民生。衣索比亞人口眾多，糧食生產向來不足，經常饑荒不斷。當初，正是大饑荒摧垮了皇帝的統治，讓門格斯圖趁機上台。如今，門格斯圖雖然也進行了土地改革，免除封建義務，但並沒有用真正有效的手段來支持農民增加糧食生產，只知道強制低價收購糧食，保證城市和軍隊供應。他

的集體化農莊和商業農場也因缺乏經驗，沒發揮什麼作用。加之國內外戰爭頻繁，消耗巨大，還有不少田地被戰火摧毀。1983年至1984年，衣索比亞持續大旱，災情嚴重，田疇顆粒無收。門格斯圖政府只顧著慶祝推翻皇朝十週年，大搞面子工程，救災不力，甚至封鎖消息，導致數以萬計的災民餓死，災情震驚世界。

摧垮門格斯圖的最後一件事是蘇聯戈巴契夫上台，實現「全面龜縮」政策，對衣索比亞的援助大為減少。而西方陣營則開始大舉逆襲，支持門格斯圖的政敵反攻。門格斯圖見勢不妙，老大都要擋不住了，我們也別傻站著。他趕緊見風使舵，向歐美示好，又要跟反對派和談。但這時候已經晚了！1991年5月，反對派「衣索比亞人民革命民主陣線」發動總攻，佔領衣索比亞，門格斯圖狼狽逃到辛巴威。此後，衣索比亞新政府起訴門格斯圖集體謀殺，雖然門格斯圖缺席但法院依舊判處他死刑。不過門格斯圖之前曾極力支持辛巴威的獨立運動，是辛巴威的恩人，所以辛巴威把他保護下來。

失去了門格斯圖的衣索比亞也沒什麼好事。新上台的權貴們必然是要自己大撈一筆的，門格斯圖用蘇聯援助建立起來的工業體系，全部被土豪們瓜分變賣。對外，新政府同意厄利垂亞完全獨立，衣索比亞再度失去出海口，成為一個內陸國家。當年的非洲「領頭羊」就此沉淪了。直到今天，衣索比亞依然是世界上最不發達的國家之一，人均GDP在非洲都是排倒數的。

BC
美尼斯統一古埃及

— 0
阿克蘇姆王國建立

— 100

— 200

— 300

— 400

汪達爾王國建立

— 500

— 600

— 700
阿拉伯人佔領北非

— 800
桑海王國建立

— 900

— 1000

穆拉比特王國建立
— 1100

— 1200
古馬利王國建立

— 1300

— 1400

迪亞士發現好望角
— 1500
第一船黑奴運到美洲

— 1600

— 1700

拿破崙的埃及戰役
— 1800

蘇伊士運河開通
— 1900
第一次世界大戰

— 2000

獨立！葡屬非洲

　　話說到20世紀60年代末，非洲多數土地均已獨立，昔日輝煌遼闊的英、法殖民帝國，只剩下尚在殖民統治的幾個海島、白人非法立國的羅德西亞（辛巴威），以及南非託管的納米比亞了。然而，在大陸南部還有一大片領土沒有解放，那就是葡萄牙的殖民地。葡萄牙曾經是歐洲第一個世界帝國，也是歐洲列強入侵非洲大陸的急先鋒，但到20世紀時，葡萄牙早已墮落為一個又窮又弱的三流國家。葡萄牙的獨裁者薩拉查是一個法西斯頭目，是墨索里尼的粉絲。但他比較狡猾，「二戰」時嚴守中立，結果沒有被反法西斯陣營清算，比他的偶像多延續了20多年的統治。葡萄牙在非洲大陸佔有莫三比克、安哥拉和幾內亞比索三塊殖民地（另有西海岸的聖多美普林西比島、維德角兩處島嶼）。對於日落西山的葡萄牙來說，這幾塊地是重要的財源，當然不能說放棄就放棄。葡屬殖民地還成為非洲南部白人種族主義的重要支柱。這幾塊地的殖民政府和南非勾結在一起，對抗著黑人運動，扶持非法的羅德西亞共和國。

　　但憑藉區區葡萄牙是不可能阻擋歷史大潮的，三塊地盤上的黑人們從50年代起奮起反抗，展開了持久的游擊戰爭。葡萄牙軍隊拚命鎮壓，也無法消滅他們。打了10多年，葡萄牙軍事上依然佔據上風，但全國軍民都厭倦了，而隨著周邊國家紛紛獨立，黑人游擊隊獲得了越來越多的支持，越打越起勁。葡萄牙的副參謀長斯皮諾拉將軍在非洲打了5年仗，他意識到時代不同了，黑人的獨立要求是無法用戰爭來壓服的。要是長久這麼耗下去，葡萄牙早晚會被吸乾血。他和軍隊裡的一群有識之

士在1974年發動政變，推翻了薩拉查的繼任者卡丹奴，接著開始和殖民地的人談判。

黑人要獨立，葡萄牙政府要擺脫戰爭包袱，雙方一拍即合。葡萄牙軍隊很快撤離非洲，幾內亞比索於1974年獨立，莫三比克和安哥拉在1975年獨立。西邊的聖普和維德角兩處島嶼也在1975年獨立。至此，葡萄牙殖民地全部獲得解放。由於失去了三塊葡屬殖民地的緩衝，偽「羅德西亞共和國」陷入了黑人國家的包圍圈中，當地的黑人反抗者則士氣高漲。幾年後，羅德西亞白人政府被迫與黑人和談，1980年正式建立了黑人國家辛巴威。而葡屬殖民地的垮台也引起了南非白人政權的動蕩，最終導致納米比亞在1990年脫離南非獨立，幾年後南非白人政府也隨之終結。

葡萄牙雖然撤離了，但其原殖民地的動亂依然存在。莫三比克獨立後，原反抗軍「莫三比克解放陣線」成為統治者，20萬白人倉皇逃離。莫三比克領袖馬謝爾（1933—1986年）宣布進行社會主義改革，沒收酋長的土地和教會財產。這麼一來，本地權貴們對此大為不滿，組織軍隊起來造反。鄰國南非的白人政府本來就對黑人政權大為警惕，現在看馬謝爾居然要實行社會主義，這不是要命嗎？他們樂得看到莫三比克內戰，當即出錢、出槍支持叛軍。莫三比克深陷內戰之中，足足打了10多年。總人口1000多萬的莫三比克在戰亂中死了100多萬人，逃亡幾百萬人。直到90年代，內戰雙方才在國際社會協調下開始和談。1994年舉行大選，「莫三比克解放陣線」競選獲勝。自此，莫三比克終於可以安心進行建設了。而安哥拉的情況更亂。早在反殖民戰爭時期，安哥拉就有三支反抗力量，一是內圖（1922—1979年）的「安哥拉人民解放運動」（安人運），他們得到了蘇聯和古巴的支持，佔據安哥拉中部。二是羅貝托的「安哥拉民族解放陣線」（安解陣），得到了美國和薩伊「豹子頭」蒙博托的支持，佔據安哥拉北部。三是薩文比（1934—2002年）領

BC
美尼斯統一古埃及

— 0
阿克蘇姆王國建立

— 100

— 200

— 300

— 400
汪達爾王國建立

— 500

— 600

— 700
阿拉伯人佔領北非

— 800
桑海王國建立

— 900

— 1000
穆拉比特王國建立

— 1100

— 1200
古馬利王國建立

— 1300

— 1400
迪亞士發現好望角

— 1500
第一船黑奴運到美洲

— 1600

— 1700

— 1800
拿破崙的埃及戰役

蘇伊士運河開通
— 1900
第一次世界大戰

— 2000

上古時期　BC

漢

　─ 0

100 ─

三國

晉　200 ─

300 ─

南北朝　400 ─

500 ─

隋朝　600 ─
唐朝

700 ─

800 ─

五代十國　900 ─

宋　1000 ─

1100 ─

1200 ─

元朝　1300 ─
明朝

1400 ─

1500 ─

清朝　1600 ─

1700 ─

1800 ─

1900 ─
中華民國

2000 ─

導的「爭取安哥拉徹底獨立全國聯盟」（安盟），「安盟」是從「安解陣」分裂出來的，當時力量比較弱小，得到安哥拉多數民眾的支持，佔據安哥拉南部。這三家頭目誰也不服誰，早在葡萄牙佔據時期就是爭權奪利搶地盤。等葡萄牙人一撤退，還沒等建國，北方的「安解陣」和中部的「安人運」立刻大打出手，戰火導致安哥拉的幾十萬白人紛紛出逃。至此，揭開了持續20多年的安哥拉內戰序幕。

戰爭剛開始時，「安解陣」的老闆是美國和蒙博托；「安人運」的靠山是蘇聯和古巴，還有薩伊的反蒙博托游擊隊，雙方實力不相上下。結果打了沒多久，「安解陣」就大敗虧輸，丟失大片領土。眼看老大要吞併老二，「安盟」的薩文比深知唇亡齒寒的道理，趕緊也站出來抵抗「安人運」。非洲頭號強國南非也派出一支精兵，打著「反共反蘇」的旗號投入戰鬥，支持「安解陣」和「安盟」。而古巴領袖卡斯特羅則直接給「安人運」派來大批軍隊。安哥拉內戰自此升級為一場小範圍的「世界大戰」。

1975年11月11日，就在內戰的炮火中，葡萄牙官員宣布正式移交主權，安哥拉獨立了。就在這一天，「安人運」宣布成立「安哥拉人民共和國」，內圖任總統。「安解陣」則和「安盟」成立了「安哥拉人民民主共和國」，薩文比任總統。這樣，安哥拉從獨立的第一天就陷入了分裂。

「安解陣」的羅貝托是個扶不起的阿斗，既缺乏雄才大略，也沒有胸襟氣度。雖然有了美國、南非、薩伊的支持，但他還是繼續在戰場上丟盔棄甲。到1976年2月，「安解陣」在安哥拉的全部地盤都被「安人運」佔領。「安人運」的「民主共和國」政府加入聯合國，正式成為安哥拉的合法政府，得到全球多數國家承認。

相比之下，反倒是「老三」薩文比的「安盟」還在抵抗。於是美國、南非轉而把主要支持給了薩文比。薩文比也無愧信任。這位精通7

國語言的高學歷戰士繼續對「安人運」展開游擊戰，敵進我退，敵退我進，10餘年如一日，弄得「安人運」也相當頭疼。甚至在70年代末期，美國對他支持極少時，他也堅持了下來。

到80年代，雷根政府決定向蘇聯展開戰略反攻，薩文比訪問美國，宣布反共的政治立場，由此重新得到美國大力支持。雷根政府計畫把安哥拉挖成一個坑，專門引蘇聯到坑裡，消耗它的力量，讓蘇聯「流血致死」，薩文比顯然是最好的代理人。於是在美國和南非支持下，薩文比叛軍頻頻出擊，打得蘇聯和古巴支持的安哥拉政府軍（「安人運」）節節敗退。沒幾年，「安盟」佔領安哥拉大部分領土，並控制70%以上的鑽石產量。而美國透過扶持薩文比打內戰，不但迫使蘇聯不斷地投入人力、物力、財力援助安哥拉政府，還趁機把爭奪非洲控制權的最大障礙——南非的實力也消耗不少，真是一箭雙雕。

到1989年，由於蘇聯全面退縮，冷戰落幕，美國覺得安哥拉的內戰也打得夠久了，開始斡旋停戰。古巴、南非分別撤退軍隊。1991年，安哥拉總統多斯桑托斯（1942—）和薩文比達成和平協定。這時，內戰已經打了10多年，造成幾十萬人死亡，上百萬人流離失所。

次年，安哥拉進行了民主選舉。前總統、「安人運」的多斯桑托斯以微弱優勢當選。薩文比大怒，立刻宣布這次選舉有舞弊，再度起兵造反。於是安哥拉內戰再度爆發。但是這一次，蘇聯已經解體，原本給蘇聯當小弟的「安人運」見風使舵，宣布放棄社會主義，轉而投入美國懷抱，因此得到了美國的支持。而「安盟」的薩文比呢，他被自己以前的老闆拋棄，只剩下薩伊獨裁者蒙博托這個難兄難弟以及少數非洲國家的支持。打了兩、三年，薩文比節節敗退，丟失了不少地盤，被迫在1994年同意停火。薩文比雖然答應停火，但他覺得自己當初幫美國打仗，拖垮了蘇聯，這會兒居然被美國這樣拋棄，心頭很是不滿。聯合國監督停火期間，他既不肯解散軍隊，也不肯接受副總統的任職。雙方的軍隊也

BC
美尼斯統一古埃及

—0
阿克蘇姆王國建立

—100

—200

—300

—400
汪達爾王國建立

—500

—600

—700
阿拉伯人佔領北非

—800 桑海王國建立

—900

—1000
穆拉比特王國建立

—1100

—1200
古馬利王國建立

—1300

—1400
迪亞士發現好望角

—1500
第一船黑奴運到美洲

—1600

—1700

—1800
拿破崙的埃及戰役

蘇伊士運河開通

—1900
第一次世界大戰

—2000

上古時期　BC

漢

— 0

100 —

三國
晉　200 —

300 —

南北朝　400 —

500 —

隋朝　600 —
唐朝

700 —

800 —

五代十國　900 —
宋

1000 —

1100 —

1200 —

元朝

1300 —

明朝　1400 —

1500 —

清朝　1600 —

1700 —

1800 —

1900 —
中華民國

2000 —

不時爆發衝突。到1998年，內戰第三次爆發。這次，薩文比的「安盟」遭到了國際社會制裁，失去外來資金、武器援助，越戰越弱。薩文比也由此更加偏激，開始襲擊政府官員甚至平民、聯合國人員和國際救援組織。但這些破罐子破摔的行徑，當然不可能挽回軍事頹勢。「安盟」很快丟失了大部分地盤。2002年，薩文比在一次戰鬥中被政府軍當場擊斃，身中15槍。這位梟雄一死，「安盟」很快接受停戰，安哥拉內戰最終結束。雖然內戰後安哥拉政府依舊腐敗，官員貪污成性，國家資源和收入都被精英們把持。但是，至少缺衣少食的民眾不必擔心被戰火奪去生命了。

西撒哈拉

　　西撒哈拉位於撒哈拉沙漠西部，處在阿爾及利亞、摩洛哥和矛利塔尼亞之間，本是西班牙殖民地。1976年，西班牙撤出，摩洛哥和茅利塔尼亞分別佔領部分地區，而本地的柏柏人和阿拉伯人則建立了「獨立陣線」，在阿爾及利亞支持下發動獨立戰爭。三方征戰數年，茅利塔尼亞退出。摩洛哥和獨立陣線則一直打到90年代初至今，該地區仍是兩家分治。承認「撒哈拉共和國」的有40多個國家，絕大部分是非洲和拉美國家。

慘烈！盧安達大屠殺

　　獨立後的非洲內戰頻繁。尤其歐洲殖民者在統治非洲時期為了分而治之，故意加強殖民地的種族隔閡，導致獨立後的非洲部族之間問題尖銳，更引發了很多災難。這其中，東非小國蒲隆地、盧安達是最為突出的例子。

　　蒲隆地、盧安達原本是德國殖民地，「一戰」後被比利時佔領。早在歐洲人殖民之前，當地就有「胡圖人」和「圖西人」兩個稱謂。其實這兩個稱謂更像是「階級劃分」，王室成員、有錢的貴族、牧場主等統治者自稱「圖西人」，往往擁有很多牲口；而種地務農為生的窮人被稱為「胡圖人」。兩群人的語言、傳統文化大致一樣，彼此通婚結親，所以很多人也說不清楚自己到底屬於哪一族。可是歐洲人來了之後，決定把這兩個民族固化。他們根據「是否擁有10頭或更多牲口」來劃分，有那麼多牲口的就是圖西族人，沒有的就是胡圖族人，而且這一次劃定後從此永不改變。就這樣，原本語言風俗完全一樣的幾百萬人，被生生地用一條標準切成了兩個民族，胡圖人大約是圖西人的五、六倍之多。德國人和比利時人都刻意繼續保持圖西人的優勢，讓少數的圖西人幫助他們一起統治多數的胡圖人。這樣一來，殖民者的統治更加穩固了，而圖西人和胡圖人的衝突則被積壓下來。

　　50年代末，比利時準備撤出盧安達。這時候，胡圖人和圖西人就已經各自組織武裝開始對戰。胡圖人在殖民統治下，早把圖西人當成了外國人統治的幫兇。現在一朝翻身，舊恨新仇一起算帳！而之前藉圖西

BC
美尼斯統一古埃及

— 0
阿克蘇姆王國建立

— 100

— 200

— 300

— 400
汪達爾王國建立

— 500

— 600

— 700
阿拉伯人佔領北非

— 800
桑海王國建立

— 900

— 1000
穆拉比特王國建立

— 1100

— 1200
古馬利王國建立

— 1300

— 1400
迪亞士發現好望角

— 1500
第一船黑奴運到美洲

— 1600

— 1700

拿破崙的埃及戰役
— 1800

蘇伊士運河開通
— 1900
第一次世界大戰

— 2000

上古時期　BC

漢

— 0

100 —

三國

晉

200 —

300 —

南北朝

400 —

500 —

隋朝

600 —

唐朝

700 —

800 —

五代十國

900 —

宋

1000 —

1100 —

1200 —

元朝

1300 —

明朝

1400 —

1500 —

1600 —

清朝

1700 —

1800 —

1900 —

中華民國

2000 —

人打壓胡圖人的比利時政府，此刻見風使舵，轉而支持胡圖人對付圖西人。種族迫害在全國爆發。上萬圖西人被殺，10多萬人逃到外國。1962年盧安達獨立，胡圖人政黨上台，廢黜了圖西人王朝，建立共和國，開始以國家力量報復圖西人。1963年，盧安達政府以一支境外的圖西人游擊隊攻入盧安達為藉口，煽動胡圖人再次起來屠殺圖西人，就連婦女、兒童也不放過。這次又有上萬圖西人被殺，數萬人外逃。

　　由於「冷戰」中盧安達政府是站在美國一方，西方對種族屠殺便睜隻眼，閉隻眼。此後二十多年間，盧安達的圖西人雖然飽受欺負，倒是沒有發生大規模的屠殺。1973年，哈比亞利馬納建立獨裁統治後，圖西人的日子反而好過了一些，在嚴格的員警政治下，暴民屠殺也被控制了。

　　同時，這些年間逃亡境外的幾十萬圖西人，分散在烏干達、薩伊、坦尚尼亞等國，參與當地的政治、軍事活動，不少人參加了烏干達軍隊，還建立了自己的組織——盧安達愛國陣線。他們宣稱圖西人和胡圖人本是一家，還吸收了一些胡圖人加入。相比縱容屠殺迫害的盧安達政府，這個「叛軍組織」其實還要更加正派些。

　　1990年，在外國的圖西人遭到所在國的排擠，走投無路，只能回家。「盧安達愛國陣線」領袖卡加梅（1957—）率領圖西族軍隊，在烏幹達支持下朝盧安達進軍，但剛到邊境就發生內訌，不得不停下腳步。

　　胡圖族的獨裁者哈比亞利馬納生怕遭這些圖西人攻打，趕緊向國際社會哭訴，說烏干達入侵我們了！比利時、法國和薩伊趕緊派來援軍，把圖西族軍隊擋在邊境附近。在國際斡旋下，胡圖族的盧安達政府和圖西族的愛國陣線，雙方決定還是和為貴，簽署和約，看起來和平即將到來。

　　然而，胡圖族的激進分子卻很是不滿，覺得哈比亞利馬納對圖西族讓步太多。他們大肆宣傳民族仇恨，說圖西人過去壓迫了我們幾百

年，現在又要殺回來，說得好聽是和平，其實是要重新當統治者，還要對我們胡圖人進行種族滅絕！自古以來，偏激的煽動總是比理性的勸解更能感染人。在這些極端勢力的鼓動下，廣大胡圖人的仇恨迅速升溫。他們組建了地下武裝，囤積了大量兵器、兇器，打著「保衛胡圖人」的旗號，準備展開種族屠殺行動。盧安達政府軍也很不滿，因為和談後要整編軍隊，許多人要退伍，高級軍官更要削減，這也是砸人飯碗。加之此時鄰國蒲隆地恰好也發生了胡圖人和圖西人的種族衝突，死亡10多萬人。這更給了胡圖人極端派找到最好的藉口：看看，讓圖西人掌權，我們就得被宰殺！與其這樣，不如先下手為強！這樣，原本那些溫和的胡圖人很多也被他們蠱惑了。盧安達政府軍總司令巴格索拉公開組建民兵，單是彎刀就進口了50萬把。

與此同時，原本應該參與監督雙方和平建國的聯合國維和部隊，則因為經費和政治等原因，遲遲不能落實。原本計畫8000人的部隊，只拼湊出1000多人，力量完全不夠。

1994年4月6日，盧安達總統哈比亞利馬納談判歸來，和蒲隆地總統一起搭機回國，在首都附近遭到地對空導彈襲擊，機毀人亡。此事成了最後的導火線。圖西族和胡圖族都指責是對方武裝幹的，但這嘴炮官司已經不重要了，因為飛機墜毀幾分鐘後，胡圖極端分子就已經把這個消息傳遍全國。幾百萬胡圖人蜂擁而起，在軍隊、員警的帶領下，朝圖西人大砍大殺。盧安達總理夫婦也被士兵殺害，保衛他們的10名比利時士兵慘遭虐殺。

整個盧安達霎時成為人間地獄。盧安達的電台沒日沒夜地繼續號召胡圖人出來，殺光圖西人！軍隊更是挨門挨戶搜捕，戶戶殺絕。可憐的圖西人如同被扔在狼群中的羔羊，左躲右藏。大刀、鐵棍、石頭、槍彈，各種器具都成為屠殺的兇器，全國血流成河，屍堆成山。還有反對屠殺的溫和胡圖人也成為暴徒和軍隊屠宰的對象。不少圖西人倉皇逃到

BC
美尼斯統一古埃及

0
阿克蘇姆王國建立

100

200

300

400
汪達爾王國建立

500

600

700
阿拉伯人佔領北非

800
桑海王國建立

900

1000
穆拉比特王國建立

1100

1200
古馬利王國建立

1300

1400
迪亞士發現好望角

1500
第一船黑奴運到美洲

1600

1700

拿破崙的埃及戰役
1800
蘇伊士運河開通

1900
第一次世界大戰

2000

外國使館、聯合國部隊駐地尋求避難，而法國政府只是派兵撤走了自己的僑民和官員，卻不願帶走受害的本地人，把包括遇害總理的5個孩子等在內的難民拋棄在暴徒面前。比利時政府因為已經死了10個士兵，也把剩下的幾百名軍人撤走了，丟下軍營裡尋求庇護的幾千圖西人。很多人在比利時軍隊撤走前跪在地上，哀求比利時士兵給自己一個痛快，免得被胡圖人酷刑虐殺，比利時士兵自然未滿足他們。最終，只剩下國際紅十字會等組織在地獄中赤手空拳玩命地阻擋暴徒，總共救下了7萬多圖西人。

事情發生兩個月後，聯合國才通過決議加派維和部隊，但部隊遲遲組織不起來。在西方國家的不作為下，短短幾個月中，盧安達有將近一百萬人慘遭屠殺，其中大部分是圖西人，還有少數溫和的胡圖族人。聞聽國內的族人遭到這般屠殺，圖西族的「盧安達愛國陣線」怒火中燒，在烏干達軍隊的支持下殺入盧安達，兩下交鋒，胡圖族節節敗退。這時候，法國馬上跳了出來，出動數千精兵和100多輛戰車，開進盧安達，準備抵擋圖西族軍隊。

7月初，反攻回國的圖西族軍隊控制了首都吉加利，並繼續進軍全國。胡圖族領導人這時開始大聲呼籲「圖西人來殺我們了！胡圖兄弟們，快逃啊！」擔心遭到報復的上百萬胡圖人狼狽逃亡到民主剛果境內。看到「盟友」吃虧，先前對大屠殺置若罔聞慢吞吞開會的西方國家，這下都觸電似的跳了起來，美國總統柯林頓宣稱「這是有史以來最大的人道主義危機」，出動空軍運送救濟物資，聯合國決定每天下發100萬美元緊急救助，法國軍隊更是掩護大批血債累累的胡圖族兇手逃亡。至於先前被殺的100萬圖西人，對不起，那是內戰，死了就死了。事實證明，在這次地獄般的劫難中，「少數民族」圖西人克制得多。「盧安達愛國陣線」佔領全國之後，很快成立了新的政府，胡圖人比齊蒙古擔任總統，圖西人卡加梅擔任副總統，18位部長中有12位是胡圖族，6位是圖

西族。新政府奉行民族和解政策，甚至對屠殺中的兇手也採取「以和為貴」的傳統審判儀式。多災多難的盧安達終於從血泊中掙扎出來，然而那是怎樣的一種解脫！700萬人口中，100萬人被殺，200萬人逃走，還有200萬人成為無家可歸的難民。全國屍積如山，一片廢墟，農作物腐爛在地裡，所有公共設施被砸得稀爛。這個物產豐富的小國，被這一場浩劫所摧毀，之後才開始艱難地重建。這也是20世紀最後一次種族滅絕事件。此後，兩大民族的衝突還蔓延到民主剛果，連鎖反應導致了另外數百萬人的死難。

蒲隆地內戰

盧安達的鄰國蒲隆地同樣深陷胡圖人和圖西人的種族戰爭中，不同的是蒲隆地基本上和盧安達反過來，它在獨立之初政府由胡圖人控制，圖西人遭受虐殺。1965年，圖西人建立了軍政府，把持了軍隊和員警，開始壓迫胡圖人。1972年，胡圖人發動起義遭到鎮壓，被屠殺20萬。1993年雙方和談大選，一位溫和派胡圖人當上總統，圖西人當總理。結果極端圖西族勢力殺害了胡圖總統，再度引發兩個民族的大戰，死亡15萬，30萬胡圖人逃離，內戰到2005年才停火，但零星衝突戰爭依然不絕。蒲隆地的內戰中圖西人更加「主動」，這也反過來為盧安達的胡圖人極端分子提供了仇恨圖西人的藉口。

BC
美尼斯統一古埃及

— 0
阿克蘇姆王國建立

— 100

— 200

— 300

— 400
汪達爾王國建立

— 500

— 600

— 700
阿拉伯人佔領北非

— 800 桑海王國建立

— 900

— 1000
穆拉比特王國建立

— 1100

— 1200
古馬利王國建立

— 1300

— 1400
迪亞士發現好望角

— 1500
第一船黑奴運到美洲

— 1600

— 1700

拿破崙的埃及戰役
— 1800
蘇伊士運河開通

— 1900
第一次世界大戰

— 2000

坎坷！坦尚尼亞之路

非洲獨立之初，打著「社會主義」旗號的國家不少，大多生搬硬套蘇聯經驗，可坦尚尼亞的國父——尼雷爾（1922—1999年）卻與他們大為不同。

尼雷爾是一位非洲精英，出身於酋長家庭，在英國愛丁堡讀書。與其說他是個政客，不如說是位學者。他生活簡樸，待人謙和熱情，交談和演說喜歡循循善誘，娓娓道來。他深入研究了社會主義和資本主義的經濟理論，最後得出結論：非洲國家如果採行資本主義，只會淪為歐美強國繼續剝削壓榨的對象，越來越窮，而且會加大貧富差距，肥了少數精英，苦了多數老百姓。可是盲目照搬蘇聯的社會主義，也不適合非洲的實際情況。非洲應該基於「傳統村莊社會」，建立具有互助互利特色的社會主義。

尼雷爾的社會主義改革，包括幾個方面：首先要有自力更生精神，不能一味依賴外國援助；其次，銀行和大公司要實現國有化，免得被外國資本操縱。農村應該把小村莊歸併成大村莊，便於施行現代農業，讓農民更容易享受到社會基礎建設帶來的好處。此外，尼雷爾還規定，黨員幹部禁止經商、禁止置辦產業、禁止獲得薪資之外的收入，免得產生權錢交易和其他腐敗現象。

經過數年宣傳籌備，尼雷爾開始了改革，產業公有化，農村集體化，但是一旦開始做起來，才發現紙面上的設想很美妙，落到現實中就是另一回事了。比如說企業的國有化，使企業主離開了自己的企業，由

新換上的一批行政幹部進行管理。但是，這些幹部用行政管理的手法來
管理企業，使企業運行出現各種問題。農村建設同樣有各種問題，很多
農民不願意搬離過去的家園，怎麼辦？一開始是說服勸告，說服不了就
只好強制搬遷了，這樣難免弄得怨聲載道，而且要把幾百萬人搬遷，這
不是件小事，對行政管理、交通和物資調配都是巨大考驗，而坦尚尼亞
顯然這方面做得不算太好。很多農民搬到新村，發現要什麼沒什麼，不
知如何謀生。另外，不同地方的土地有肥瘠，環境有好壞，政府搬遷不
可能一一顧及，很多農民搬遷後自然會尋出新地方的諸多毛病，嘰嘰喳
喳罵個不停。集體化之後，勞動積極性進一步下降。政府指派的農業專
家，多數也是一知半解或者照搬書本，不能真正有效地指導生產。這樣
一來，坦尚尼亞的農業也走下坡路了。到20世紀70年代中後期，1100萬
農民被重新安置後，糧食產量下降了100萬噸。到70年代末，坦尚尼亞已
經瀕臨破產。

　　不過，尼雷爾的改革也不是全無成效。坦尚尼亞的農民第一次獲
得了清潔的水源、免費的衛生設施。全國兒童的教育普及率達到99%，
四分之三的成人識字掃盲。這些都是過去想也不敢想的。在中國的支持
下，坦尚尼亞和尚比亞之間的坦尚鐵路也開始營運，尚比亞的銅礦運輸
到坦尚尼亞的海港出口，對於兩國經濟都大有好處。這條鐵路進而成為
東部非洲地區的經濟幹道。

　　70年代後期，非洲國家整體出現經濟滑坡現象，絕不是坦尚尼亞獨
有。這時候，世界銀行給非洲國家開出一劑救命良方：接受世界銀行援
助，同時實現經濟改造，完全開放市場，產業私有化。

　　尼雷爾沉吟不語。這樣，不是等於社會主義改革被完全取消了嗎？

　　副總統慕維尼忙鼓動說：我看這方案不錯，就照辦吧。現在我們連
公務員薪資都發不出去啦。老總統尼雷爾無奈，於1985年宣布辭職，將
政權交給慕維尼。慕維尼上任後，大行改革。大批國有化企業，包括關

BC
美尼斯統一古埃及

— 0
阿克蘇姆王國建立

— 100

— 200

— 300

— 400
汪達爾王國建立

— 500

— 600

— 700
阿拉伯人佔領北非

— 800　桑海王國建立

— 900

— 1000

穆拉比特王國建立
— 1100

— 1200
古馬利王國建立

— 1300

— 1400
迪亞士發現好望角
— 1500
第一船黑奴運到美洲

— 1600

— 1700

拿破崙的埃及戰役
— 1800
蘇伊士運河開通
— 1900
第一次世界大戰

— 2000

係到國民經濟命脈的鐵路、電力、農業公司紛紛被拆解，政府退出所有市場，將所有市場都拋入市場競爭甚至私有化中。黨員幹部不許經商持股的限令也取消了，撈得越多證明你越有能力。

　　這麼一來，原本死水微瀾的坦尚尼亞激起了千重巨浪。短短數年間，坦尚尼亞的國企紛紛破產或落入私人荷包，公共福利設施建設被大幅削減。等到20世紀90年代初世界銀行宣布「非洲救助計畫」破產時，慕維尼總統及其政府高官透過權力撈錢，已成為全國第一流的富豪。

　　儘管如此，坦尚尼亞人沒有放棄努力。他們依然用黝黑的脊樑，支撐著國家的重擔，一步一步地在世界大潮中艱難前進。

世界銀行和國際基金組織的「結構調整計畫」

　　1980年，針對第三世界國家的經濟衰退，世界銀行和國際基金組織提出「結構調整計畫」。該計畫提供貸款，條件包括：撤銷對外資的限制和利潤轉移的限制，減少政府公共開銷和醫療、教育和其他社會服務，國有企業私有化，農村和社區公有財產私有化、市場化，貨幣貶值，生活必需品漲價。它的本質是迫使非洲國家撤銷一切對本國經濟和窮人的保護，投入到歐美強國把持的國際市場中去任人踐踏。10年間，這個計畫一共在36個國家實行，導致大部分國家人均收入下降，債務增加，單為了支付利息，就使資本向發達國家倒流數百億美元。醫療不再是公益事業，而成為資本家賺錢的工具，由此造成50萬兒童因不能醫治導致非正常死亡。人口貧富差距加大，西方財團和當地精英階層則從中大撈一把。世界銀行援助的錢很多直接裝進了官員們的荷包。世界銀行最後也不得不承認：「結構調整摧毀了精心建立的公共機構體系，過去這些機構向農民提供土地、貸款、保險和合作……預期沒有達到。」不健全的市場和機構缺口給經濟增長帶來巨額成本，農民失去補貼，威脅到他們的競爭力，甚至生存。

三國
晉

南北朝

隋朝
唐朝

五代十國
宋

元朝

明朝

清朝

中華民國

0
100
200
300
400
500
600
700
800
900
1000
1100
1200
1300
1400
1500
1600
1700
1800
1900
2000

第九章：未來之門——世紀之交

（20世紀末至21世紀初）

「冷戰」結束，世界不太平，非洲更不太平。舊的烽煙尚未平息，新的戰火複又燃起。國家分裂，外力干涉，貧窮、饑荒、獨裁、內戰、愛滋病，似乎就是非洲的關聯詞。儘管充滿變數，非洲終究擁有明天的希望。

1. 摩洛哥	11. 獅子山	21. 查德	31. 烏干達	41. 肯亞
2. 西撒哈拉	12. 賴比瑞亞	22. 埃及	32. 盧安達	42. 南非
3. 突尼西亞	13. 象牙海岸	23. 喀麥隆	33. 蒲隆地	43. 賴索托
4. 阿爾及利亞	14. 布吉納法索	24. 中非共和國	34. 衣索比亞	44. 史瓦濟蘭
5. 矛利塔尼亞	15. 尼日	25. 蘇丹	35. 納米比亞	45. 莫三比克
6. 塞內加爾	16. 利比亞	26. 赤道幾內亞	36. 波扎那	46. 索馬利亞
7. 馬利	17. 迦納	27. 加彭	37. 尚比亞	47. 馬達加斯加
8. 甘比亞	18. 多哥	28. 剛果民主共和國	38. 辛巴威	48. 模里西斯
9. 幾內亞比索	19. 貝南	29. 安哥拉	39. 馬拉威	49. 塞席爾
10. 幾內亞	20. 奈及利亞	30. 剛果共和國	40. 坦尚尼亞	

血腥！賴比瑞亞

20世紀末，冷戰結束，東歐劇變，蘇聯解體。世界在變化，而古老的非洲大陸上依然烽煙不絕。很重要的一點是，美國和歐洲不再為「冷戰」而支持獨裁者了。非洲各國開始民主化進程。

還記得嗎，19世紀末非洲只有兩個獨立國家，一個是千年古國衣索比亞；另一個就是由美國釋放的「黑奴」統治的賴比瑞亞。按說這個國家有美國撐腰，沒有經過歐洲列強的壓榨，國家建設應該比其他國家要好些吧！不然！過了一百年，其他非洲國家逐漸消除獨裁政治的時候，賴比瑞亞反而出現一堆獨裁者，還爆發了極為血腥的內戰。

賴比瑞亞自從1847年建國，模仿美國很是有模有樣。美國來的黑人幾大家族輪流競選，而且狠狠地欺負當地人。由於壓迫者和被壓迫者都是黑人，也沒人指責他們這種行為是種族歧視。於是，賴比瑞亞這種「隱祕的殖民統治」一直維持到70年代末。1979年，總統托爾伯特為了讓家族的大米企業多撈錢，宣布大米價格上漲50%。本地黑人一聽，什麼世道，連飯都吃不飽了！他們遊行示威，遭到總統血腥鎮壓，打死不少人。這下子，受了100多年壓迫的本地黑人再也忍無可忍。一個叫多伊（1951—1990年）的軍士長帶領10多個人衝進總統府，殺死了總統和大批政府高官。賴比瑞亞的「美式民主政治」結束，部落土著黑人多伊成為共和國的獨裁者。

美國呢？他們「自己的」黑人被當地黑人推翻倒也不生氣，出身不是問題，立場決定一切。管你是美國黑人還是原住民黑人，只要肯給

BC
美尼斯統一古埃及

— 0
阿克蘇姆王國建立

— 100

— 200

— 300

— 400
汪達爾王國建立

— 500

— 600

— 700
阿拉伯人佔領北非

— 800
桑海王國建立

— 900

— 1000
穆拉比特王國建立

— 1100

— 1200
古馬利王國建立

— 1300

— 1400

迪亞士發現好望角
— 1500
第一船黑奴運到美洲

— 1600

— 1700

拿破崙的埃及戰役
— 1800
蘇伊士運河開通

— 1900
第一次世界大戰

— 2000

上古時期　BC

漢

　　　— 0

　　　100 —

三國
晉　　200 —

　　　300 —

南北朝　400 —

　　　500 —

隋朝
唐朝　600 —

　　　700 —

　　　800 —

五代十國　900 —
宋
　　　1000 —

　　　1100 —

　　　1200 —

元朝　1300 —

明朝　1400 —

　　　1500 —

　　　1600 —

清朝

　　　1700 —

　　　1800 —

　　　1900 —

中華民國

　　　2000 —

我當小弟，虧待不了你！而多伊也不負老大的期望。他堅決抵制蘇聯勢力，開放港口、國土讓美軍駐紮、使用、建基地，甚至《美國之音》的非洲廣播中心也設在了賴比瑞亞。美國投桃報李，要錢給錢，要裝備給裝備。至於多伊搞獨裁、貪污腐化、殘殺政敵，這些事情在非洲太常見了，美國人沒精力管閒事，雙方和諧得很。

1984年，多伊在美國勸說下決定停止軍政府，改行民主選舉。選舉前，他派兵把自己的主要對手全抓了起來，順道打死不少抗議者。出了這事，美國不能再裝聾作啞，就譴責說：老弟，你怎麼能這樣亂來呢？今年的援助不給了！多伊趕緊嬉皮笑臉：老大別生氣，我一定知錯就改。於是他連忙舉辦選舉，辦好了選舉後命令自己的人去統計選票，然後宣布自己當選總統，再把幾個競爭對手放出來。美國點頭道：這還差不多，看在你亡羊補牢的份上，援助還是給你吧。

多伊以前的一個戰友齊逢克帕認為這次競選純粹舞弊，於是他帶兵起義，要推翻多伊，實行真正的民主選舉。多伊把起義鎮壓下去，把齊逢克帕的屍體直接切成片讓士兵們吃了，又大肆屠殺齊逢克帕所在的部族，殺了上千人。

等到80年代末，蘇聯全面回縮戰線，「冷戰」算是已結束。這時候，多伊對美國就沒那麼重要了。1989年底，一支叫作「賴比瑞亞民族愛國陣線」的武裝勢力從象牙海岸殺回賴比瑞亞，領頭的叫泰勒（1948—），曾經也是多伊的夥伴，後來因為貪污100萬美元而被多伊通緝，如今殺回來報仇了。他的後台包括利比亞元首格達費上校、象牙海岸總統伍弗耶布尼、布吉納法索元首龔保雷等。賴比瑞亞內戰爆發。

多伊總統聽說泰勒這貪污犯還敢造反，立刻發兵鎮壓。他繼續抱著部落仇殺的思維，大軍所到之處，對被懷疑支持叛軍的老百姓燒殺搶掠，無惡不作。而泰勒也不是什麼好東西，為了招兵買馬，什麼暴徒、囚犯、別國的叛軍、流氓混混，還有流浪兒童等，通通吸納。為了鼓勵

士氣，泰勒讓他們酗酒、吸毒，打下一個地方就讓他們肆意搶劫，三日不封刀！這政府軍和造反派都比賽著當強盜，倒楣的自然是老百姓。沒多久，賴比瑞亞境內有一半的人都背井離鄉當了難民。

內戰越打越亂。因為軍士長多伊當權太久，幹壞事太多，反對他的人很多，貪污犯泰勒的隊伍像滾雪球一樣膨脹。可是泰勒也有煩惱，兵多了人心就不齊，一個叫詹森王子的人就公然從他手下拉走一支隊伍，自成一家。1990年6月，這兩支叛軍包圍了賴比瑞亞首都蒙羅維亞，城裡糧食吃光了，當官的紛紛逃走，當兵的肆意搶劫。多伊卻每天看電影、打電話，不肯逃亡。

賴比瑞亞內戰引起了鄰近國家的關注。奈及利亞獨裁者巴班吉達振臂一呼，讓大家成立了「西非維和部隊」，開入賴比瑞亞，呼籲內戰三方停止交火，坐下來商量。泰勒、詹森也不敢不給這麼多國家面子，於是同意了。多伊大喜：「你看，我說沒什麼大事吧。」9月9日，他大搖大擺地去維和部隊總部開會。誰知詹森沒有紳士風度，派出兵馬半路攔截。只聽得乒乒乓乓槍聲大作，多伊衛隊全部喪命，多伊雙腿中彈，被詹森生擒活捉。

詹森抓住這個獨裁者後大喜過望，決定好好拍一部血腥大片。他架好攝影機，剝光多伊的衣服，然後威風凜凜地開始「審問」。一邊審問，一邊用刀割下多伊的十個指頭和兩個耳朵，隨後又把他給閹了。最後，詹森命人把多伊殘缺不齊的血屍扔到了大街上。可憐美國人民的老朋友多伊就此慘遭虐殺。這時，美國軍隊早已開進了賴比瑞亞首都，但只保護自己的使館和僑民，並沒有對多伊伸出援手。

多伊死了，總得成立新政府，以前多伊的反對者索耶被推舉為新總統。可是泰勒心想多伊是我推翻的，你們扶持個手無寸鐵的政客就想騎在老子頭上，做夢！他拒不承認索耶，反而繼續包圍首都，自封為國家元首，還攻打扶持索耶的西非維和部隊。首都雖然一時打不下來，他

BC
美尼斯統一古埃及

─ 0
阿克蘇姆王國建立

─ 100

─ 200

─ 300

─ 400
汪達爾王國建立

─ 500

─ 600

─ 700
阿拉伯人佔領北非

─ 800 桑海王國建立

─ 900

─ 1000
穆拉比特王國建立

─ 1100

─ 1200
古馬利王國建立

─ 1300

─ 1400
迪亞士發現好望角

─ 1500
第一船黑奴運到美洲

─ 1600

─ 1700

拿破崙的埃及戰役
─ 1800
蘇伊士運河開通
─ 1900
第一次世界大戰

─ 2000

上古時期　BC

漢

━ 0

100 ━

三國　200 ━
晉
300 ━

南北朝　400 ━

500 ━

隋朝　600 ━
唐朝
700 ━

800 ━

五代十國　900 ━
宋
1000 ━

1100 ━

1200 ━

元朝　1300 ━
明朝
1400 ━

1500 ━

1600 ━

1700 ━

1800 ━

1900 ━
中華民國
2000 ━

卻佔領了賴比瑞亞的大片資源，什麼鐵礦、木材、黃金、鑽石……歐美公司呢，只要有錢賺，我管你是合法政府還是軍閥。泰勒當著自封的元首，靠著賣礦賺錢，日子過得非常舒適。其他軍頭也各自拉起隊伍混戰，小小的賴比瑞亞進入了「戰國」時代。

實力增強了，泰勒還要進一步擴張。你們西非維和部隊敢占我的首都，我就去抄你們的後路！他拼湊了一支人馬，去攻打鄰國獅子山。獅子山是西非維和部隊的後勤基地，同時富有鑽石。泰勒打下這裡，既能斷西非聯軍的後路，又能獲得鑽石收入，可謂一箭雙鵰。更妙的是，獅子山這時候也是貪腐嚴重，鑽石收入都落入權貴荷包，政府幾乎破產，全國一片混亂，不打更待何時！

1991年3月，泰勒扶持的「革命聯合陣線」攻入獅子山，很快佔領了礦石區。這支隊伍的領導者是獅子山的桑科將軍（1936—2003年），裡面既有獅子山的叛軍，也有泰勒的賴比瑞亞兵，還有其他國家的亡命之徒以及威逼利誘裹挾來的民眾。14歲以下的少年兒童一度佔了其中一半。獅子山的政府、軍隊、民團為了自己利益，也紛紛擴軍備戰。這樣，賴比瑞亞的內戰擴大到了獅子山，打成一片。整個戰亂過程中又伴隨著不斷的政變，簡直亂到極點。

到1996年，西非的奈及利亞和幾內亞等國才勉強穩定了獅子山局勢。卡巴成為民選總統。此後，獅子山又發生軍人政變，政變上台的軍閥在遭到國際社會的打擊後，轉而和桑科聯合，共同對抗國際社會。他們在首都燒殺搶掠，姦淫婦女，迫使大批兒童吸毒、參軍，甚至還把幾百名聯合國的非洲士兵抓起來當人質。眼看這些軍閥鬧得無法無天，國際社會終於忍無可忍。英國軍隊出動了，裝備精良，威風凜凜，把塞拉利昂叛軍震懾得如老鼠見貓。罪惡累累的桑科嚇得逃走，卻被群眾抓住，當眾扒光了痛打一頓，然後交給政府。叛軍失去首領，更成了一盤散沙，聯合國軍很快控制全國。2002年，獅子山內戰正式結束，十年間

導致數萬人死亡，數百萬人流離失所。罪魁禍首桑科則在剛開始受審時突發中風，不久一命嗚呼，逃脫了懲罰。

泰勒扶持桑科，對獅子山帶來巨大災難，他自己卻從中受益匪淺。透過獅子山的鑽石買賣，泰勒撈取了大筆金錢，用來擴充軍費，使其實力大增，在賴比瑞亞內戰中逐漸占得優勢。1996年，泰勒終於進入了首都蒙羅維亞。1997年，在國際社會斡旋下賴比瑞亞停戰和談，泰勒的政黨居然贏得大多數選票當選總統，因為老百姓都怕要是不選他，這個最大的軍閥會重起戰端。這時距離他起兵攻打多伊，已經過去8年了，真是世事滄桑。他當上賴比瑞亞總統後還不老實，一面繼續從塞拉利昂鑽石貿易撈好處，一面還支持其他國家的叛軍，妄圖宰割非洲天下。多行不義必自斃，泰勒幹下這許多壞事，終於惹得天怒人怨，從美國到非洲各國，紛紛表示應該把這人除掉。

2003年，賴比瑞亞爆發了反對泰勒的叛亂，而西非維和部隊也參加進來共同毆打泰勒。泰勒被迫辭職。搬掉這個惡棍後，賴比瑞亞在2005年舉行了大選，候選人多達23位。第一輪選下來，領先的是1995年的世界足球先生維阿（1966—），第二名是67歲的老太太強森・瑟利夫（1938—）。他倆再進行第二輪選舉，這回足球先生比不過老太太，敗下陣來。強森・瑟利夫由此成為非洲第一位女總統，她還因為維護婦女權益在2011年獲得諾貝爾和平獎。而泰勒呢，則在2012年被國際法庭審判，以戰爭罪、反人類罪等判處50年徒刑。

BC
美尼斯統一古埃及

— 0
阿克蘇姆王國建立
— 100
— 200
— 300
— 400
汪達爾王國建立
— 500
— 600
— 700
阿拉伯人佔領北非
— 800
桑海王國建立
— 900
— 1000
穆拉比特王國建立
— 1100
— 1200
古馬利王國建立
— 1300
— 1400
迪亞士發現好望角
— 1500
第一船黑奴運到美洲
— 1600
— 1700
拿破崙的埃及戰役
— 1800
蘇伊士運河開通
— 1900
第一次世界大戰
— 2000

上古時期　　BC

漢

　— 0

100 —

三國
晉　　　200 —

300 —

　　　　400 —
南北朝

500 —

隋朝　　600 —
唐朝

700 —

800 —

五代十國　900 —
宋

1000 —

1100 —

1200 —

元朝　　1300 —

明朝

1400 —

1500 —

1600 —
清朝

1700 —

1800 —

1900 —
中華民國

2000 —

揚名！索馬利亞海盜

　　要說混亂，至今最亂的要數索馬利亞，說到這個國家，大家想到的就是「戰亂」和「海盜」。實際上，索馬利亞歷史悠久，打得衣索比亞差點亡國。在歐洲入侵的狂潮中，索馬利亞人頑強抵抗了幾十年。1960年，索馬利亞獨立之後，覺得歷史上的領土還有好些被鄰國衣索比亞佔領，於是出兵挑戰，結果被衣索比亞皇帝海爾・塞拉西拍下去了。1969年，西亞德（1919—1995年）透過軍事政變上台，積極整頓軍備，再度和衣索比亞大打出手，要把歐加登地區搶回來。但是由於衣索比亞新元首門格斯圖全面倒向蘇聯，獲得蘇聯支持，因此雙方幾番血戰，索馬利亞還是只好撤軍。

　　耗盡心血打的這一場大戰，結果寸土未復，無功而返，西亞德的地位自然就被動搖了。索馬利亞本來就是家族政治，幾大家族各有一幫子人，彼此之間都是相互爭權奪利慣了的。這回趁你病，要你命，西亞德的反對派統統跳了出來，索馬利亞內戰爆發。

　　這會兒，西亞德還有底氣，因為他反蘇，所以美國和北約玩了命地支持他，資金和槍炮源源不斷被送進來，西亞德也就和反對派打了個不相上下。可是西亞德的那些手下們真是無官不貪，美國的援助是他們最好的撈錢來源，這樣一來，美國政府對這個傢伙也漸漸不滿起來。正好「冷戰」也快結束了，美國不再需要西亞德反蘇，就藉口西亞德的軍隊在內戰中屠殺平民，斷了對他的援助。西亞德缺少了洋大人的援助，頓時支持不住了。1991年，西亞德被趕出索馬利亞，流亡國外，幾年後去

世。

西亞德是被轟下台了，可是索馬利亞並未因此得到和平。幾大軍閥都有各自的算盤，沒一個人是真為國家民族打算，想的統統是自己的權勢地位。掀翻了西亞德，大家繼續分贓，分贓不勻就對砍。軍閥艾迪德（1934—1996年）和阿里·馬赫迪分別各搶了半個摩加迪休，打得熱火朝天，死傷數萬。國家分裂了，西北部的軍閥建立了「索馬利亞蘭共和國」，從索馬利亞分離出去。東北部的軍閥建立了「邦特蘭自治政府」，實質也自成一國。而在剩下的地方，幾十個大小軍閥割地自雄，彼此混戰，人人都是土皇帝。這個國家就這麼內亂下去。戰亂之下，最苦的自然還是老百姓。戰火、饑荒隨時都在奪走他們的生命。

聯合國終於看不下去了，派出了觀察員和維和部隊，協調索馬利亞軍閥們停火，救濟災民。為了震懾那些手握槍桿子的軍閥，膀大腰圓的美國也開了進來，準備幫助索馬利亞政府解除軍閥武裝。索馬利亞軍閥中實力最強大的艾迪德對此不滿，就處處和聯合國作對，甚至襲擊聯合國的軍隊，還打死幾十個巴基斯坦士兵。小布希大怒，你小小索馬利亞軍閥敢和聯合國作對！和聯合國作對倒也罷了，連美軍的面子都不給！他下令美軍進攻艾迪德。按說以美軍的裝備，對付個土皇帝，那不是牛刀殺雞嗎！然而在城市之中地形複雜，美軍情報不明，空有優良裝備，卻難以對索馬利亞軍閥進行致命打擊，反而多次殺死無辜平民，甚至用導彈攻擊了正在舉行和平聚會的家族長老。這麼一來，原本維護和平的外國部隊，在索馬利亞人眼中成為侵略的兇手，軍閥們反而得到民眾支持。他們聯合起來對付美軍，讓美軍陷入了汪洋大海。

1993年10月3日，美軍特種部隊突襲摩加迪休一處建築，準備逮捕艾迪德及其手下，結果遭到全城索馬利亞人如潮水般地反擊。美軍100多人陷入數千人的圍攻中，經過十多小時激戰，美軍戰死18人，受傷73人，被俘1人，兩架黑鷹直升機被擊落，這就是有名的「黑鷹墜落」事

BC
美尼斯統一古埃及

— 0
阿克蘇姆王國建立

— 100

— 200

— 300

— 400
汪達爾王國建立

— 500

— 600

— 700
阿拉伯人佔領北非

— 800
桑海王國建立

— 900

— 1000
穆拉比特王國建立

— 1100

— 1200
古馬利王國建立

— 1300

— 1400
迪亞士發現好望角

— 1500
第一船黑奴運到美洲

— 1600

— 1700

拿破崙的埃及戰役
— 1800
蘇伊士運河開通

— 1900
第一次世界大戰

— 2000

上古時期　BC

漢

— 0

100 —

三國　200 —
晉

300 —

南北朝　400 —

500 —

隋朝　600 —
唐朝

700 —

800 —

五代十國　900 —
宋

1000 —

1100 —

1200 —

元朝　1300 —

明朝

1400 —

1500 —

清朝　1600 —

1700 —

1800 —

1900 —
中華民國

2000 —

件。美軍屍體被索馬利亞人拖著在街上走，美軍俘虜也在電視亮相。這對美國政府帶來了極大的壓力。最後，美軍全部撤走，聯合國也跟著腳底抹油。索馬利亞維和工作以全面失敗告終。自此，索馬利亞軍閥割據的狀態持續下去了。

軍閥們戰亂多年，城鄉治安混亂，百姓朝不保夕。這時候，民間的宗教團體就站出來，很快，宗教法庭得到了很多民眾支持，力量也越來越大，一些小法庭合併成大法庭、法庭聯盟。

另一方面，軍閥們打了多年分不出勝敗，也得考慮下長遠之計。他們在2005年建立了過渡聯邦政府。這樣一來，索馬利亞又變成了過渡政府和宗教法庭聯盟雙方對峙的局勢。美國因為賓拉登的關係，把宗教法庭聯盟看作恐怖組織，鼓動軍閥們聯合起來滅了這群法官。於是，過渡政府和法庭聯盟再次大打出手，過渡政府的軍閥被法官們打得滿地找牙，趕緊又呼叫美國老大援助。美國不方便自己出兵，就讓索馬利亞的老對手衣索比亞出兵。在美國支持下，衣索比亞和過渡政府的軍隊終於在2006年年底打敗了法庭聯盟，佔領了摩加迪休。但宗教法庭聯盟也不甘示弱，繼續佔據索馬利亞南部領土，還用游擊戰和突襲戰術進行反擊。

好在，大家都是索馬利亞人。長期僵持下，聯邦政府沒辦法滅掉法庭聯盟，法庭聯盟也無法翻天。於是，法庭聯盟內部的一些溫和人士，建立了一個「再解放索馬利亞聯盟」，開始和聯邦政府談判。2008年，雙方達成協議，衣索比亞軍隊從索馬利亞撤軍。在2009年的選舉中，「再解放索馬利亞聯盟」的主席艾哈邁德當選總統。這樣一來，法庭聯盟的老大成了聯邦政府的老大，雙方的血仇自然就解了。儘管法庭聯盟內的一些極端分子依然在到處襲擊政府軍，暗殺政府要員，一度還搶佔了大片土地，但終究和平已經是大勢所趨。2012年8月，索馬利亞通過了《臨時憲法》，聯邦議會成立。9月，工人出身的學者、曾擔任聯合國教

育官員和大學校長的哈桑・謝赫・馬哈茂德當選索馬利亞總統，並任命了總理組成組閣。這個飽經戰亂的國家，也終於走向了新的開始。

至於說到索馬利亞的海盜，最初是沿海的漁民，因為索馬利亞內戰之後，軍閥們誰也沒有力量維持海軍，保護海防，索馬利亞沿海漁場就成為外國漁船想撈就撈的公共魚池，索馬利亞漁民們連飯都吃不上了。他們就組織起來，拿著武器扣押外國漁船，索要贖金。這種贖金，一百艘裡面扣押不了一艘，一旦扣住了當然就要狠狠地宰。於是扣一次船，抵得上補幾個月魚。這麼做了幾次，漁民們發現，好像直接扣船比捕魚還划算啊！於是乎，海盜企業正式開張了。他們勒索到的贖金越來越多，購買的船隻、槍炮也越來越好，從最開始劫漁船，漸漸客船、貨船什麼都劫。索馬利亞臨近亞丁灣，該灣本來就是亞洲到非洲的咽喉之地，船隻往來頻繁，自然不缺業務。岸上的軍閥見狀也都紛紛「入股」，出槍、出人來支持海盜，參與分紅。這麼一來，索馬利亞海盜買賣越滾越大，成為世界知名「企業」。為了停放海盜們劫持的尚未釋放的船隻，以及給海盜提供周邊服務，沿海城鎮的經濟得到刺激，港口不斷地被翻新，當地人民就業機會增多，生活水準節節攀升，而且索馬利亞沿海的漁業資源也得到了恢復，真是「利國利民」。海盜們也比較講行規，一般來說，只拿錢，不要命，多數情況下不會殺害人質，其殘暴程度比起陸地上的軍閥混戰要輕得多。

法庭聯盟興盛的日子，對於海盜是嚴厲打擊，使索馬利亞海盜一度銷聲匿跡。但法庭聯盟被軍閥打敗後，海盜重新又猖獗起來。各國派出了龐大的護航艦隊，卻依然是治標不治本。要想根除索馬利亞海盜問題，還得等到索馬利亞自己的政府真正能有效控制國土的時候方可做到。

BC
美尼斯統一古埃及

— 0
阿克蘇姆王國建立

— 100

— 200

— 300

— 400
汪達爾王國建立

— 500

— 600

— 700
阿拉伯人佔領北非

— 800
桑海王國建立

— 900

— 1000
穆拉比特王國建立

— 1100

— 1200
古馬利王國建立

— 1300

— 1400
迪亞士發現好望角

— 1500
第一船黑奴運到美洲

— 1600

— 1700

拿破崙的埃及戰役
— 1800

蘇伊士運河開通
— 1900
第一次世界大戰

— 2000

榮耀！曼德拉的勝利

上古時期　BC

漢

— 0

100 —

三國　200 —
晉　300 —

南北朝　400 —

500 —

隋朝　600 —
唐朝

700 —

800 —

五代十國　900 —
宋　1000 —

1100 —

1200 —

元朝　1300 —

明朝　1400 —

1500 —

1600 —
清朝
1700 —

1800 —

中華民國　1900 —

2000 —

　　當20世紀70年代整個非洲大陸變亂迭起的時候，白人統治的南非卻是一片欣欣向榮的景象。曼德拉等追求平等的黑人領袖都進了監獄，南非經濟飛速發展，成為非洲唯一的發達國家。南非白人家家豪宅，戶戶汽車，日子過得可舒服了。但同時為了鎮壓黑人運動，南非政府在意識形態方面極為嚴苛，拚命給老百姓洗腦，種族隔離就是好啊就是好。為了這個，經濟最發達的南非，電視台的建設居然是非洲起步最晚的國家之一。黑人和白人的隔閡越來越深，連白人居住區周圍的黑人都盡可能地被搬遷走了。黑人不但受到各種限制，薪資也被壓得很低，甚至不足以養家糊口。

　　依靠員警、軍隊的高壓，南非白人過了10多年安穩日子。等到70年代，周圍的葡萄牙殖民地紛紛獨立成為黑人統治的國家時，南非逐漸失去了緩衝，變得越來越孤立。而新一輩的黑人反抗者也起來了。

　　1976年，南非政府企圖把學校的班圖語教學改成南非語教學，引起黑人學生抗議，進而發展為全國暴動。南非政府鎮壓時開槍打死了黑人學生，還把黑人運動領袖比科抓起來活活打死了。南非政府還玩弄「獨立」的花招，表面上讓黑人「獨立」，其實分給黑人「國家」的土地都是七零八落的貧瘠之地，這樣就等於堂而皇之地讓少數白人霸佔國家的大多數資源，把黑人轟出這個國家了。

　　南非的種族隔離，尤其是員警槍殺學生事件，引起全球反感。無論是美國還是蘇聯，他們要爭奪非洲勢力，都得爭取黑人支持。南非白

人政府壓榨黑人，實際上站在了大多數黑人國家的對立面。這樣一來，美、蘇就都開始敲打南非。南非政府一開始還很委屈，我是反共堡壘啊，蘇聯支持游擊隊造我的反倒也罷了，你美國居然也拋棄我，太過分了！委屈歸委屈，國際上的經濟制裁、輿論譴責還是接踵而來。南非的武器、石油都被禁運，日子過不下去了。「非國大」也開始組織游擊戰和暴力襲擊，打得南非軍警焦頭爛額。

另一方面，南非內部的年輕白人們，觀點也和前輩們不一樣了。他們覺得沒必要把黑人當賊防，大家都是南非人，攜手共同建設多好！這樣，南非內部的種族隔離措施也鬆懈下來。

這時，監獄裡的曼德拉又被「非國大」和黑人們抬出來作為抗爭的精神領袖，他在全球的威望也越來越高，成為南非白人政府的最大威脅。為了抹黑曼德拉，白人政府宣稱曼德拉是個馬克思主義者，要搞暴力革命。這一招還真管用，反共心切的美國政府立刻把曼德拉列為「恐怖分子」，把「非國大」列為「恐怖組織」。這頂帽子曼德拉戴了20多年，直到擔任南非總統期間依然戴著，包括曼德拉和其他「非國大」領導人去聯合國開會，都只許到聯合國總部，不許到美國其他地方。直到2008年美國政府才給曼德拉「摘帽」。

1984年，南非再度爆發大規模的動亂。黑人用石頭、木棍、燃燒彈向政府、員警、軍隊發動攻擊。他們不但攻擊白人，也攻擊黑人官員、員警。很多黑人被同胞當作叛徒活活燒死，整個南非天下大亂。為了控制局勢，南非總統波塔出動軍警大肆抓捕，但這些鎮壓畫面被傳播到全世界後，遭到各大國的一致譴責。國際社會紛紛呼籲：南非白人，你們適可而止，趕緊和黑人談判吧。

1988年，政府開始和曼德拉會談。曼德拉經過20多年的監禁，也不再偏激，變得更加深沉和大度。他重申，不反白人，而要建立黑白和諧的國家。1989年，曼德拉和南非總統波塔首次會面。此後，波塔辭職，

BC
美尼斯統一古埃及

— 0
阿克蘇姆王國建立

— 100

— 200

— 300

— 400
汪達爾王國建立

— 500

— 600

— 700
阿拉伯人佔領北非

— 800
桑海王國建立

— 900

— 1000
穆拉比特王國建立

— 1100

— 1200
古馬利王國建立

— 1300

— 1400
迪亞士發現好望角

— 1500
第一船黑奴運到美洲

— 1600

— 1700

拿破崙的埃及戰役
— 1800
蘇伊士運河開通

— 1900
第一次世界大戰

— 2000

上古時期　BC

漢

— 0

100 —

三國
晉　　200 —

300 —

南北朝　400 —

500 —

隋朝　600 —
唐朝

700 —

800 —

五代十國　900 —
宋

1000 —

1100 —

1200 —

元朝　1300 —

明朝

1400 —

1500 —

清朝　1600 —

1700 —

1800 —

1900 —
中華民國

2000 —

法裔布林人戴克拉克繼任總統。戴克拉克是個明智的政治家，深知再用武力維繫白人統治已經不可能了。與其在國際社會壓迫下垮台，不如自己做得瀟灑一點。他在1990年宣布「非國大」不再是非法組織。2月11日，被關押近30年的曼德拉獲得釋放，引起世界轟動，中國香港藝人黃家駒專門為此寫了首歌《光輝歲月》。

曼德拉獲釋之後，繼續宣揚民族和解，黑人、白人應該如手足般相互支持而非仇視。相比那些一味叫喊「把白人趕出非洲」的極端口號，他的氣度既能得到黑人擁戴，也能感動白人和世界。南非政府和曼德拉就未來談判。曼德拉要求黑白擁有平等的政治權利，但這樣南非必定成為多數黑人統治的國度，政府還想保持少數白人的某種均勢。在這個過程中，白人極端分子和黑人極端分子從始至終都在搞亂，發動針對平民的暴力襲擊。祖魯王室支持的黑人團隊因卡塔甚至和「非國大」直接開戰，還得到了白人極右翼勢力的助戰。起初的談判波折不斷，讓人時時提心吊膽。所幸，曼德拉和戴克拉克都是有見識的政治家，他們在亂局下認定一點：再亂，再打，談判不能斷！只有談判才能解決問題。甚至，因為極端組織的破壞，反而促使大家認識到趕緊達成協議的重要性。這樣，經過幾年的拉鋸，雙方終於在1993年達成協議，通過了過渡憲法。為了這件事，曼德拉和戴克拉克都獲得了諾貝爾和平獎。

1994年4月，南非第一次不分膚色、不分種族的全民選舉開始。在全國的投票點，黑人們第一次投下自己手中神聖的一票，而白人們也第一次和黑人一起投票。投票結果毫無懸念，「非國大」獲得近三分之二的支持，曼德拉當選為種族歧視制度廢除後的首任南非總統。

取得平等政權，這只是曼德拉贏得的第一個勝利。更為艱巨的任務是，要帶領黑白人民共同富裕。曼德拉接手的南非經濟底子雖好，但那只是少數白人的經濟底子，把幾千萬貧窮的黑人加上去後，這平均值頓時就下去了。問題還不止於此。出於對黑人管理經濟的不信任，大批外

國資本家逃離南非，本土白人精英也膽戰心驚。另一方面，黑人們又巴不得一朝換了新天地，立刻打劫白人土豪，把錢、房子都分了了事。過去幾十年他們反抗白人政府已經養成了習慣，有的人又抄起板磚、棍子和「非國大」對上了。同時，原先黑人、白人之間的封鎖線被開放，貧窮的黑人可以自由進出富裕白人的社區，再加上多年造成的民族仇怨，犯罪率急劇上升。在這種左右夾攻、內焦外困之下，曼德拉只能竭盡全力維護國家穩定。他警告自己的黑人同胞，不要以為解放了就一切萬事大吉，你們要靠自己的努力才能過上好日子。他為了安撫白人，經常用南非語演說，還邀請當初要求處死自己的檢察官一起吃午飯。南非白人很愛玩橄欖球，曼德拉就爭取到1995年的橄欖球世界盃在南非舉行，南非隊奪得冠軍，曼德拉身穿隊服，為勝利者頒獎。

然而這些措施，歸根到底都是政治上的。就經濟上來說，南非問題依然多多。曼德拉的魅力舉世無雙，但他對經濟並不擅長。尤其面臨90年代南非這樣一個黑白貧富懸殊、雙方佔有資源極端不對等的情況，1994年之後，南非在形成一個黑人中產階級的同時，白人的人口卻在下降。加之貧富依舊懸殊（只不過富人中多了不少黑人），底層人民整體生活水準提升不大，而犯罪率和愛滋病患者的人數持續居高不下，南非整體形勢可謂是憂喜參半。

BC
美尼斯統一古埃及

— 0
阿克蘇姆王國建立

— 100

— 200

— 300

— 400
汪達爾王國建立

— 500

— 600

— 700
阿拉伯人佔領北非

— 800
桑海王國建立

— 900

— 1000
穆拉比特王國建立

— 1100

— 1200
古馬利王國建立

— 1300

— 1400
迪亞士發現好望角

— 1500
第一船黑奴運到美洲

— 1600

— 1700

拿破崙的埃及戰役
— 1800

蘇伊士運河開通

— 1900
第一次世界大戰

— 2000

上古時期　BC

漢

　— 0

　100 —

　200 —
三國
晉　300 —

南北朝　400 —

　500 —

隋朝　600 —
唐朝
　700 —

　800 —

五代十國　900 —
宋
　1000 —

　1100 —

　1200 —
元朝
　1300 —
明朝
　1400 —

　1500 —

清朝　1600 —

　1700 —

　1800 —

　1900 —
中華民國
　2000 —

動盪！埃及之變

　　埃及在沙達特遇刺之後，由穆巴拉克（1928—）繼位。

　　穆巴拉克總共當了30年總統。由於沙達特時代已經和以色列和解了，穆巴拉克有精力發展經濟。然而，在埃及這塊地頭上，要提升經濟並不容易。過去幾千年裡，埃及曾依靠尼羅河畔和三角洲的肥沃黑土成為中東首富，可現在埃及一國的人口總數卻已和兩千年前全世界人口總數差不多，尼羅河地區就那麼大，能產多少糧食？尤其到了21世紀初，埃及人口每年淨增200多萬。政府光為了養活這些新增出的人口，財政就吃不消了。民眾生活水準下降，窮人食不果腹，老百姓的怨言就越來越多。

　　另一方面，穆巴拉克從立場上算是美國的朋友，但到21世紀初，他對於美國擅自出兵打伊拉克、在中東問題偏袒以色列、強行推廣美式民主等做法都頗有微詞，美國政府一看，也有心教訓他一下。

　　2010年末，所謂的「阿拉伯之春」事件在北非、西亞地區猛然爆發。突尼西亞一名失業青年自焚，引發民眾強烈抗議，領導人班・阿里下台。事發之後，多個阿拉伯國家受到波及。在2011年1月，老百姓大規模上街，有些地方員警和示威者打了起來。

　　這樣的情形，在非洲幾乎天天見到，但這次西方國家卻趁機施壓，80多歲的穆巴拉克再也頂不住了。2月，軍隊宣布穆巴拉克下台。之後，這位埃及總統被抓押到法院審判，最後被判處無期徒刑。其罪名是：在老百姓上街遊行的時候，沒有阻止警方和老百姓的衝突，造成老

百姓死亡。一時間，普天同慶，「阿拉伯之春」在埃及取得了完全成功。納瑟、沙達特、穆巴拉克一脈相承的軍人當政體系從此崩潰。

但事情還沒完。既然「獨裁者」下了台，那麼就應該民主選舉了吧。埃及老百姓歡天喜地地投票。那麼現在問題來了：扳倒了穆巴拉克的埃及，誰能得到最多的選票呢？

答案是：激進宗教組織。在2011年末的選舉中，「穆斯林兄弟會」獲得了過半選票。這個團體一向主張以「政教合一」的方式治理國家，反對和以色列和談。當初納瑟、沙達特和穆巴拉克都曾打壓過他們。現在穆巴拉克被掀翻了，在埃及要比投票支持率，一般政黨還真玩不過這個宗教組織。

於是，「穆斯林兄弟會」的首領穆爾西成為埃及新總統。然而這位總統的日子也不好過。軍方對「穆斯林兄弟會」素來看不順眼，其他一些政治集團也很警惕地看著。所以，穆爾西在2012年夏天就職後，軍方把持的最高憲法法院就一直和他做對，穆爾西制定的政令，十條有八條都被否決掉了。尤其是穆爾西上台之後，立場基本上完全倒像另一邊，不但和多年睦鄰敘利亞阿薩德政權斷絕外交關係，還大力支持聯合國趕緊出兵攻打敘利亞，支持當地極端宗教勢力（包括伊斯蘭國IS）推翻阿薩德。這種翻雲覆雨的做派，也讓埃及軍方和很多老百姓非常反感。穆爾西畢竟沒有槍桿子，也不敢和軍方公然鬧翻，只好動不動朝令夕改，自己打自己的臉。

就這麼憋屈地混了一年。到2013年夏天，埃及又爆發了百萬人的大遊行，要求穆爾西下台。反正埃及人口將近一億，不管是反對穆巴拉克的還是反對穆爾西的，要找出幾百萬都不是難事。理所當然的，這種遊行示威又一次引發了員警和民眾的衝突。於是7月初軍方又發動政變，把穆爾西也給抓了起來，這時候距離穆巴拉克下台不過一年半而已。在接下來的選舉中，軍方的塞西成為新的總統，而先前被抓起來的穆巴拉

BC
美尼斯統一古埃及

— 0
阿克蘇姆王國建立

— 100

— 200

— 300

— 400
汪達爾王國建立

— 500

— 600

— 700
阿拉伯人佔領北非

— 800 桑海王國建立

— 900

— 1000
穆比拉特王國建立

— 1100

— 1200
古馬利王國建立

— 1300

— 1400
迪亞士發現好望角

— 1500
第一船黑奴運到美洲

— 1600

— 1700
拿破崙的埃及戰役

— 1800
蘇伊士運河開通

— 1900
第一次世界大戰

— 2000

上古時期　　BC

漢

　　　— 0

　　100 —

三國　　200 —
晉
　　300 —

南北朝　400 —

　　500 —

隋朝　　600 —
唐朝
　　700 —

　　800 —

五代十國　900 —
宋
　　1000 —

　　1100 —

　　1200 —

元朝　　1300 —

明朝　　1400 —

　　1500 —

清朝　　1600 —

　　1700 —

　　1800 —

　　1900 —
中華民國
　　2000 —

克，他的官司也被重新審理，改判無罪。真是風水輪流轉，悲喜兩重天。穆爾西被抓起來後，罪名有好幾項，除了「支持員警打民眾」這項穆巴拉克剛戴過的帽子外，還有間諜罪、破壞國家經濟罪和在「阿拉伯之春」中組織越獄罪等。

格達費！折騰到死

在「阿拉伯之春」中，埃及的穆巴拉克下台被判刑，倒還算好了。更倒楣的是有一位連命都玩掉了，他就是利比亞的格達費上校（1942—2011年）。當然，他之所以玩完，一半是自找的。前面說過，利比亞是非洲第五個獨立國家。1951年獨立那時建立的是王國。到1969年，因為不滿意國王親美，格達費中尉帶著一群青年軍官發動兵變，把王室推翻，建立了共和國，格達費成為最高領導。當時利比亞軍隊的最高軍銜是上校，格達費就自封為上校，這個頭銜一直伴隨他40餘年。

格達費運氣不錯。以前利比亞是個窮國家，但他上台的時候剛發現了優質石油，這下子立刻不缺錢了。靠著石油賣錢，格達費可以在國內施行不錯的福利制度，人人有房住，人人有書念，還可以修建穿越撒哈拉大沙漠的巨大引水工程。比起很多非洲國家在70年代吃了上頓沒下頓的日子，財大氣粗的格達費上校頓時成了非洲的「土豪」。荷包鼓起來，上校仰天長嘯，壯懷激烈，開始在國際上尋找自己的存在感。

格達費上校的國際戰略，號稱是要「既不靠美，又不投蘇，走第三條路線」。這個「第三條路線」，在他看來，就是阿拉伯國家團結起來，擰成一股繩和強國抗衡。這想法不錯，可你得一步一步來啊；格達費覺得自己有錢、有本事，總想著處處出頭當老大。他想把阿拉伯國家統一成一整塊，就像普魯士統一德意志一樣，問題是憑什麼你利比亞就能當普魯士呢，就憑有錢？以前埃及總統納瑟在位的時候，格達費還聽納瑟的，納瑟死後格達費就翻天了。1971年，他和埃及總統沙達特、敘

BC
美尼斯統一古埃及

— 0
阿克蘇姆王國建立

— 100

— 200

— 300

— 400
汪達爾王國建立

— 500

— 600

— 700
阿拉伯人佔領北非

— 800
桑海王國建立

— 900

— 1000
穆拉比特王國建立

— 1100

— 1200
古馬利王國建立

— 1300

— 1400
迪亞士發現好望角

— 1500
第一船黑奴運到美洲

— 1600

— 1700

拿破崙的埃及戰役
— 1800
蘇伊士運河開通
— 1900
第一次世界大戰

— 2000

利亞總統阿薩德宣布成立「阿拉伯聯邦共和國」，但這件事操作難度太大，很快無疾而終，沙達特、阿薩德都不再想這事了，唯有格達費念念不忘。1972年，他在突尼西亞發表演說，忽然號召突尼西亞和利比亞合併，突尼西亞總統從電台聽到後嚇得不輕，驅車趕往會場拉住他：上校，您老兄下次說話前先問問我好嗎？1973年，他帶著幾萬老百姓浩浩蕩蕩地向埃及進軍，準備直接合併，沙達特趕緊調派了幾節火車車廂，運到邊境去截斷道路，這才把格達費的遊行隊伍給攔住了。

　　為了當阿拉伯老大，格達費出手闊綽，四處撒錢，對阿拉伯兄弟一捐就是上千萬美元。可他這種指手畫腳的作風太討厭，結果他越是喋喋不休地宣傳聯合的好處，反而讓人越厭惡。格達費平生最恨的是以色列，他做夢都想讓阿拉伯國家團結起來把以色列滅掉，為此他不遺餘力到處撒錢。可是效果呢？以色列人評價說：「我們要感謝格達費上校，是他讓阿拉伯人成為一盤散沙。」

　　除了企圖統合阿拉伯世界，格達費還想把非洲也變成自己的陣營，方法是三步驟：撒錢、指手畫腳、出兵。在非洲國家的內戰中，格達費十處戰場九處在，到處出錢、出槍扶持自己人，妄圖插一腳。可是他的這些行動多數都以失敗告終，花了錢還買不了好。比如1979年，烏干達獨裁者阿敏被坦尚尼亞和國內反對派武裝毆打，格達費派兵支援阿敏，結果利比亞兵被阿敏當作炮灰擋在前面，最後也沒保住阿敏的政權。80年代查德內戰，格達費支持其中一派對抗另一派，一度佔領大半個查德。沒想到格達費得意忘形，準備吞併查德，結果遭到了全非洲的反對。後來，查德兩派和談，格達費覺得被拋棄了，大怒之下直接出兵入侵。這回，查德內戰的兩派聯合起來，再加上美國、法國的支持，打得利比亞軍隊滿地找牙。格達費出了血本，最後悲慘地被打了回去，連個「好」字都沒落得。當然，畢竟錢多不咬手，對很多非洲國家來說，格達費有魄力，又慷慨，還是個挺不錯的領導人。南非的曼德拉也很欣

賞格達費，因為在「非國大」遭到政府鎮壓和西方打壓的日子裡，只有格達費伸出援手。格達費雖然自稱要「走第三條路」，但他既然熱衷反對以色列，抗擊歐美殖民主義，從實質上就和蘇聯比較接近。因此，在7、80年代，他的武器裝備基本都是蘇聯給的。因為這個原因，他和美國越鬧越僵。1981年，美軍擊落利比亞兩架戰鬥機，拉開兩國的鐵幕。1986年，美國發現利比亞引進了蘇聯防空導彈，就直接用導彈把利比亞導彈基地給抹平了，順帶還擊沉了利比亞4艘導彈艇。隨後，美國飛機更大舉轟炸利比亞雷達基地，炸死700多人，格達費自己都差點送命。1988年，美國飛機發生「洛克比空難」，300餘人遇害，美國說是利比亞特務幹的。於是，利比亞被美國列為「支持恐怖主義的國家」，還被國際社會制裁了。格達費和美國玩了幾個回合，一回比一回輸得慘。他也禁不住嘀咕，美國好厲害，我是不是選錯了邊啊？正琢磨著呢，美國打了個波斯灣戰爭，只以傷亡幾百人的代價就把薩達姆的百萬大軍打得稀裡嘩啦；緊跟著，蘇聯居然解體了！這下格達費嚇慌了，他趕忙轉向，設法向美國示好。1999年，他交出兩名洛克比空難的疑凶給國際法庭審判。到2001年發生了「9‧11」事件，全世界都在譴責恐怖主義，格達費也義憤填膺高呼：怎麼能用飛機撞大樓呢，太慘無人道了！我格達費支持美國反恐！2003年，他更慷慨地為洛克比空難支付了27億美元的天價賠償金，還宣布停止核技術研究。這時候美國政府在阿富汗和伊拉克兩邊打仗，正是傷神的時候，見格達費這個刺頭居然如此聽話，大喜，趕緊恢復了兩國的外交關係，美國還把利比亞從「支持恐怖主義國家」名單上一筆勾銷了。

　　格達費得到美國認可後又飛上天了，災心已退，雄心再起。格達費繼續大展拳腳，在他的大力推動下，「非洲聯盟」建立了，格達費自己也輪到了當主席。格達費又拉上奈及利亞的奧巴桑喬和南非的曼德拉，幾大強國聯手，要打造一個強大的非洲，立足於世界之林！他又跑到聯

右欄時間軸：

BC 美尼斯統一古埃及
—0 阿克蘇姆王國建立
—100
—200
—300
—400 汪達爾王國建立
—500
—600
—700 阿拉伯人佔領北非
—800 桑海王國建立
—900
—1000
—1100 穆拉比特王國建立
—1200 古馬利王國建立
—1300
—1400 迪亞士發現好望角
—1500 第一船黑奴運到美洲
—1600
—1700
—1800 拿破崙的埃及戰役
—1900 蘇伊士運河開通 第一次世界大戰
—2000

上古時期　BC

漢

－ 0

100 －

三國
晉　　200 －

300 －

南北朝　400 －

500 －

隋朝　600 －
唐朝

700 －

800 －

五代十國　900 －

宋　　1000 －

1100 －

1200 －

元朝　1300 －

明朝
1400 －

1500 －

1600 －

清朝

1700 －

1800 －

1900 －
中華民國

2000 －

合國大會大放厥詞，說「安全理事會應該改名為恐怖理事會」。他還說，現在美、俄、中、英、法五常把持聯合國，太霸道了，不公平；應該把五常的一票否決權給拿掉，再增加常任理事國的數量。尤其非洲，國家數最多，怎麼樣也該加幾個代表啊。他就這麼滔滔不絕地，一口氣講了一個半小時，使得美國總統歐巴馬等一大半的代表都逃離了會場。

　　格達費還想發展非洲統一貨幣「非元」，這是在太歲頭上動土啊，把我堂堂美元、歐元置於何地？尤其是法國，利比亞周圍有不少法國的前殖民地，至今仍被法國視為自家的小金庫，格達費的一舉一動都牽動法國的神經。

　　關鍵是格達費自己的根基還不牢。利比亞本身就是部族林立，內部問題歷史悠久。

　　2010年「阿拉伯之春」一來，反對格達費的部族立刻鬧了起來。英、美、法當即對這些部族支援戰略資源，拼湊起了大批叛軍，朝格達費發起了進攻。格達費開始還不懼，他指揮手下那支同樣七拼八湊的軍隊還擊。可這回不一樣了，格達費的坦克飛機剛一集結，北約的導彈立刻打了過來，當場把格達費的坦克基地炸得稀里嘩啦。這種仗還有什麼懸念？很快，叛軍節節進逼，越打人越多，越打裝備越好。

　　2011年10月，格達費企圖逃往國外的車隊在半路被北約炸散，格達費落到反對派手裡，挨了一頓毒打後，莫名其妙地就掛了。

　　折騰42年的「世界最強上校」，就這樣把自己玩死了。那些利比亞部族首領們立刻又展開了新的內戰，年年不停，月月不休，充分享受亂砍亂殺的自由。

擁抱！非洲的明天

　　轉眼間，21世紀已經過去了近六分之一。非洲這塊大陸上，依然充滿動盪不安。軍人獨裁減少了，多黨競爭還是時常擦槍走火。種族壓迫雖然消除了，整個非洲在世界經濟體系中依然處於食物鏈底層，非洲的血肉繼續源源不斷地被輸入到全球化經濟這架巨大的碾磨機裡。

　　2014年世界各國人均GDP排名中，倒數10名全是非洲國家，倒數20名有17個非洲國家，倒數30名有24個非洲國家，倒數40名有30個非洲國家，倒數50名有36個非洲國家……還不光是數值難看，貧富懸殊造成的傷害更加實際。比如赤道幾內亞，這個百萬人口的西非小國，依靠20世紀末發現的石油，使人均GPD達2萬美元，幾乎相當於發達國家。可是，這筆錢大部分都進了權貴階層口袋，廣大民眾依然赤貧，教育、醫療落後，甚至要靠國際社會救濟過日子。貨幣貶值、物價飛漲也是常態。

　　2015年6月15日，因為嚴重貶值，辛巴威元正式退出流通，100萬億辛元的紙幣可兌換40美分。

　　除了經濟落後外，戰亂同樣不絕。蘇丹的長期內戰造成了南蘇丹最終獨立，可是到2013年底，獨立才一年多的南蘇丹又爆發內戰，足足打了20個月，造成數萬人喪生，200萬人淪為難民，直到本書截稿時才剛剛簽訂和約，可是誰也不能擔保這和約到底能不能生效……

　　醫療的改善，戰亂的減少，使得非洲人的死亡率大大降低。同時，非洲婦女的生育率高達4.7%（2010—2015年），這使得非洲人口增長速

BC
美尼斯統一古埃及

— 0
阿克蘇姆王國建立

— 100

— 200

— 300

— 400
汪達爾王國建立

— 500

— 600

— 700
阿拉伯人佔領北非

— 800
桑海王國建立

— 900

— 1000

穆拉比特王國建立

— 1100

— 1200
古馬利王國建立

— 1300

— 1400
迪亞士發現好望角

— 1500
第一船黑奴運到美洲

— 1600

— 1700

拿破崙的埃及戰役
— 1800

蘇伊士運河開通
— 1900
第一次世界大戰

— 2000

度遠超過世界水準。1994年非洲人口為7.23億，2015年已達11.9億，增長速度甚至超過印度。同時，疾病依然流行，非洲愛滋病患者和帶源者將近一億，而作為非洲最發達國家之一的南非，其愛滋病感染者比例更是高達八分之一……。

— 0

100 —

200 —
三國
晉
300 —

400 —
南北朝

500 —

隋朝
600 —
唐朝

700 —

800 —

五代十國
900 —
宋

1000 —

1100 —

1200 —

元朝
1300 —

明朝
1400 —

1500 —

1600 —
清朝

1700 —

1800 —

1900 —
中華民國

2000 —

附錄

非洲史年（括弧內為大事發生的相關地域）

古代

約西元前320萬年：最早的古人類「露西」生存（東非）

約西元前6000年：非洲人發展出農業和畜牧業（東非）

約西元前5000年：尼羅河流域出現村落（埃及）

約西元前4000年：尼羅河流域邦國林立（埃及）

約西元前3100年：美尼斯統一古埃及（埃及）

約西元前3000年：衣索比亞部族林立（衣索比亞）

西元前1312年：古埃及與西臺的卡迭石之戰（埃及、西亞）

西元前814年：腓尼基公主艾莉莎建立迦太基國（突尼西亞）

西元前6世紀：阿拉伯人進入衣索比亞混居（衣索比亞）

西元前525年：波斯帝國征服埃及（埃及）

西元前332年：馬其頓國王亞歷山大大帝征服埃及（埃及）

西元前305年：托勒密一世加冕為埃及法老（埃及）

約西元前3世紀：古迦納王國建立（西非）

西元前264-241年：第一次布匿戰爭（北非）

西元前218-201年：第二次布匿戰爭（北非）

西元前216年：迦太基統帥漢尼拔在坎尼會戰以少勝多，殲滅羅馬軍主力（北非、義大利）

西元前149-146年：第三次布匿戰爭，迦太基被古羅馬共和國滅亡（北非）

西元前111-105年：朱古達戰爭（北非）

西元前48年：凱撒與埃及豔后勾搭（埃及）

西元前46年：努米底亞王國被凱撒滅亡，古羅馬吞併北非（北非）

西元前41年：安東尼與埃及豔后勾搭（埃及）

西元前30年：安東尼、埃及豔后自殺，屋大維滅亡托勒密王朝，古羅馬吞併埃及（埃及）

西元1世紀：阿克蘇姆王國在今衣索比亞建立（衣索比亞）；東非沿海出現小城鎮（東非）

西元4世紀：阿克蘇姆王國成為世界上第一個以基督教為國教的國家（衣索比亞）

西元429年：汪達爾人從西班牙登陸北非，入侵羅馬帝國北非領土（北非）

西元439年：汪達爾人攻陷迦太基城，建立汪達爾王國（北非）

中世紀

西元534年：東羅馬帝國大將貝利撒留攻滅汪達爾王國（北非）

西元642年：阿拉伯人擊敗東羅馬帝國（拜占庭），佔領埃及（埃及）

西元8世紀初：阿拉伯人佔領北非（北非）

西元8世紀：北非艾格萊卜王朝建立（北非）

西元868年：埃及突倫王朝建立（埃及）

西元9世紀：桑海王國建立（西非）

西元905年：阿拉伯帝國阿拔斯王朝撤銷埃及突倫王朝（埃及）

西元909年：艾格萊卜王朝滅亡，阿拉伯帝國法提瑪王朝建立，阿拉伯帝國分裂（北非）

西元935年：埃及伊賀實德王朝建立（埃及）

西元969年：法提瑪王朝攻滅伊賀實德王朝，佔領埃及、西亞大片領土（埃及）

西元10-11世紀：阿拉伯商人在東非沿岸大舉推進，建立斯瓦希里人的城邦（東非）

西元11世紀初：古迦納王國鼎盛時期（西非）

西元1053年：西撒哈拉的柏柏人建立了穆拉比特王國（西北非）

西元1076年：穆拉比特王國攻佔古迦納王國首都，古迦納王國轉入衰敗（西非、西北非）

約西元1130年：穆瓦希德王朝建立，反抗穆拉比特王國（西北非）

西元1147年：穆瓦希德王朝攻滅穆拉比特王國（西北非）

西元1171年：薩拉丁政變滅亡法提瑪王朝，建立埃及埃宥比王朝（埃及）

西元12世紀晚期：穆瓦希德王朝統一北非（馬格里布）地區（北非）

西元1187年：薩拉丁殲滅西亞十字軍主力，收復耶路撒冷（埃及、西亞）

西元1193年：薩拉丁擊退獅心王理查後去世（埃及）

西元1213年：穆瓦希德王朝的藩屬馬林王朝在摩洛哥建立（北非）

西元1228年：穆瓦希德王朝的藩屬哈夫斯王朝在突尼西亞建立（北非）

西元1235年：穆瓦希德王朝的藩屬阿卜德瓦德王朝在阿爾及利亞建立（北非）

西元1250年：馬木路克軍團政變，滅亡埃宥比王朝，建立埃及馬木路克王朝（埃及）

西元1260年：馬木路克軍團在艾因‧賈魯地區殲滅蒙古軍（埃及、西亞）

西元1269年：馬林王朝攻滅前宗主穆瓦希德王朝（北非）

西元13世紀前期：古馬利王國建立（西非）

西元14世紀初：衣索比亞王國與阿達王國（索馬利亞）展開長期戰爭（東北非）

西元14世紀：古馬利王國達到極盛（西非）

西元1415年：葡萄牙人佔領休達港（西北非）

西元1433年：古馬利王國丟失重鎮廷巴克圖，從此衰弱（西非）

西元1441年：葡萄牙人在西非海岸劫掠第一批黑奴回葡萄牙販賣（西非）

西元1488年：迪亞士發現好望角（南部非洲）

西元1498年：達伽馬繞過非洲到達印度

西元16世紀初：葡萄牙開始在非洲沿海搶佔港口、建立殖民點；桑海帝國達到鼎盛（西非）

西元1501年：第一船黑奴從歐洲運到美洲

西元1511年：摩洛哥薩阿德人起義反對馬林王朝（北非）

西元1516年：鄂圖曼土耳其帝國在達比格草原大敗埃及馬木路克軍

（埃及、西亞）

　　西元1517年：鄂圖曼土耳其軍佔領埃及，滅亡馬木路克王朝（埃及）

　　西元1529年：阿達王「左撇子」大敗衣索比亞軍，後被葡萄牙軍擊斃（東北非）

　　西元1532年：第一批黑奴被從非洲直接運到美洲

　　西元1553年：薩阿德人滅亡馬林王朝，建立摩洛哥王國薩阿德王朝（北非）

　　西元1554年：鄂圖曼土耳其帝國滅亡阿卜德瓦德王朝，佔領阿爾及利亞（北非）

　　西元1574年：鄂圖曼土耳其帝國滅亡哈夫斯王朝，佔領突尼西亞（北非）

　　西元1591年：摩洛哥王國攻滅桑海帝國（西非、西北非）

　　西元16世紀晚期：葡萄牙人已深入東非、西非、中非內陸的許多國家

　　西元16世紀末：黑奴主要來源地從西非海岸轉入非洲中部地區

近代

　　西元1652年：荷蘭人在南非建立定居點，即開普敦（南部非洲）

　　西元18世紀：荷蘭人以武力征服科伊桑人（南部非洲）

　　西元1798年：拿破崙的埃及戰役（埃及）

　　西元1805年：穆罕默德‧阿里建立埃及阿里王朝（埃及）

　　西元1806年：英國從荷蘭人手中奪得南非開普敦殖民地（南部非洲）

　　西元1830年：法軍入侵阿爾及利亞（北非）

　　西元1833年：阿里打敗宗主國鄂圖曼，佔領西亞大片領土（埃及、西亞）

西元1838年：布林人與祖魯人的血戰（南部非洲）

西元1840年：阿里戰敗，埃及淪為英國附庸（埃及）

西元1847年：美國自由黑人建立獅子山（西非）

西元1869年：蘇伊士運河開通（埃及）

西元1874年：英軍擊敗阿散蒂王國，佔領沿海地區（西非）

西元19世紀-70年代末：法軍經半個世紀血戰，終於征服阿爾及利亞（北非）

西元1879年：史坦利開始探索剛果河流域（中部非洲）；英軍滅亡祖魯王國（南部非洲）

西元1880-1881年：第一次布林戰爭，布林人擊敗英國，取得獨立（南部非洲）

西元1881年：蘇丹爆發馬赫迪起義（蘇丹），法國佔領突尼西亞（北非）

西元1882年：英軍進攻埃及，鎮壓阿拉比反英起義，埃及徹底被英國佔領（埃及）

西元1884年：馬赫迪擊斃英軍少將戈登，建立蘇丹馬赫迪王國（蘇丹）；列強召開柏林大會商議瓜分非洲之事。此後20餘年，歐洲七大列強迅速瓜分了絕大部分非洲土地。

西元1885年：比利時國王利奧波德二世成為「剛果自由邦」國王（中部非洲）

西元1890年：英國、德國就瓜分東非地區達成協議，至1896年將東非佔領完畢（東非）

西元1891年：葡萄牙佔領的安哥拉、莫三比克等地疆界劃定（中南部非洲）

西元1894年：英國、法國、義大利將索馬利亞瓜分完畢（東北非）

西元1896年：衣索比亞在阿杜瓦戰役擊敗義大利，成為非洲唯一獨立的古國（衣索比亞）

西元1898年：英、法對瓜分西非達成協議，至1912年將西非佔領完畢（西非）。此前德國、西班牙、葡萄牙也佔了西非部分領土

西元1899年：英國、埃及聯軍攻滅蘇丹馬赫迪王國，蘇丹成為英國殖民地（蘇丹）

西元1899-1902年：第二次布林戰爭，英國慘勝，布林人屈服於大英帝國（南部非洲）

西元1900年：英軍攻滅阿散蒂王國（西非）

西元1908年：剛果自由邦收歸比利時國有（中部非洲）

西元1909年：英、法對瓜分中部非洲達成協議（中部非洲）

西元1910年：大英帝國下屬南非聯邦自治領建立（中部非洲）

西元1911年：義大利打敗鄂圖曼土耳其帝國，佔領利比亞（北非）

西元1912年：法國、西班牙佔領摩洛哥（北非）；南非原住民民族議會（即後來的「非國大」）成立（南部非洲）

現代與當代

西元1914年：第一次世界大戰爆發，英國正式將埃及變成「保護國」（埃及）；德國將領福爾貝克展開四年游擊戰（東非）

西元1918年：利比亞人展開反對義大利的起義

西元1919年：第一次泛非洲人大會在倫敦召開

西元1922年：英國承認埃及為獨立國家（埃及）

西元1923年：柏柏人在摩洛哥反對西班牙殖民者，建立里夫共和國

（北非）

西元1926年：法國、西班牙聯合滅掉里夫共和國（北非）

西元1931年：義大利法西斯絞死利比亞「沙漠雄獅」奧馬爾，鎮壓起義（北非）

西元1934年：南非正式成為主權國家（南部非洲）

西元1935年：義大利法西斯入侵並佔領衣索比亞（衣索比亞）

西元1940年：法國投降，法屬西非、北非投降軸心國，法屬赤道非洲效忠戴高樂的自由法國。義大利入侵英國的非洲殖民地（北非、東北非）

西元1941年：英軍與非洲聯軍光復衣索比亞（衣索比亞）；隆美爾率德軍到非洲對英作戰（北非）；《大西洋憲章》公佈

西元1942年：英軍蒙哥馬利元帥在阿拉曼戰役擊敗隆美爾；美、英軍在西北非洲登陸（北非）

西元1943年：盟軍在突尼西亞全殲德、義軍（北非）

西元1944年：戴高樂召開布拉薩會議，宣布提高法屬非洲殖民地地位。非洲士兵跟隨盟軍解放法國

西元1945年：軸心國投降，第五屆泛非大會號召獨立運動

西元1948年：南非布林人開始強化種族歧視政策（南部非洲）

西元1951年：利比亞王國獨立（北非）

西元1952年：納瑟革命，推翻埃及阿里王朝，改為共和國（埃及）

西元1955年：阿爾及利亞獨立運動演變為殘酷的反法民族戰爭，數年死亡幾十萬（北非）

西元1956年：蘇丹獨立（中部非洲），摩洛哥、突尼西亞獨立（北非）

西元1957年：迦納獨立（西非）

西元1958年：第二次中東戰爭，納瑟收回蘇伊士運河（埃及）；幾內亞獨立（西非）；全非人民大會召開；第一次蘇丹內戰達到高潮（中部非洲）

西元1960年：喀麥隆、多哥、馬達加斯加、貝南、尼日、布吉納法索、象牙海岸、查德、中非、剛果〔今剛果共和國，簡稱剛果，曾簡稱剛果（布）〕、加彭、塞內加爾、馬利、茅利塔尼亞、民主剛果、奈及利亞、索馬利亞獨立。

西元1961年：獅子山獨立（西非）；民主剛果國父盧蒙巴被比利時人勾結叛軍殺害（中部非洲）；坦干伊加獨立（東非）

西元1962年：阿爾及利亞獨立（北非）；烏干達獨立（東非）；蒲隆地、盧安達獨立（中部非洲）；曼德拉被南非政府逮捕（南部非洲）

西元1963年：尚吉巴、肯亞獨立（東非）；非洲統一組織成立

西元1964年：坦干伊加與尚吉巴合併建立坦尚尼亞（東非）；馬拉威、尚比亞獨立（非洲中南部）

西元1965年：甘比亞獨立（西非）；蒙博托在民主剛果建立獨裁統治、卜卡薩在中非建立獨裁統治（中部非洲）

西元1966年：波札那、賴索托獨立（南部非洲）

西元1967年：奈及利亞爆發奈及利亞內戰（西非）

西元1968年：史瓦濟蘭獨立（南部非洲）；模里西斯獨立（東非海島）；赤道幾內亞獨立（中部非洲）

西元1969年：格達費政變，成為利比亞領導人（北非）

西元1970年：納瑟去世，沙達特繼位（埃及）

西元1971年：阿敏在烏干達建立獨裁統治（東非）

西元1972年：第一次蘇丹內戰停火（中部非洲）

西元1974年：幾內亞比索獨立（西非）

西元1975年：葛摩獨立（東非海島）；莫三比克獨立（東非）；安哥拉獨立，同時內戰爆發（中部非洲）；維德角（西非）、聖多美普林西比獨立（中非）；衣索比亞帝國被推翻，皇帝海爾‧塞拉西死亡（衣索比亞）

西元1976年：塞席爾獨立（東非海島）；西班牙撤出西撒哈拉，矛利塔尼亞、摩洛哥和當地獨立組織三方混戰開始（西北非）；奧巴桑喬成為奈及利亞領導人（西非）

西元1977年：吉布地獨立（東北非）；中非獨裁者卜卡薩在法國支持下稱帝（中部非洲）

西元1979年：法軍攻滅「中非帝國」，暴君卜卡薩出逃（中部非洲）；坦尚尼亞軍隊攻入烏干達，推翻阿敏統治（東非）；奧巴桑喬主動還政於民，奈及利亞軍政府結束（西非）；多伊在賴比瑞亞建立獨裁統治（西非）

西元1980年：辛巴威獨立（南部非洲）；埃及和以色列建交（埃及）；世界銀行和國際基金組織提出「結構調整計畫」，十年後完全失敗。

西元1981年：沙達特遇刺，穆巴拉克繼位（埃及）

西元1983年：第二次蘇丹內戰爆發（中部非洲）

西元1984年：奈及利亞再度政變，軍人上台（西非）；賴比瑞亞內戰爆發（西非）

西元1990年：納米比亞獨立（南部非洲）；賴比瑞亞獨裁者多伊被叛軍殺死（西非）；南非黑人領袖曼德拉獲釋（南部非洲）

西元1991年：衣索比亞門格斯圖的統治被推翻（衣索比亞）；安哥拉

第一次內戰結束（中部非洲）；賴比瑞亞軍閥泰勒扶持桑克將軍攻入獅子山，誘發內戰（西非）；索馬利亞內戰爆發（東北非）

西元1992年：安哥拉第二次內戰爆發（中部非洲）

西元1993年：美軍精銳部隊在摩加迪休被索馬利亞人擊潰（東北非）；厄利垂亞公投獨立（東北非）

西元1994年：安哥拉第二次內戰結束、盧安達大屠殺（中部非洲）；南非第一次不分種族選舉，曼德拉當選總統（南部非洲）

西元1997年：薩伊獨裁者蒙博托被推翻，第一次民主剛果內戰結束（中部非洲）

西元1998年：奈及利亞恢復民主選舉，奧巴桑喬當選（西非）；安哥拉第三次內戰爆發（中部非洲）；第二次民主剛果內戰爆發（中部非洲）

西元2002年：非洲統一組織改名非洲聯盟；蘇丹內戰雙方停火、安哥拉第三次內戰結束（中部非洲）；獅子山內戰結束（西非）；民主剛果第二次內戰結束（中部非洲）

西元2003年：賴比瑞亞獨裁者泰勒下台（西非）

西元2008年：索馬利亞內戰結束（東北非）

西元2011年：南蘇丹獨立（中部非洲）；埃及發生動亂，穆巴拉克下台，「穆斯林兄弟會」首領穆爾西選舉上台（埃及）；格達費被叛軍殺死（北非）

西元2013年：埃及再次政變，穆爾西被判死刑（埃及）

西元2014年：西非幾內亞、賴比瑞亞、獅子山、奈及利亞等國爆發伊波拉病毒疫情。

作者	楊益
美術構成	騾賴耙工作室
封面設計	斐類設計工作室
發行人	羅清維
企劃執行	張緯倫、林義傑
責任行政	陳淑貞
企劃出版	海鷹文化
出版登記	行政院新聞局局版北市業字第780號
發行部	台北市信義區林口街54-4號1樓
電話	02-2727-3008
傳真	02-2727-0603
E-mail	seadove.book@msa.hinet.net
總經銷	知遠文化事業有限公司
地址	新北市深坑區北深路三段155巷25號5樓
電話	02-2664-8800
傳真	02-2664-8801
網址	www.booknews.com.tw
香港總經銷	和平圖書有限公司
地址	香港柴灣嘉業街12號百樂門大廈17樓
電話	（852）2804-6687
傳真	（852）2804-6409
CVS總代理	美璟文化有限公司
電話	02-2723-9968
E-mail	net@uth.com.tw
出版日期	2021年11月01日　二版一刷
定價	380元
郵政劃撥	18989626　戶名：海鴿文化出版圖書有限公司

汲古閣 12
你一定想看的非洲史

國家圖書館出版品預行編目（CIP）資料

你一定想看的非洲史 ／ 楊益作.
-- 二版. -- 臺北市 ： 海鴿文化，2021.11
面 ； 公分. -- （汲古閣；12）
ISBN 978-986-392-389-3（平裝）

1. 非洲史

760.1　　　　　　　　　　　　　　110014875